최고의 소그룹 운동 리더들이
『목적이 있는 소그룹 계획하기』에 대해 말하는 것들

"스티브 글래든과 그의 첫 번째 저서인 『목적이 있는 소그룹』보다 나의 소그룹 철학에 더 큰 영향을 준 사람이나 책은 없습니다. 스티브가 이제 그 개념을 가지고 우리 사역에 적용할 수 있도록 『목적이 있는 소그룹 계획하기』라는 실용적인 가이드를 제공해 주셔서 정말 감사하게 생각합니다. 이 책은 여러분과 여러분의 팀이 계속해서 다시 보게 될 책입니다!"

크리스 서라트,
소그룹 및 제자훈련 전문가, LifeWay 크리스천 리소스, 『우리 모두를 위한 소그룹』 저자

"새들백교회가 성공적인 소그룹 사역을 위해 어떻게 계획을 세우는지 들여다보고 싶었다면 지금이 바로 그 기회입니다. 글래든은 소그룹 담당자가 교회 문화에 따라 자신의 사역을 생각하고 계획할 수 있도록 전략적 질문을 곳곳에 뿌려 놓았습니다. 정말 유용한 자료입니다!"

에이미 잭슨,
SmallGroups.com 부 발행인

"소그룹 리더와 그들을 지원하는 사람들은 그룹마다, 리더마다 다른 문제에 대처하는 지혜를 어떻게 찾아야 하느냐라는 어려운 과제에 직면해 있습니다. 수백 명의 소그룹 목회자와 지속해서 접촉하면서 그들의 도전과 딜레마들을 그에게 가져다주는 한 남자의 팔꿈치에 앉을 수 있다면 얼마나 좋을까요! 많은 사람이 소그룹의 탁월한 개발자로 인정하는 스티브 글래든이 이 책을 통해 소그룹 시스템이 어떻게 구성되고 어떻게 문제가 해결되는지 보여 줍니다. 초보자를 위해 단계별 접근 방식을 제시합니다. 고급 리더를 위해 그는 그룹 문제의 한 가지 또는 다른 측면에 즉시 집중할 수 있는 평면도를 제공합니다. 소그룹 출발에 이 포괄적이고 실용적인 가이드가 없어서는 안 됩니다. 소그룹 시스템에서 모든 수준의 리더와 공유할 수 있는 도구입니다."

칼 조지,
『효과적인 소그룹 리더십을 위한 9가지 열쇠』 저자

"이 책은 지혜와 비전을 제시하는 관점 그리고 많은 실용적인 계획 도구가 매우 유용하고, 용기를 북돋우며, 도전적인 조합을 제공합니다. 그리고 소그룹 리더와 양질의 프로그램을 키우고 개발하는 데 도움이 될 수 있으며 교회의 삶과 사역에 건강하고 영적으로 균형 잡히며 활력이 넘치는 소그룹을 만들어낼 수 있습니다. 소그룹 사역의 진지한 리더를 위해 절실히 필요한 계획 및 실행 자료입니다."

로버타 헤스테네스 목사,
캘리포니아 베이사이드 교회 담임 목사, 전 풀러 신학교 교수, 이스턴 대학교 총장

"이 책을 읽기만 하지 마세요. 실행하세요. 실행하고, 측정하고, 평가하세요. 모든 것에 의문을 제기하세요. 반복하세요. 스티브 글래든은 『목적이 있는 소그룹 계획하기』에서 교회에 맞는 소그룹 모델과 전략을 설계하는 과정을 설명합니다. 쉬운 해답만 찾고 있다면 이 책은 적합하지 않습니다. 가장 적절한 답을 찾을 수 있는 올바른 질문을 찾고 있다면 팀을 모아 이 책을 펴고 펜을 잡으세요. 『목적 있는 소그룹 계획하기』는 한번 읽고 끝나는 것이 아니라 앞으로 몇 년 동안 도움이 될 매뉴얼입니다."

헤더 젬펠 목사,
내셔널 커뮤니티 교회 제자훈련 목사, 『공동체는 지저분하고 놀랍고 혼란스럽다』의 저자

"스티브의 작업은 항상 경험에 뿌리를 두고 있고, 헌신적인 리더들과 함께 실제 그룹 생활의 도가니에서 만들어졌으며 다른 교회에서 쉽게 사용하거나 적용할 수 있기 때문에 나는 스티브의 작업을 좋아합니다. 이 자료를 최대한 활용하세요!"

빌 도나휴 박사,
리더싱크 그룹 대표, 트리니티 복음주의 신학교 부교수

"이 책은 실용적인 경험과 깊은 통찰력으로 가득 차 있습니다. 스티브 글래든은 20년 동안 새들백에서 소그룹을 이끌어 왔습니다. 그는 자신이 무슨 말을 하는지 잘 알고 있습니다. 그러나 그는 이 책을 읽는 독자들에게 모델이 아닌 원칙을 따르고 각자의 문화적 맥락을 이해하라고 반복해서 권고합니다. 각 장에서 소그룹 여정을 안내하는 실용적인 단계를 찾을 수 있습니다. '새들백의 10대 소그룹 사역 약속' 섹션은 책값을 지불할 만한 가치가 있

습니다. '나는 숫자 게임을 피하겠다.', '나는 비교의 함정을 피하겠다.', '다른 교회나 사역보다 우월감을 느끼는 것은 죄악이다.' 등의 내용을 미리 맛볼 수 있습니다. 이 통찰력 있는 책의 페이지를 읽으면서 소그룹에 대한 이해가 깊어질 준비를 하세요. 수년간의 실제적이고 성공적인 소그룹 경험을 공유해 주신 스티브에게 감사드립니다."

조엘 코미스키 박사,
조엘 코미스키 그룹 대표, www.joelcomiskeygroup.com, 『성공하는 그룹』의 저자

"다시 한번 제 친구 스티브 글래든이 그룹 생활의 참호에 있는 우리에게 또 하나의 유용한 자료를 제공했습니다. 『목적 있는 소그룹 계획하기』를 읽고 지역 상황에 맞도록 신중하게 적용하는 것이 올해 그룹 사역을 위해 가장 중요한 일이 될 것입니다."

빌 윌리츠,
노스포인트 미니스트리 사역 환경 담당 전무이사, 『공동체 만들기』의 공동 저자

"소그룹 기초와 실용적인 방법 안내를 결합한 책이 나온 지 수년이 지났습니다. 이 책은 목적이 가득한 그룹 사역을 구축할 때 중요한 결정을 내리는 과정을 안내합니다. 스티브는 단순한 그룹 철학자가 아니라 현대에서 가장 삶을 변화시키는 소그룹 사역을 구축한 입증된 실적을 가진 베테랑입니다. 커뮤니티를 이끌고 있다면 이 책을 반드시 읽어야 합니다."

빌 서치,
오클라호마시티 크로싱 커뮤니티 교회 사역 담당 목사,
『소그룹 리더를 위한 필수 가이드』 저자

"이 책은 사역을 한 단계 더 발전시키고자 하는 모든 소그룹 인도자에게 귀중한 자료입니다. 통찰력 있는 질문, 성경적 원리, 실용적인 아이디어, 실행할 수 있는 콘텐츠를 통해 스티브는 번창하는 소그룹 사역을 정의하고, 만들고, 계획하고, 개발하는 세심한 과정을 안내합니다. 이 책은 교회에서 건강한 소그룹을 통해 교제 문화를 성장시키기 위한 비전, 전략, 전술을 다듬는 데 사역 팀과 함께 사용할 수 있는 훌륭한 도구입니다."

캐롤린 타케타 목사,
갈보리 커뮤니티 교회 소그룹 담당 목사

"소그룹을 통해 하나님의 백성이 지상 명령과 명령을 완수할 수 있도록 권한을 부여하는 것이 성경의 이 두 가지 명령을 성취하는 가장 좋은 방법입니다. 스티브는 『목적이 있는 소그룹 계획하기』에서 건강한 선교적 소그룹을 시작하고 확장하는 모든 측면을 다루는 현장에서 검증되고 실용적인 실행 프로세스를 제공합니다. 교회와 담임 목회자 그리고 여러분이 제자를 세우고 그 제자가 다시 제자를 세우는 교회가 될 준비가 되어 있다면 이 책의 프로세스는 훌륭한 지침이 될 것입니다."

랜달 G. 네이버,
『소그룹 사역의 적나라한 진실』 저자,
텍사스주 휴스턴 TOUCH 아웃리치 미니스트리 대표

"스티브는 30년 간의 경험에서 우러나온 소그룹을 세우는 데 필요한 놀라운 자료를 다시 한번 제공합니다. 이 책은 단순한 방법 매뉴얼이 아니라 스티브 특유의 방식으로 소그룹 모델이 교회의 전체 사역의 핵심과 목적에 부합하도록 사려 깊은 통찰력을 제공합니다. 어떤 소그룹 모델을 가지고 있든 이 책은 여러분의 상황에서 삶을 변화시키는 그룹을 만들고, 개발하고, 유지하는 데 필요한 것이 무엇인지 평가하는 데 도움이 되는 중요한 자료입니다!"

데이브 엔스 목사,
노스 코스트 교회 소그룹 담당 목사

"『목적이 있는 소그룹 계획하기』는 많은 교회에서 소그룹을 형성해 온 단계별 프로세스를 제시합니다. 이 책은 소그룹을 계획하고, 리더를 훈련하고, 교회에서 소그룹을 실행하는 데 필요한 가이드를 제공합니다. 이 책을 진심으로 추천합니다. 나는 이 책이 효과가 있는 것을 보았습니다."

햄 그린 목사,
앨라배마주 버밍햄 하이랜드 교회 부목사

"우리 삶에서 관계없이 신뢰할 수 있는 영적 성장을 경험하는 것은 불가능합니다. 그러나 소그룹은 교회에서 각 사람이 그러한 관계를 찾을 수 있는 최고의 장소입니다. 스티브는 『목적이 있는 소그룹 계획하기』에서 교회의 고유한 문화와 구조를 활용하는 것이 어떻게 소그룹을 번창하게 만드는 열쇠인지 보여 줄 것입니다."

  제프 갤리 목사,
  리이프교회 센추럴 소그룹 및 선교 담당 목사

목적이 있는 소그룹
계획하기

목적이 있는 소그룹 계획하기

초판 1쇄 발행 2023년 9월 30일

지은이	스티브 글래든(Steve Gladen)
옮긴이	김한수
펴낸이	김한수
편집	박민선
펴낸곳	한국NCD미디어
등 록	과천 제2016-000009호
주 소	경기도 과천시 문원청계2길50 로고스센터 206호
전 화	02-3012-0520
이메일	ncdkorea@hanmail.net
홈주소	www.ncdkorea.net

ISBN 979-11-91609-89-9 03230

copyright©한국NCD미디어 2023
Printed in Seoul, Korea

* 이 책은 한국NCD미디어가 저작권 계약에 따라 발행한 것이므로 본사의 협의없는 무단전재와 무단복제를 엄격히 금합니다.
** 잘못 만들어진 책은 구입처에서 교환해드립니다.

ESV로 표시된 성경 인용문은 The Holy Bible, English Standard Version
MSG로 표시된 성경 인용문은 〈메시지 성경〉
NASB로 표시된 성경 인용문은 New American Standard Bible
NLT로 표시된 성경 인용문은 New Living Translation
TLB로 표시된 성경 인용문은 The Living Bible

값 25,000원

• 릭워렌(Rick Warren) 목사 추천 •

Planning Small Groups with Purpose

목적이 있는 소그룹
계획하기

스티브 글레든 지음 | 김한수 옮김

한국NCD미디어

소그룹 운동을 이끄는 책임을 포기하지 않는
나의 영웅, 소그룹사역 담당자들에게

성공하기를 바라기만 하는 것이 아니라
기꺼이 성공할 계획을 세워 주셔서 감사합니다.
여러분은 하나님의 나라에 매우 중요합니다.
계획하고, 추진하고, 인내하세요!

목차

감사의 글 _9
릭 워렌의 서문 _13
소개: 이 책의 목적 _15

파트 1 기초
1. 교회 전체를 생각하기 _21
2. 팀으로 인도하기 _43
3. 효과적으로 인도하기 _57
4. 비전과 사명으로 인도하기 _73

파트 2 가정
5. 주방 소그룹을 통해 사람들을 연결하기 _81
   Q1 - 당신의 사역을 교회 리더십 및 사역과 어떻게 연계시킬 것인가?
   Q2 - 소그룹의 가치를 교회에 어떻게 전달할 것인가?
   Q3 - 사람들을 그룹으로 연결하기 위한 당신의 계획은 무엇인가?
   Q4 - 진행 상황을 어떻게 측정할 것인가?

Planning Small Groups with purpoese

6. 거실: 소그룹에서 성장하는 사람들 _127
   Q5 - 성숙한 제자를 어떻게 정의하고 개발할 것인가?
   Q6 - 소그룹 생활에서 어떤 결과를 원하는가?
   Q7 - 사역을 위한 지도자를 어떻게 개발할 것인가?
   Q8 - 소그룹 인도자들에게 어떤 지원 자료가 필요한가?

7. 서재: 소그룹을 통해 하나님 나라에 투자하기 _163
   Q9 - 그룹 구성원들을 어떻게 리더로 개발할 것인가?
   Q10 - 소그룹을 통해 사람들을 어떻게 개발할 것인가?
   Q11 - 어떻게 사람들이 봉사하도록 격려할 것인가?
   Q12 - 그룹이 봉사할 수 있는 기회를 어떻게 만들 것인가?

8. 현관: 소그룹을 통해 다른 사람에게 다가가기 _185
   Q13 - 어떻게 전도와 영적 인식을 증진할 것인가?
   Q14 - 글로벌 봉사 활동에 모든 그룹을 어떻게 참여시킬 것인가?
   Q15 - 지역 봉사 활동에 모든 그룹을 어떻게 참여시킬 것인가?
   Q16 - 개인 전도에 모든 그룹을 어떻게 참여시킬 것인가?

9. 식탁: 소그룹에서 장기적인 성공을 유지하기 _207
   Q17 - 당신은 어떻게 사역의 장기적인 성공을 보장할 것인가?
   Q18 - 비전에 도달하기 위해 삶의 변화 이야기를 어떻게 축하할 것인가?
   Q19 - 당신은 어떻게 당신의 소명에 충실할 것인가?
   Q20 - 그룹이 경건하게 복종하는 태도를 기르도록 어떻게 도울 것인가?

파트 3 결론
   10. 모든 것을 종합하기 _231

   부록: 새들백교회의 커리큘럼 경로 _239
   참고 _233

감사의 글

많은 감사를 드립니다.

새들백교회 이전에 내 인생에서 큰 도움을 주신 선배 목사님들: 진 스피치, 폴 커리, 조지 스미스, 찰스 블레어, 제이슨 가르시아, 래리 드윗. 왕국 봉사를 위해 나를 형성해 주신 여러분의 도움에 감사드립니다.

1983년부터 나도 모르게 나에게 많은 것을 쏟아 부어 주신 릭과 케이 워렌 목사님, 사역과 목회자 가정 그리고 교회의 건강을 위해 끊임없이 헌신하는 두 분의 모습은 나를 압도합니다. 두 분은 강단에서나 개인적으로나 변함이 없습니다. 두 분의 희생이 이 책과 새들백교회의 소그룹 사역을 가능하게 했습니다. 내가 아는 목사님의 모습을 모든 사람이 볼 수 있기를 바랍니다. 목사님은 나의 목사님이십니다. 지금까지 인도해 주셔서 감사합니다!

크리스티 해밀턴, 부족한 나의 생각을 이해하려는 당신의 열정이 이 책의 구원이었습니다. 내 마음을 읽고 이 책에 생명을 불어넣어 주셨어요! 크리스티, 당신과 당신의 가족은 나의 가족에게 하나님의 선물입니다.

브라이언 스미스, 탁월한 편집자. 당신은 이 책을 격려하고, 밀어주고, 도전하고, 더 나은 책으로 만들었습니다! 소그룹에 대한 당신의 모든 시간과 열정, 사랑에 감사드립니다.

채드 앨런, 나에게 많은 것을 참아주셨어요! 나를 믿고 이 여정을 함께 해 준 당신과 베이커 퍼블리싱에 다시 한번 감사드립니다!

지나 리키마루, 내 옆에서 주님의 나라를 위해 나의 사역을 더욱 효과적으로 만들면서 누구보다 이 여정을 살아온 사람입니다. 새들백교회와 소그룹 팀 그리고 나의 가족을 위해 보이지 않는 시간을 헌신해 주신 당신에게 당신이 아는 것보다 더 큰 감사를 드립니다.

모든 캠퍼스의 소그룹 목사님들: 데이브 알포드, 아론 아마야, 브랜든 바타우어, 코리 보우먼, 래리 체리슨, 줄리 정, 로라 코플랜드, 제프 펠드, 에두아르도 가르시아, 제프 곤잘레스, 매트 그레이빌, 윌 구즈만, 라이언 해커, 톰 강, 제이 크란다, 카로 구, 케빈 리, 레이건 미우라, 크리스 리드, 글렌 레이놀즈, 아론 로버츠, 베스 슈워츠, 브랜 논 쇼트, 존 사이먼스, 짐 소넨버그, 클레이 스톡스, 산토시 스와미다스, 제이슨 윌리엄스, 제이콥 윌슨, 크리스 이, 샘 윤 및 스티브 유입니다.

소그룹 네트워크 리더십: 에릭 팔시넬라, 론 윌버, 지나 아바스, 제이슨 밴조프, 브라이언 볼, 대니 바이어스, JT 블랙, 라이언 브래머, 필립 바이어스, 앤드류 캠프, 비니 카페타, 토미 카레라스, 신시아 콘시딘, 스티브 커런, 데니스 펑크, 마이클 그레이스턴, 매니 그로네발트, JW 힐리아드, 마크 켄달, 닉 렌지, 폴 루이스, 앤드류 메이슨, 마크 멜리그, 존 노토, 데릭 올슨, 그렉 로빈스, 조쉬 로즈, 캐롤린 타케타, 키어스텐 텔제로우, 다니엘 토마스, 댄 터프스, 트레이시 웨어, 조 윈덤, 아담 워크맨, 매트 레이, 론 유츠시, SGN을 든든하게 만들어 주셔서 함께 더 잘할 수 있었습니다.

원고를 읽고 더 나은 책을 만들기 위해 제안을 해주신 분들: 제이슨 윌리엄스, 캐롤린 타케타, 바나비, 알리사 리델, 마이클 거버.

이 힘든 여정을 함께한 나의 소규모 그룹: 데이브와 몰리 알포드, 베르토와 루비 구즈만, 토드와 트레이시 존스, 지나와 티라 리키마루. 우리 가족은 영원히 함께할 것입니다.

50대에 위험을 무릅쓰고 그리스도를 따르기로 결심하고 하늘나라에서 우리를 기다리고 계시는 부모님, 빌과 펀 글래든에게-파티를 계속하세요! 형제 커트(천국에 있음), 그레그, 토드(천국에 있음), 마크, 용감한 여동생 니타에게: 당신과 함께하는 삶이 너무 좋고 거리가 우리 사이에 있지 않았으면 좋겠어요.

리사, 에리카, 에단, 내가 죽어도 사랑하고 내가 아침에 일어나는 이유인 가족들. 리사, 당신은 제가 받아야 할 것보다 더 많이 나를 응원하고 은혜를 베풀어 줍니다. 1988년부터 당신은 나와 내 사역을 믿어주셨어요. 당신은 누구보다 더 많은 것을 희생하는 놀라운 어머니이자 아내입니다! 사랑해요!

에리카와 에단, 너희를 통해 미소를 짓고 미래를 엿보게 한다. 둘 다 멋진 청년으로 성장하고 있어. 주님 안에서 성장하고, 소명을 받고, 주님의 왕국을 위해 영향력을 끼치기를 기도할게. 주님을 위해 힘차게 살아가길!

나를 강하게 하시고 이 모든 일을 가능하게 하시는 예수 그리스도께 감사드립니다.

릭 워렌의 서문

새들백교회를 처음 개척했을 때 교회가 물리적인 건물에 관한 것이 아니라는 것을 알았습니다. 그것은 변화된 삶에 관한 것이었습니다. 사람들이 하나님과 서로 연결되어 우리 지역 사회와 전 세계의 다른 사람을 섬기기 위해 함께 일하고 있습니다. 그리고 우리 교회가 앞으로 나아가고 필요를 계속해서 충족시킬 수 있도록 동기를 부여한 한 가지는 바로 소그룹 사역입니다.

실제로 새들백교회는 단 하나의 소그룹이 얼마나 중요하고 강력한 영향을 미칠 수 있는지를 보여 주는 사례입니다. 아내 케이와 내가 교회를 시작했을 때는 임대 아파트 거실에서 모이는 소그룹에 불과했지만 40년이 지난 지금 우리 교회에는 7,000개가 넘는 소그룹이 있습니다.

이를 통해 교회는 더 커지는 동시에 더 작아질 수 있었습니다. 어떻게 가능했을까요? 바로 소그룹을 통한 친밀한 교제가 사람들을 마음 깊은 곳에서 서로 연결해 주기 때문입니다. 매주 예배에 참석하는 사람보다 소그룹에 참여하는 사람이 더 많습니다.

이는 예수님과 사람들에 대한 깊은 열정을 가진 스티브 글레든 목사의 리더십 덕분입니다. 그는 수십 년 동안 새들백교회의 소그룹 사역을 확장하고 세밀하게 조정해 왔습니다. 그는 무엇이 효과가 있고 무엇이 효과가 없는지 배웠습니다. 이러한 경험은 활용할 수 있는 귀중한 경험입니다. 그리고 스티브는 자신이 배운 것을 소그룹 사역을 시작한 수천 명의 교회 리더들과 아낌없이 나누었습니다.

여러분이 손에 들고 있는 이 책에는 스티브의 동일한 교훈이 담겨 있으며 하나님께서 이 책을 통해 소그룹 사역을 근본적으로 변화시키고 회중들 사이에 더 큰 친밀감을 형성하는 데 사용하실 수 있다고 나는 믿습니다. 이 책은 지역 사회에 대한 봉사와 섬김을 늘리고 소그룹 구성원들이 전 세계에 그리스도의 희망을 나누기 위해 함께 일하도록 격려하고 독려하는 데 도움이 될 것입니다.

여기에 문제가 있습니다. 소그룹 사역에 대한 비전이 넘쳐나지만 그것에 대해 생각하고 이야기하는 것을 멈추고 무언가를 시작해야 할 시점이 있습니다. 비전을 행동으로 옮겨야 할 때가 왔습니다. 나는 사역에 대한 놀라운 비전을 가진 수천 명의 목회자를 만났지만 안타깝게도 그들은 생각의 단계를 넘어서지 못했습니다. 비전이 머릿속에만 머물러 있으면 무슨 소용이 있을까요? 스티브 글레든 목사님은 생각의 단계를 넘어 비전을 신실한 행동으로 옮기기 위한 실제적인 단계를 밟는 방법을 보여 줄 것입니다.

나는 소그룹이 수백만 기독교인의 에너지를 활용할 수 있는 가장 효과적인 방법이라고 확신합니다. 소그룹은 신자들이 지상 명령과 지상 계명의 소명을 완수하기 위해 함께 일할 수 있도록 준비시키고 격려합니다!

하나님의 축복이 있기를!

릭 워렌 목사, 새들백교회

소개
이 책의 목적

나에 대해 조금이라도 아시는 분이라면 내가 계획을 좋아한다는 것을 알고 계실 겁니다. 사무실 화이트보드에 "실행 없는 비전은 환각과 같다."라는 문구가 적혀 있습니다. 나는 비전을 믿으며 이 책에서도 비전에 대해 꽤 많이 이야기할 것입니다. 비전을 실행할 계획이 없다면 시간을 낭비하는 것입니다. 내가 첫 번째 책인 『목적이 있는 소그룹』을 쓴 후에도 사람들이 소그룹 사역을 계획하기 위한 단계별 가이드가 필요하다는 것을 알게 되었고 그것이 바로 이 책의 목적입니다. 이 책을 읽고 연습을 완료하면 소그룹 사역을 시작하거나 가속화하기 위한 구체적인 12개월 목표를 포함한 장기 계획을 세울 수 있습니다.

교회 문화가 소그룹으로 돌아가고 있는 것은 부인할 수 없는 사실입니다. 그런데 왜 안 될까요? 초대 교회는 한꺼번에 모일 뿐만 아니라 집집마다 소그룹으로 모여 예배를 드렸습니다(사도행전 2:42~47 참조). 톰 S. 레이너는 2017년 5월 10일에 "지난 10년간 교회에서 일어난 8가지 주요 변화"라는 제목의 기사를 발표했습니다. 이 변화 중 하나입니다.

오늘날: 그룹의 중요성
10년 전: 그룹의 한계적 중요성

오늘날 건강한 교회는 그룹(공동체 그룹, 가정 그룹, 주일학교, 라이프 그룹 등)을 최우선 순위로 삼습니다. 10년 전 많은 교회 지도자는 이 그룹이 제자훈련, 전도, 기도, 사역, 교우 관계에서 교회의 건강을 어떻게 향상할 수 있는지 보지 못했습니다.

성공에는 아이디어 관리가 포함됩니다. 아이디어는 당신의 사역에 놀라운 돌파구를 제공할 수 있습니다. 그러나 한번에 너무 많은 아이디어를 실행하려고 하면 사역이 무너지거나 분열될 수 있습니다.

각자의 상황에서 아이디어를 효과적으로 관리하고 실행하기 위해서는 현재 교회나 사역이 처한 상황을 이해해야 합니다. 이 책은 이전에 쓴『목적이 있는 소그룹』(2014. 도서출판 NCD)에서 설명한 개념을 기반으로 할 뿐만 아니라 교회가 가지고 있는 문화와 시스템 안에서 어떻게 일해야 하는지를 더 깊이 이해하는 데 도움이 될 것입니다. 또한 효과적이고 효율적이며 가장 중요한 하나님께 영광을 돌리는 방식으로 사역을 발전시킬 수 있는 새롭고 참신한 아이디어와 프로세스를 살펴볼 것입니다.

하나님은 결코 다른 교회의 성공적인 모델을 모방하라고 당신을 부르지 않으신다는 사실을 이해하는 것이 중요합니다. 새들백교회에서 하는 일의 예를 들면서 당신에게 사역을 똑같이 하라고 제안하는 것이 아닙니다. 그러니 우리가 논의한 아이디어를 가지고 당신의 교회 환경에 맞게 조정하십시오. 하나님께서는 이 시대를 위해 당신을, 당신의 교회, 당신의 문화, 당신의 위치로 부르셨습니다.

이 책을 읽다 보면 전략적 계획을 세우는 데 도움이 되는 20가지 계획 질문과 함께 실제적인 답변이 제시됩니다. 30년 이상 소그룹 사역을 해오면서 나는 이 질문들 하나하나에 답해야 했고 당신도 이 질문들에 답해야 할 것입니다. 당신의 사역에서 이러한 질문이 아직 떠오르지 않았다면 언젠가는 떠오를 것이라고 확신합니다.

계획의 일부로 이러한 질문에 대한 많은 답을 생각해낼 수 있겠지만 모든 답을 한꺼번에 실행할 필요는 없습니다. 하지만 당신 앞에 무엇이 있는지 알아야 합니다. 이 책은 소그룹 사역의 미지수를 밝히고 효율적이고 실제적인 계획을 세우는 데 도움이 될 것입니다. 계획의 우선순위를 정하고 일정을 짜는 데도 도움이 될 것입니다. 당신이 성공하기를 바랍니다.

당신이 속한 교단, 교회 규모, 교회 패러다임, 교회 정치 등 이 지구상에서 교회의 위치와

하나님은
지금
이 시대를 위해
여러분을 교회로,
여러분의 문화로,
여러분의 위치로
부르셨습니다

상관없이 기도하고 생각하면서 이 질문들에 충분히 답한다면 당신은 고통을 덜어줄 계획을 세울 수 있을 것입니다!(^-^) 각 결정과 아이디어에 기도하는 마음으로 접근하면서 그것이 당신의 사역과 어떻게 연관되는지 하나님께 보여 달라고 간구하세요. 이 책을 통해 기도하면 주님께서 당신의 사역을 어디로 인도하시는지 이해하는 데 도움이 될 것입니다.

사역을 개발하는 것은 1단계, 2단계, 3단계로 이어지는 선형적인 과정이 아닙니다. 이 과정은 다차원적이고 행동의 순서를 예측할 수 없어서 나는 집을 짓는다는 은유적 모티브를 중심으로 책을 구성했습니다(대부분의 소그룹이 가정에서 모이기 때문에 다소 적절하지만 꼭 그럴 필요는 없습니다). 건전하고 안전한 가정에는 튼튼한 기초가 필요하므로 1부에서는 사역의 기초에 초점을 맞춥니다. 이렇게 하면 모래 위에 집을 짓는 것을 방지하여 어려움이 닥쳤을 때 무너지지 않습니다(눅 6:46~49 참조).

2부에서는 집의 다섯 가지 영역을 살펴보고 각 영역에서 네 가지씩의 계획 질문을 예시할 것입니다.

1. 사람과 사람이 연결되는 주방
2. 사람이 성장하는 거실
3. 사람들이 투자하는 서재
4. 사람들이 다른 사람들에게 다가가는 현관
5. 가족을 지탱하는 식당

네 가지 질문으로 구성된 각 영역은 사역의 각기 다른 측면을 강조하며 각 영역은 완수하는 데 중요하고 장기적인 효과를 위해 필요합니다. 이 책은 한 영역에서 다음 영역으로 진행되지만 실제 계획을 실행할 때는 여러 영역을 오가며 진행해야 합니다. 유연성을 유지하면서 집에 있는 모든 것을 발견하세요.

이 책을 유연하게 활용하세요. 이 책은 사역을 성장시키면서 다시 참조할 수 있는 역동적인 실무 문서입니다. 메모하고, 여백에 글을 쓰고, 강조 표시를 하는 등 자신에게 가장 적합한 방식으로 활용하세요.

이 책에서는 소그룹 사역을 발전시켜 온 다양한 규모의 새들백 캠퍼스에서 배울 수 있습니다. 또한 소그룹 사역을 세우는 데 초점을 맞춘 '액셀러레이트! 컨퍼런스Accelerate Conference'에 참석했던 사람들의 간증도 읽을 수 있습니다. 이 참석자들은 다양한 규모의 교회, 다양한 교단, 다양한 문화권에서 왔습니다. 그들의 격려 있는 피드백이 이 책을 쓰게 된 동기입니다.

예를 들어 조지아주, 오스텔에 있는 믿음의 가족 교회의 소그룹 목사인 제임스 화이트James Whitely로부터 아래와 같은 이메일을 받았습니다.

> 내 목표는 우리 교회의 소그룹 사역을 어떻게 형성할지 더 잘 이해하는 것이었습니다. 우리 교회는 주로 아프리카계 미국인이 많은 대형 교회인데 연구할 만한 진정성 있고 효과적인 소그룹 사역의 모델이 많지 않습니다. 그래서 나는 특정 교회 인구 통계에서 삶을 변화시키는 소그룹 사역을 구축하는 이 여정을 시작하기 위해 '액셀러레이트! 컨퍼런스'에 참석했습니다.
>
> 나는 성공적인 대형 교회 몇 곳을 연구했지만 소그룹 사역을 처음부터 구축하고 조직하는 실무적인 접근 방식을 원했습니다. 컨퍼런스를 마치고 애틀랜타에 있는 교회로 돌아온 후 2017년 1월에 500명 이상의 성도가 참여하는 51개의 성인 그룹과 함께 소그룹 사역을 시작했습니다. 하나님께 영광을 돌립니다!
>
> 당신의 인도 덕분에 핵심에 집중할 수 있었고 그 원리를 적용하여 우리 교회에서 번성하고 진정성 있고 사랑이 넘치는 소그룹 사역을 구축하는 데 도움이 되었습니다.

당신도 소그룹 사역을 시작하거나 기존 사역의 성장, 영향력, 도달 범위를 강화할 수 있는 새로운 전략과 도구로 힘을 얻기를 기도합니다.

part 1
기 초

1
교회 전체를 생각하기

각 지역 교회는 공동의 목적을 위해 협력하여 함께 일하는 하나의 연합체이어야 합니다. 소그룹 사역을 계획할 때는 교회 전체를 생각하는 것부터 시작해야 한다는 의미입니다. 주말 예배, 소그룹 및 기타 교회 사역은 모두 성숙한 제자라는 결과, 즉 새들백에서는 목적 중심의 삶이라고 부르는 결과를 달성하기 위해 함께 일합니다.

교회 전체의 협력은 우연히 이루어지는 것이 아닙니다. 의도적인 노력이 필요합니다. 그리스도인으로서 우리는 수동적으로 "하나님이 원하시면 이루어질 것이다."라는 함정에 빠질 수 있으며 이는 종종 아무것도 하지 않는 결과로 이어질 수 있습니다. 주님께서 일을 이루실 수 있고 실제로 이루시는 것은 사실이지만, 또한 그분은 우리가 그분의 손과 발이 될 수 있도록 우리를 준비시켜 주셨습니다. 그러므로 가장 멋진 하나님 나라의 결과를 얻으려면 우리는 지혜를 얻기 위해 끊임없이 주님께 의지하면서 의도적으로 계획을 세워야 합니다.

교회의 성공, 시스템, 계획 정의하기

각 조직이 조화롭게 기능하려면 교회의 성공이 무엇을 의미하는지 명확하게 이해해야 합니다. 당신이 염두에 두어야 할 교회에 대한 하나님의 목적은 무엇인가요? 이것은 교회와 소그룹 사역의 비전과 사명 선언문에 정의되어 있으며 4장에서 논의할 것입니다.

성공의 정의에 근거하여 성숙한 제자라는 최종 목적지를 향해 포괄적인 경로를 따라 사람들을 움직이는 교회 전체의 시스템을 갖추는 것이 필수적입니다. 이러한 통합 시스템이 없으면 소그룹과 같은 새로운 사역이나 기존 사역이 각자의 독립적인 길을 걷게 되어 사람들을 교회의 성공의 길로 인도하지 못할 수 있습니다. 결국 바벨탑과 같은 혼란을 겪게 될 수도 있습니다. 교회의 리더십은 기도하는 마음으로 소통하고 협력하여 지도자와 성도 모두가 교회의 비전과 사명을 완수하고 모두를 영원한 성공으로 인도할 수 있는 로드맵을 만들어야 합니다. 이 장(그리고 4장과 5장의 일부)에서는 이러한 교회 전체의 고려 사항에 관해 설명합니다.

교회 전체 시스템 내에서 소그룹 사역을 포함한 각 사역은 시스템 내에 적합하고 교회의 비전과 사명을 달성하는 데 도움이 되는 종합적인 계획을 개발해야 합니다. 이것은 교회를 향한 하나님의 최종 목적을 달성하는 데 도움이 되는 사역의 통로이며 이 책의 대부분은 그러한 사역 계획을 개발하는 데 도움이 될 것입니다. 보통의 소그룹 목회자들은 훈련을 제공합니다. 훌륭한 소그룹 목회자는 자신의 사역만을 아우르는 계획을 세우고 있습니다. 훌륭한 소그룹 목회자는 교회의 비전과 사명에 맞게 조정된 계획을 세우고 있습니다.

교회 전체의 시스템을 고려해 봅시다. 이미 좋은 시스템이 마련되어 있을 수도 있고, 교회 리더들이 시스템을 만들거나 개선하기 위해 계속 노력해야 할 수도 있습니다. 이 장의 나머지 부분에서는 이 과정을 안내하는 데 도움이 되는 몇 가지 원칙을 공유하고 새들백교회에서 이러한 원칙을 어떻게 달성하는지 설명하겠습니다.

훌륭한 소그룹 목회자는 교회의 비전과 사명에 맞게 조정된 계획을 세우고 있습니다

새들백교회에서 하는 모든 일은 성경의 두 구절에 근거합니다. 예수님의 지상 대명령(마 28:19~20)과 지상 대계명(마 22:37~40)입니다. 담임목사인 릭 워렌은 '목적 중심 교회'에서 교회의 철학을 요약하고 있습니다. "이 두 구절은 새들백교회에서 우리가 하는 모든 일을 요약한 것으로 어떤 활동이나 프로그램이 이 계명 중 하나를 충족한다면 우리는 그것을 실행합니다. 그렇지 않다면 하지 않습니다."

이 두 구절에서 우리는 다섯 가지 성경적 목적을 발견할 수 있습니다.

교제: "아버지와 아들과 성령의 이름으로 세례를 베풀고"(마 28:19)
제자훈련: "내가 너희에게 분부한 모든 것을 가르쳐 지키게 하라"(마 28:20)
사역: "네 이웃을 네 자신 같이 사랑하라"(마 22:39)
전도: "너희는 가서 모든 민족을 제자로 삼아"(마 28:19)
예배: "네 마음을 다하고 목숨을 다하고 뜻을 다하여 주 너의 하나님을 사랑하라"(마 22:37)

새들백교회의 소그룹 철학은 교회 전체의 철학을 반영합니다. 교회라는 조직 구조 안에서만 이러한 목적을 생각한다든지 사람들이 주말에만 다섯 가지 목적에 노출되는 것만으로는 충분하지 않습니다. 우리는 소그룹의 맥락에서 성경의 다섯 가지 목적을 경험하여 궁극적으로 목적 중심의 삶, 즉 일상생활의 일부가 되기를 바랍니다.

소그룹은 초대 교회의 기초가 되었는데 사도행전 2장 42절부터 47절에 나오는 다섯 가지 성경적 목적이 모두 포함되어 있습니다. 그들은 사도들의 가르침과 교제, 떡을 떼는 것과 기도에 전념했습니다. 사도들이 행한 많은 기사와 표적에 모두가 경외심으로 가득 찼습니다. 모든 신자는 함께 공통점을 가졌습니다. 그들은 재산과 소유물을 팔아 필요한 사람에게 나누어 주고 매일 성전에서 함께 모였습니다. 그들은 집에서 떡을 떼며 기쁘고 진실한 마음으로 함께 먹으며 하나님을 찬양하고 모든 사람의 호의를 누렸습니다. 주님께서는 구원받는 사람들을 날마다 더해 주셨습니다.

사도행전에 묘사된 가정에서 모이는 소그룹은 큰 교회의 전략적 일부입니다. 특히 영적 건강의 기초가 되는 성경적 목적에 균형을 맞췄다는 점에서 의미가 있습니다. 성경 시대에도 그랬듯이 오늘날 소그룹을 건강하게 운영하기 위해서는 이러한 목적의 균형이 필수적입니다. 그러나 안타깝게도 오늘날 많은 소그룹이 한 가지 목적에만 집중하고 있습니다. 그룹은 친교 그룹, 봉사 그룹, 제자 그룹 또는 다른 종류나 그룹일 수 있습니다. 새들백교회에서 제자 훈련이 일어나기를 원한다면 교회의 DNA, 교회의 모든 소그룹, 교회의 모든 개인 생활의 균형에 관한 생각을 심어 주어야 한다는 것을 발견했습니다.

1. 그들은 교제했습니다

그리스도 몸의 지체가 된다는 것은 우리가 한 가족, 즉 하나님의 가족과 동일시 될 수 있음을 의미합니다. "그들은… 교제하고… 기쁨과 순전한 마음으로 음식을 함께 먹고"(행 2:42, 46). 나는 예수님께서 세례를 받으시고 광야에서 시험을 받으신 직후 가장 먼저 하신 일 중 하나가 열두 제자를 모아 소그룹을 만들었다는 사실에 항상 관심을 가져왔습니다. 예수님도 그룹 맥락에서 관계적 제자도의 가치와 교제 및 진정성의 필요성을 보셨습니다.

2. 그들은 제자가 되어 영적으로 성장했습니다

성경은 그들이 사도들의 가르침을 받았다고(행 2:42) 말합니다. 즉, 그들은 그리스도 안에서 성장하고 성숙하기 위해 헌신했습니다. 그들은 안식일과 다른 날에 사도들이 성전에서 가르치는 것을 들었을 뿐만 아니라 각자의 집에 모여 성전에서 가르치는 것을 공부하고 실천한 것이 분명합니다.

3. 그들은 서로를 섬겼습니다

그들은 재산과 소유를 팔아 필요한 사람에게 나누어 주었습니다(행 2:45). 이것이 바로 신자 대 신자 간의 섬김입니다. 이 그룹은 지원, 사역, 자비, 자선, 식사 나눔을 위한 출구가 되었습니다.

4. 그들은 잃어버린 자들을 전도했습니다

이것이 그들의 사명이었습니다. "주께서 구원 받는 사람을 날마다 더하게 하시니라"(행

2:47). 일주일에 한 번만 낚시하러 간다면, 즉 낚시 봉사를 한다면 그때만 고기를 잡을 것입니다. 소그룹을 통해 일주일 내내 낚시하러 가면 물고기의 수가 많이 늘어날 것입니다. 다섯 가지 성경적 목적이 모두 그룹 내에서 그리고 각 그룹 구성원의 삶에서 일어나면 자연스럽게 전도가 이루어집니다. 사람들은 건강한 그리스도인의 삶에서 일어나는 변화에 매력을 느낍니다.

5. 그들은 예배했습니다

그들은…떡을 떼며 기도하는 데 헌신하고… 그들은 하나님을 찬양했습니다(행 2:42, 47). 다시 말해, 초기 그리스도인들은 가정에서 예배를 드렸습니다. 그 결과는 무엇이었을까요? 사도들이 행하는 많은 기사와 표적에 모두가 경외심으로 가득 찼습니다(행 2:43). 결론은 사람들이 하나님을 위한 공간을 만들 때 하나님께서 임하신다는 것입니다.

사역과 소그룹의 차이점 배우기

릭 워렌 목사는 1995년 그의 저서 『목적이 이끄는 교회』에서 "우리는 각 소그룹이 같은 일을 하기를 기대하지 않고 전문화할 수 있도록 허용한다."라고 썼습니다. 시간이 지나면서 새들백에서는 두 가지 유형의 그룹에 대해 자세히 알아보기 시작했습니다. "균형 잡힌" 소그룹과 주로 한 가지 목적에 집중하는 "전문 그룹"이 그것입니다.

특별한 관심사나 사역을 중심으로 모이는 전문 그룹은 전략적이지만 성경의 다섯 가지 목적(친교, 제자훈련, 사역, 전도, 예배)의 균형을 유지하여 건강한 개인과 그룹을 만드는 것이 목표가 아닙니다. 예를 들어 안내 사역 그룹은 교회의 중요하고 전략적인 사역이지만, 일반적으로 개인과 그룹의 건강에 초점을 맞추기보다는 캠퍼스에 오는 사람들에게 안내하는 데 초점을 맞추고 있습니다. 우리의 모든 전문 그룹(사역)은 안내팀의 예처럼 목적 중 하나를 지나치게 강조합니다. 성경의 다섯 가지 목적에 해당하는 사역의 예는 수백 가지가 될 수 있습니다(35~36쪽 참조).

반면, 균형 잡힌 소그룹은 다섯 가지 성경적 목적을 통해 개인과 그룹의 건강에 초점을 맞춥니다. 우리는 소그룹의 수보다 건강한 그룹에 훨씬 더 관심을 기울입니다. 소그룹이 많거나 많은 사람이 그룹에 속해 있는 것은 궁극적인 목표가 아닙니다. 왜냐하면 열매나 삶의 변화를 가져오지 않는 소그룹이 많을 수도 있기 때문입니다.

새들백교회에는 다섯 가지 목적이 모두 균형을 이루지 못하는 특수 그룹이 여전히 존재하지만 이 그룹들도 중요합니다(대부분 교회에서는 이를 사역이라고 부릅니다). 그러나 우리는 다른 모든 소그룹이 성경의 다섯 가지 목적을 모두 균형 있게 추구함으로써 건강에 초점을 맞추기를 기대합니다. 그리고 우리는 전문 그룹의 각 구성원도 자신의 영적 건강을 위해 균형 잡힌 소그룹에 참여하도록 권장합니다. 이 책은 교회에서 균형 잡힌 소그룹을 개발하는 데 초점을 맞추고 있습니다.

성장을 위한 교회 시스템

새들백교회의 비전과 사명의 전체 구조는 사도행전 5장 42절 "날마다 성전에 있든지 집에 있든지 예수는 그리스도라고 가르치기와 전도하기를 그치지 아니하니라"에서 유래한 신자들이 모여 성장하고, 사역하고, 전도하고, 예배하는 두 가지 환경에 기반을 두고 있습니다. 실제로 신약성경 전반에 걸친 규범적인 교회 구조에는 성전과 집에서 모이는 모임이 포함되었습니다. 이 책은 가정 모임에 초점을 맞출 것이지만 주말(주일)예배에 사람들을 모이게 한 다음 하나님께서 매일 각자의 은사대로 그들을 사용하시는 장소(전문 그룹에서 진행)로 인도하는 목표라는 더 큰 그림을 염두에 두고 있습니다. 이렇게 하면 교회 전체 시스템의 문화와 맥락에 의도적으로 통합된 효과적인 소그룹 사역을 위한 전략적 계획을 세우는 데 도움이 될 것입니다.

그림 1.1은 새들백교회의 전체 시스템, 즉 우리의 환경을 나타내며 당신의 교회 환경과 유사할 수 있습니다. 이 그림은 누군가가 들어갈 수 있는 세 개의 문인 주말 예배, 소그룹 사역 그리고 전문 그룹인 다른 교회 사역을 나타냅니다. 어떤 문을 통해 교회에 들어오는

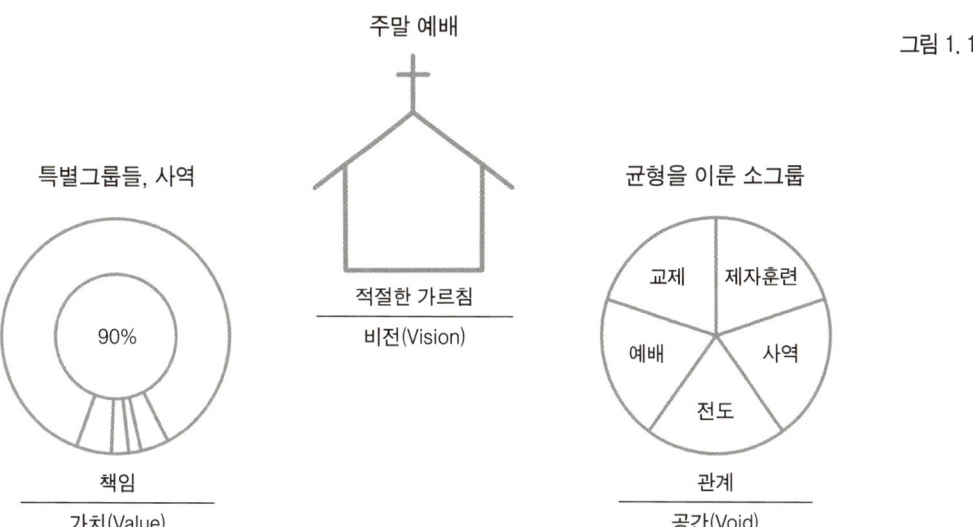

그림 1.1

지는 중요하지 않으며 교회에 들어와서 하나님 나라의 발전을 위해 함께 일하게 되는 것만이 중요합니다. 이 세 가지 중 어느 하나도 다른 것보다 더 중요한 것은 없습니다.

우리 몸에는 골격계, 순환계 등 건강을 유지하기 위해 함께 작동하는 아홉 가지 시스템이 있습니다. 이 시스템 중 하나라도 건강하지 않으면 신체는 질병에 걸리게 됩니다. 마찬가지로 교회의 세 가지 시스템은 모두 건강해야 하며 서로 조화를 유지해야 합니다.

사람들이 느끼는 필요를 해결하여 동기 부여하기

하나님의 섭리 안에서 이 세 가지 교회 시스템은 사람들이 느끼는 세 가지 중요한 욕구, 즉 관계성, 관계, 책임감과 일치합니다. 교회 환경을 통해 사람들이 느끼는 욕구를 해결하는 것은 사람들의 동기를 부여하고 참여도를 높이는 데 필수적입니다.

사람들에게 동기를 부여하는 것은 대부분 교회가 직면한 가장 큰 과제 중 하나입니다. 한 사람당 일주일에 168시간이 주어지는데 이 시간을 어떻게 배분할지 고민하는 것은 당연한 일입니다. 사람들에게 교회 활동에 시간을 내어 달라고 요청했다가 "너무 바빠서요."라는 대답을 들은 적이 몇 번이나 있으신가요? 당신도 한정된 시간에 우선순위를 정하기 위해 고군분투하고 있으므로 공감할 수 있습니다. 사람들이 바빠서 어떤 면에서는 이러한 반응이 타당할 수 있습니다. 하지만 이는 종종 사람들이 동기가 없는 약속에서 벗어나기 위한 편리한 변명일 뿐입니다. 사람들은 시간 사용 방법에 대한 자신의 선택이 자신이 강하게 느끼는 욕구를 충족시키기 위한 것일 가능성이 크다는 것을 인식하지 못합니다. 하지만 교회에서 제공하는 활동이 자신의 필요를 충족시킨다는 것을 알게 되면 사람들은 168시간 중 일부를 그 활동에 열심히 헌신할 것입니다.

사람들이 가장 먼저 느끼는 주요 욕구인 관련성은 예배, 즉 주말 예배에서 관련성 있는 가르침을 통해 가장 잘 해결될 수 있습니다. 종교와 공공 생활에 관한 연구 센터인 퓨 포럼 The Pew Forum은 사람들이 교회를 선택하는 이유를 연구했습니다. 가장 중요한 기준은 설교의 질과 관련성이었습니다. 그래서 릭은 십계명 시리즈에서 "간음하지 말라"(출 20:14)라는 말씀을 가르칠 때 설교 제목을 "불륜을 방지하는 결혼 생활"이라고 정했습니다. 그는 성경을 바로 가르치면서 오늘날의 결혼 생활과 관련된 주제를 다루었습니다. 일부 목회자들은 설교를 사람들의 삶과 연관 지어 가르치면 설교를 '물타기'한다는 비판을 받습니다. 그러나 사람들은 성경의 진리를 실제적이고 적용할 수 있는 방식으로 가르칠 때만 참석하고 경청하며 변화합니다. 관련성 있는 가르침은 하나님의 말씀을 타협할 필요가 없으며 사람들이 매일 직면하는 문제를 다룸으로써 사람들이 느낄 필요와 실제적인 필요를 충족시킵니다. 관련성 있는 가르침은 사람들이 수동적으로 앉아서 듣는 것에서 벗어나 교회에 대한 적극적인 성장과 헌신으로 나아가도록 영감을 줍니다.

사람들이 느끼는 두 번째 큰 필요는 수직적으로는 주님과의 관계, 수평적으로는 사람들과의 관계입니다. 이는 성경의 다섯 가지 목적(교제, 제자훈련, 사역, 전도, 예배)을 균형 있게 다루는 소그룹에서 가장 잘 다룰 수 있는 주제입니다. 소그룹은 예수님의 지상 명령과 지상 계명에 포함된 모든 것을 성취할 수 있습니다.

아무리 외로운 사람이라도 자연스럽게 관계를 갈망합니다. 교회 전체 환경, 특히 소그룹을 통해 사람들이 관계적 연결에 대한 욕구를 충분히 충족시킴으로써 시간을 투자하도록 동기를 부여할 수 있습니다. 사람들이 자신의 목적과 창조된 이유(하나님과의 수직적 관계를 위해)를 이해하고, 이 깨어진 세상과 연결하여 관계적으로(사람들과의 수평적 관계에서) 그것을 구체화하는 방법을 배우면 하나님께서 성경에서 말하는 교제가 어떻게 일어나기를 원하시는지 이해하게 될 것입니다. 관계가 표면 아래에서 진정성으로 나아갈 때 관계는 새로운 의미를 갖게 됩니다.

셋째, 사람들은 자신이 필요하고 어느 정도의 책임감이 있다고 느끼기를 좋아합니다. 이러한 욕구는 사람들을 다양한 교회 사역의 기회로 끌어들입니다. 이들은 성경의 다섯 가지 목적(예수님의 지상 명령과 지상 계명) 중 하나를 다른 목적보다 더 강조하는 전문 그룹입니다.

- **교제**: 이러한 그룹은 교제를 좋아하며 교회의 성도들을 긍정적으로 동화시키는 경향이 있습니다. 예를 들면 스크랩북, 뜨개질, 스포츠, 모험 그룹 등이 있습니다.
- **제자훈련**: 이 그룹은 배움을 좋아하고 교회의 인지적 성장을 강화합니다. 신학, 기술, 영적 실천을 가르치는 수업이 그 예입니다.
- **사역**: 이 그룹은 일반적으로 봉사 그룹과 돌봄 그룹이라는 두 가지로 나뉩니다. 봉사 그룹의 예로는 안내, 주차, 인사, 조경, 청소 팀 등이 있습니다. 돌봄 그룹의 예로는 지원, 회복, 상담 그룹이 있습니다.
- **전도**: 이 그룹은 복음을 실천하는 것을 좋아합니다. 지역 사회에 영향을 미치는 지역 봉사 그룹, 전 세계에 영향을 미치는 글로벌 여행 팀, 음식, 교육, 의료 서비스를 제공하는 새들백의 PEACE 센터와 같은 필요를 충족하는 센터 등이 그 예입니다.
- **예배**: 이 그룹은 예배와 예술에 관심을 기울입니다. 예배 그룹, 합창단, 그림과 같은 예술을 즐기는 사람들이 대표적인 예입니다. 예술은 캠퍼스 주변

> 책임감이 일에서 열정으로 바뀔 때 사람들은 가치 있다고 느낍니다

과 지역 미술관에서 문화를 형성하는 강력한 매개체입니다. 종교개혁 500주년을 기념하기 위해 우리는 다섯 개의 주제를 각각 그린 대형 그림을 그렸습니다.

이러한 전문 그룹이 성경의 모든 목적을 다루지는 않지만 장점은 회원들이 책임감을 느끼고 이바지하기 때문에 교회의 일원이라는 느낌을 더 많이 받는다는 점입니다. 그리고 사람들이 함께 적극적으로 이바지하게 되면 서로에 대한 유대감이 기하급수적으로 커집니다. 책임감이 집안일에서 열정으로 바뀌면 사람들은 자신이 가치 있다고 느낍니다.

그렇다면 교회가 사람들에게 동기를 부여하는 것에서 나아가 장기적으로 교회에 참여하는 성도로 만들려면 어떻게 해야 할까요? 비전(vision), 공간(void), 가치(value)라는 각각의 필요성에 해당하는 세 가지 V 단어에 집중해 보겠습니다.

첫째, 관련성 있는 가르침은 사람들을 교회로 데려올 뿐만 아니라 개인보다 더 크고 믿을 수 있는 비전을 제공함으로써 사람들이 교회에 머물도록 만듭니다. 둘째, 소그룹은 사람들이 창조주에 대한 지식과 서로에 대한 소속감으로 그 공간을 채우도록 돕습니다. 셋째, 적극적인 사역을 통해 사람들은 하나님께서 교회의 적극적인 일원으로서 은사를 주신 곳에 이바지함으로써 가치를 발견합니다.

이 세 가지 필요를 교회의 목표로 삼고 이를 충족시키기 위해 열심히 노력해야 합니다. 사람들이 너무 바쁘다고 말한다고 해서 기대치나 요구 사항을 낮추지 말고 사람들이 교회에 머물고 싶어 하고 참여하고 싶어 하도록 느껴질 필요를 충족시키기 위해 프로그램을 더 열심히 운영하세요. 문제는 시간이 아니라 교회가 사람들이 느낄 필요를 어떻게 채워 주느냐 입니다. 관련성, 관계, 책임감에 대한 사람들의 욕구를 충족시킬 방법을 제공하면 사람들은 168시간이라는 시간을 내어줄 것입니다!

사람들을 위해 거절하지 마세요. 당신이 그들의 필요를 충족시키면 그들은 "예"라고 말할 것입니다. 그런 다음 교회를 가득 채우는 신선한 에너지와 회복의 변화를 경험해 보세요. 이것이 효과가 있는지 어떻게 알 수 있을까요? 나는 가장 바쁜 사람들이 중요한 일을 위해 시간을 내는 일이 새들백교회에서 일어나는 것을 보았습니다. "보라, 내가 새 일을 행하노

니 이제 새 일이 솟아나나니 너희가 알지 못하느냐? 내가 광야에 길을 내고 사막에 강을 내리라"(사 43:19 ESV).

테스트 사례: 새들백의 교회 전체 계획

이제 새들백교회의 교회 전체 계획, 즉 사람들을 성숙하고 열정적 봉사로 인도하기 위한 여러 가지 방법 중 하나인 이 모든 조각을 하나로 모으는 방법을 간략히 살펴보겠습니다. 이 계획은 깔때기 funnel 로 표현할 수 있습니다(그림 1.2 참조). 깔때기의 역할은 무엇인가요? 깔때기의 넓은 끝은 넓게 흩어져 있는 항목들을 모아 좁은 끝으로 끌어당깁니다.

새들백의 깔때기는 사람들을 흥미롭고 헌신도가 낮은 활동으로 초대하여 좁게 집중된 성숙과 높은 헌신을 향한 길로 인도합니다. 새들백교회에서는 깔때기를 통해 지상 명령과 지상 계명을 성취합니다. 당신은 사람들을 위한 자신만의 경로를 설정하고 사람들이 그 경로를 따라 움직일 때 성취하고자 하는 것을 결정해야 합니다. 이 글을 읽으면서 생선을 먹을 때 살은 먹고 뼈는 버리는 것처럼 생각하세요. 자신에게 맞는 것을 선택하고 그렇지 않

> 시간이 문제가 아니라 교회가 느낀 필요에 어떻게 응답하느냐가 문제입니다

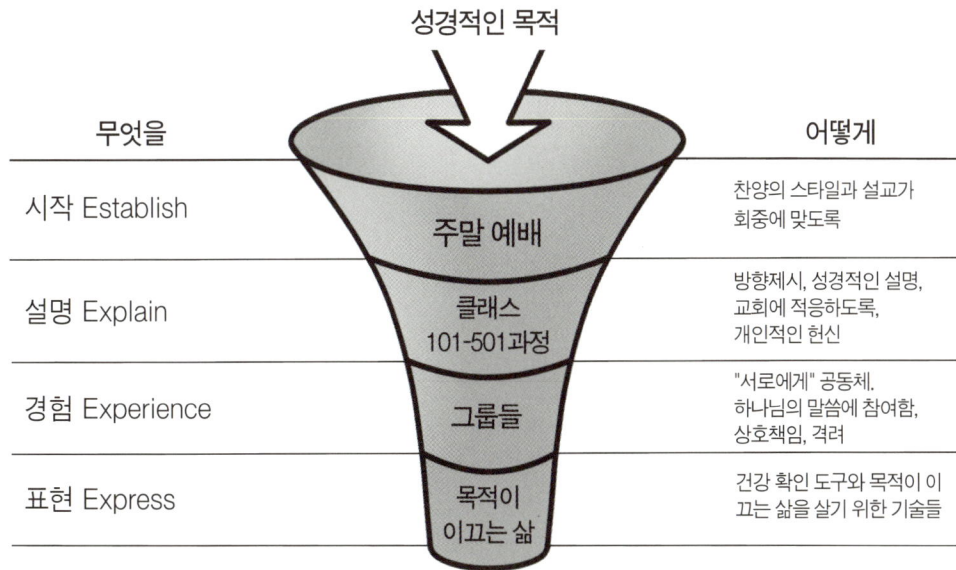

그림 1.2

은 것은 버리세요. 여기에서 당신의 사역과 교회에 적합한 것을 도출하세요.

우리의 소망은 지상 명령과 지상 계명이 사람들의 마음에 새겨져 매일 실천되는 것입니다. 다음은 새들백의 깔때기에서 한 사람이 통과하는 네 가지 주요 '공간'에 대한 간략한 설명으로 네 가지 유형의 만남(확립, 전제, 경험, 표현)에 관해 설명합니다.

주말(주일) 예배

주말 예배는 대부분 교회가 무엇인지 발견하기 시작하는 진입점입니다. 설교와 가르침, 간증을 통해 우리의 패러다임을 확립하는 곳입니다. 이것은 우리의 나머지 깔때기, 즉 사람들을 위한 우리의 경로를 홍보할 수 있는 가장 좋은 기회입니다.

클레스(훈련과정)

새들백교회에서는 사람들이 자신과 자신에 대한 하나님의 계획, 교회의 다양한 학습 및 사역의 기회를 이해하도록 돕기 위해 네 차례의 기독교 생활 및 봉사 세미나(CLASS)를 진행하고 있습니다. 여기에서는 예수님의 제자들이 예수님의 지상 명령과 위대한 계명을 성취할 수 있는 중요한 단계에 대해 자세히 배웁니다. 교회에 맞는 무언가를 만들어야 한다는 점을 기억하세요. 창의력을 발휘하고 교회에 가장 적합한 프로그램을 만들기 위해 정해진 틀에서 벗어나 색을 입히는 것을 두려워하지 마세요. 하지만 아래에 설명된 순서를 이해하세요. 사람들은 교회에 헌신해야 하고, 그리스도인의 삶을 지속할 수 있는 습관이 필요하며, 헌금을 해야 하고, 손을 내밀어야 합니다.

101과정은 교회의 구조, 시스템, 이야기, 구원 등 교회가 존재하는 이유에 대한 근본적인 내용을 소개하기 위해 마련되었습니다. 이 수업은 멤버십 수업으로 우리가 교회 가족으로 어떻게 속해 있는지 설명합니다. 사람들은 때때로 교회 등록 자격이 얼마나 중요한지 묻습니다. 우리는 결혼이 함께 사는 대안으로 중요하듯이 교회 등록 자격이 매우 중요하다고 믿습니다. 우리는 모두 일어서서 공개적으로 선언하는 것의 가치를 잘 알고 있습니다. 이 수업은 더 깊은 헌신을 불러일으킵니다.

201과정은 더 깊은 성숙으로 들어가 마귀가 좋아하는 바쁨, 물질주의, 교회로 모이는데 방해하는 세력을 어떻게 물리칠 수 있는지에 대해 설명합니다. 특히 소그룹을 통해 하나님과의 규칙적인 시간, 십일조, 교회 공동체와의 관계 맺기 등 건강한 습관을 기르기 위한 성경의 해답을 제시합니다.

301과정은 교인들이 하나님께서 주신 고유한 사명을 발견하고 사역에 참여하도록 돕습니다. 우리는 이것을 그들의 SHAPE라고 부릅니다.

S - **영적 은사**: 하나님께서 내게 초자연적으로 주신 은사는 무엇인가?
H - **마음**: 나는 어떤 일에 열정을 갖고 좋아합니까?
A - **능력**: 나는 어떤 타고난 재능을 가지고 있는가?
P - **성격**: 내 성격은 어디에 가장 잘 어울릴까?
E - **경험**: 나의 영적, 고통, 교육, 사역 경험이 봉사를 위해 어떻게 나를 준비시켰는가?

그런 다음 401과정에서는 선교의 단계인 개인, 지역, 세계 전도에 대해 배웁니다. 우리는 이 세상의 구경꾼이 아니라 예수님의 손과 발입니다. 그래서 우리는 성도들이 가까운 곳과 먼 곳에서 적극적으로 복음을 전하기를 바랍니다. 우리는 우리의 사명을 PEACE플랜이라고 부르며 자세한 내용은 www.ThePeacePlan.com에서 확인할 수 있습니다.

우리는 현재 주님을 영화롭게 하기 위해 항복과 희생을 깊이 파고들어 주님과 더 가까워지는 501과정을 실험하고 있습니다. 소그룹 수련회를 통해 이 일을 할 수 있습니다.

소그룹

깔때기의 다음 단계는 이 책의 중심 목적인 소그룹입니다. 소그룹은 사람들이 진정한 영적 형성을 경험하기 시작하는 곳입니다. 소그룹은 사람들이 예수님의 지상 명령과 지상 계명(사도행전 2:42~47 참조)을 가정마다 실천할 수 있는 가장 좋은 장소입니다. 소그룹은 대부분 사람이 볼 수 있는 안전하고 공개적인 모습을 넘어 사람들의 진짜 모습을 드러내는 곳입니다. 더 깊은 관계 속에서만 고통에 대한 치유와 하나님의 목적에 따른 영향력의 잠재력을 깨닫게 됩니다.

새들백은 세 가지 유형의 균형 잡힌 소그룹을 제공하며 모두 같은 결과를 지향합니다. 각 개인과 그룹의 마음속에 예수님의 지상 명령과 지상 계명의 균형을 맞추는 것입니다. 각 그룹은 조금씩 다르며 걸음마(이제 막 알아가기 시작함), 걷기(잘 진행되고 있음), 뛰기(잘 발달되었으나 개선의 여지가 있음) 등 다양한 개발 단계로 나뉩니다.

기존 그룹은 실행 단계에 있습니다. 이러한 그룹은 교회 캠퍼스나 다른 곳에서 일주일 중 언제든지 모입니다. 대부분의 교회 밖 그룹은 집에서 모이지만 커피숍, 공원, 요트(개인적으로 요트를 좋아합니다), 기차에서 모이는 그룹도 있습니다. 심지어 35,000피트 상공에서 모이는 그룹도 있는데 장거리 비행 중 승무원이 모이는 모임입니다. 이러한 전통적인 그룹은 일반적으로 매주 약 2시간 동안 모입니다. 이러한 그룹에 대한 자세한 내용은 『목적이 있는 소그룹 이끌기』Leading Small Group with Purpose를 참조하세요.

직장 그룹은 걸음마 수준입니다. 같은 결과를 목표로 하지만 기존의 그룹 전략이 직원들에게 항상 통하는 것은 아니라는 사실을 발견했습니다. 300개의 직장 그룹(전체 교인의 2%가 참여)은 대부분 전도 대상자이며 현재 믿지 않는 동료들을 끌어들이기 위해 5단계 전략을 사용하고 있습니다.

W(Wear): 신앙을 옷, 펜, 커피잔에 새겨 다른 사람들의 관심을 유도합니다.
O(Online): 온라인 자료를 통해 질문에 대한 성경적 답변을 제공합니다.
R(Reach): 심고 물주기 기회를 통해 동료들에게 다가가세요(고전 3:6 참조).
K(Kindle): 직장 그룹으로 가는 길을 열어주는 스터디를 통해 커뮤니티를 형성

합니다.

S(Strengthen): 직장 그룹에서 서로를 강화합니다.

자세한 내용은 이메일 workplace@saddleback.com로 문의하세요.

가상 그룹은 걷기 개발 단계에 있으며 온라인 환경에서 모입니다. 그들의 전략은 아래에 설명된 6단계 프로세스를 사용하여 "사람들이 있는 곳에서 만나고 우리가 원하는 곳으로 데려온다."라는 전략입니다. 온라인 그룹은 '새들백 Anywhere(어디서나)'라는 새로운 캠퍼스를 시작하는 데도 사용됩니다.

1. 커뮤니티: www.saddleback.com/online에서 온라인 서비스를 시청하도록 사람들을 초대합니다. 우리는 이러한 사람들이 교회 생활에 계속 참여하고 새로운 사람들이 교회 문을 나서기 전에 교회를 확인할 수 있다는 것을 발견했습니다. 웹사이트나 온라인 서비스는 첫인상 사역입니다. 야구가 처음 중계되었을 때 많은 사람이 야구장에 더 이상 오지 않을 것이라고 말했습니다. 하지만 그 반대 현상이 일어났습니다. 온라인을 통해 가능성의 금광을 최대한 활용하세요.

2. 관중: 웹사이트를 방문하면 온라인 참석자를 참여시키는 다양한 방법을 확인할 수 있습니다. 이 글을 쓰는 시점에서 4,411명이 온라인 예배를 통해 그리스도를 영접했다고 다시 보고했습니다. 수천 명이 다른 방법으로 참여했습니다.

3. 모임: 사람들은 시간대에 따라 가상 소그룹을 시작하거나 참여할 수 있습니다. 1,800개가 넘는 온라인 그룹이 있습니다.[2018년 기준. 편집자 주] 하지만 우리는 이들을 그대로 방치하고 싶지 않습니다!

4. 헌신: 두 명 이상의 친구와 함께 지역 소그룹을 시작하도록 권장합니다. 우리는 온라인 그룹의 63%가 안전한 가상 환경에서 벗어나 사람들과 직접 만

나기 시작할 수 있도록 지원했습니다.

5. **핵심**: 일부 지역 소그룹은 소그룹 모임 외에도 주말 예배를 함께 시청하기 위해 모입니다.

6. **위임**: 지역 내 소그룹이나 개인이 매달 모이고 그 모임이 매주 모여 '새들백 Anywhere' 캠퍼스를 시작하기도 합니다.

자세한 내용은 online@saddleback.com으로 문의하십시오.

목적 중심의 삶

깔때기의 좁은 끝에는 사람들이 행동을 통해 자신의 신앙과 성장을 적극적으로 표현하는 법을 배우는 목적 중심의 삶이 있습니다. 이 사람들은 지상 명령과 십계명을 마음에 새겼습니다. 이 단계는 깔때기의 가장 좁은 부분으로 소수의 사람만이 이 단계에 속하기 때문이 아니라 우리가 모두 이 단계에 속하지만 이 수준의 헌신에 이르는 사람은 거의 없기 때문입니다. 성숙하고 활기찬 교회는 보통보다 높은 비율의 교인이 이 단계에 속해 있지만 특히 교회가 깔때기의 넓은 끝을 통해 새롭고 젊은 신자들을 끌어들일 때는 이 비율이 절반에도 미치지 못할 수 있습니다. 이 단계에서 사람들은 성경의 다섯 가지 목적을 향해 나아가는 과정을 신중하게 평가하고 계획합니다.

- **교제**: 하나님, 교회 공동체, 소그룹과의 관계 맺기
- **제자훈련**: 영성 형성의 다음 단계로 나아감
- **사역**: 자원봉사의 기회를 통해 하나님 나라를 발전시키고 봉사를 통해 영적 은사를 행사할 책임을 지는 것
- **전도**: 개인적, 지역적, 세계적 차원의 나눔, 이 모든 것은 새들백에서 매우 강조하는 것입니다.
- **예배**: 자신의 항복과 삶을 왕께 드리는 산 제물로 평가하는 것

그림 1.3

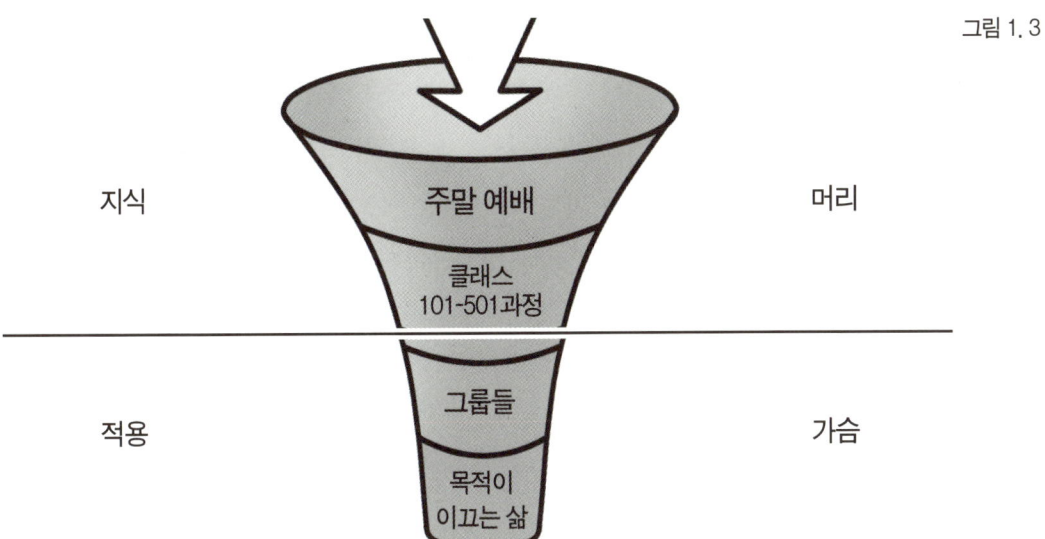

주말 예배와 가정에서 가정으로

그림 1.3은 사람들이 성장 경로를 따라 발전하는 두 가지 유형의 환경을 보여 줍니다. 가운데 선 위에는 교회당에서 이루어지는 단계가 있습니다. 주말 예배나 교육(101~501과정)과 같은 활동에는 사람들이 일렬로 앉아 가르침을 듣는 발표가 포함됩니다.

선 아래는 가정에서 가정으로 이동하는 경로 단계로 관계 맺기에 중점을 두고 더 많은 대화와 상호 작용이 포함됩니다. 사람들은 소그룹처럼 둥글게 모여 앉을 가능성이 큽니다.

선 위의 모든 것은 지식에 관한 것이고, 선 아래는 응용에 관한 것입니다. 선 위는 정보에 관한 것이고, 선 아래는 변화에 관한 것입니다. 이것이 새들백이 '주말 예배와 가정에서 가정으로'의 요소들이 서로를 보완하도록 하는 방법입니다. 사람들은 머리로 지식을 흡수한 다음(선 위) 관계적 공동체 안에서(선 아래) 그것을 마음과 삶 속에 심어 넣습니다.

사역자들에게는 탄탄한 성경적 가르침과 배운 것을 적용할 수 있는 관계적 환경이 모두 필요합니다. 그리고 소그룹은 관계를 강화하는 데 중요한 역할을 합니다. 제자를 만나지 못하는 경우 제자가 만들어지지 않거나, 사람들이 영적으로 도전하지 않거나, 자원봉사자를 찾는 데 어려움을 겪고 있다면 커뮤니티의 관계 온도를 점검해 보세요. 또한 교회 안에서의 관계가 강화되면 사람들이 적극적으로 다른 사람들을 교회로 데려오는 것이나 이전에는 볼 수 없었던 방식으로 헌신과 희생이 일어나는 것을 보게 될 것입니다. 요한복음 13장 34~35절에서 예수님은 우리가 다른 사람들에게 증거하고 매력적으로 보이는 것은 교회 안에서 서로에 대한 사랑에 기초한다고 말씀하셨습니다.

새들백에서는 '주말 예배와 가정에서 가정으로'라는 상호 보완적인 환경을 통해 교회를 위한 하나님의 설계의 천재성을 최적화하고 성장과 영향력을 위한 진리 지식과 깊은 관계를 구축하고자 합니다.

> 성장을 위한 구조와 통제를 위한 구조 중 하나를 선택할 수 있습니다

통제인가 성장인가?

교회 전체를 생각할 때 고려해야 할 또 하나의 개념은 릭 워렌목사의 말처럼 "성장을 위한 구조와 통제를 위한 구조 중 하나를 선택할 수 있다."라는 것입니다. 두 가지 모두를 위해 구조화하는 것은 불가능합니다. 높은 통제를 위해 구조화하는 교회는 높은 성장을 보지 못하는 경향이 있습니다. 나는 이 말이 마음에 듭니다.

우리는 교회가 호텔보다는 병원에 더 가깝기를 선호합니다. 호텔은 깔끔하고 정돈되어 있습니다. 하지만 응급실은 혼돈과 지저분할지라도 그곳은 치유의 장소입니다. 아픈 사람들이 교회 문을 열고 들어오는데 교회에 머무는 동안 최소한 치유 과정을 시작했으면 좋겠습니다. 신약 서신서에서 우리는 지저분하고 혼란스러운 교회들을 볼 수 있습니다. 하지만 기적적으로 그들은 살아남았고 교회 공동체는 2천 년 동안 살아남았습니다. 성령은 지저분한 불완전함 속에서도 하나님 중심의 치유 장소를 만들기 위해 일하시기 때문입니다.

그 결과가 성장이라면 통제 불능이라고 느껴도 괜찮다고 생각합니다. 우리는 고삐를 조금 풀고 성령님께 많은 부분을 맡기는 것을 선호합니다. 즉, 하나님의 인도하심에 따라 앞으로 나아갈 수 있을 때 '문제 해결'이 우리를 멈추게 하거나 방해하지 않도록 하는 것을 거부합니다. 지저분해질 수 있지만 두려워하지 마세요!

한 가지 예를 들어보겠습니다. 2000년대 초에 새들백교회가 랜초 카피스트라노 부지를 어떻게 소유하게 되었는지 아실 것입니다. 몇 년 전에 우리는 그 부동산을 구입하는 것을 검토했지만 재정적으로 감당할 수 없었습니다. 하나님의 지연은 하나님의 거부가 아닙니다. 몇 년 후, 그 부동산을 소유하고 있던 교회가 파산 위기에 처하면서 새로운 문이 열렸습니다. 하지만 부동산 비용은 여전히 비쌌습니다.

그 당시에 우리는 이미 몇 개의 캠퍼스가 있어서 이 부지에 새로운 캠퍼스를 계획하고 있지는 않았습니다. 우리는 이 부지를 목회자 훈련을 위한 컨퍼런스 수양관으로 사용하기를 원했지만 기독교 비영리단체에 대한 아낌없는 지원으로 유명한 오클라호마시티의 Hobby Lobby라는 회사가 결국 이 대지를 매입했습니다. 그런데 이 회사는 1년 후 우리에게 찾아와 '이 부지를 기부하겠다.'라고 말했습니다. 그들은 땅값으로 2,200만 달러 이상을 지불하고 방금 우리에게 주었습니다. 사실 그들은 우리에게 1년 동안 한 달에 1달러의 비용을 받고 그 땅을 빌려주었습니다. 그런 다음 우리에게 주었습니다. 보너스로 그 땅에는 우리가 기도하던 예배당도 있다는 것을 알게 되었습니다.

쉽고 간단한가요? 아니요. 가끔 공짜로 무언가를 받으면 예상치 못한 비용이 발생하기도 합니다. 일부 시설은 4~7년 동안 사용하지 않아서 사용하기 전에 대대적인 수리가 필요했습니다. 전망이 암울해 보였습니다. 하지만 경영진 회의에서 릭은 "지금 당장 문제 해결에 대해 걱정하고 싶지 않다."라고 말했습니다. 문제 해결은 논리적으로 다음 단계인 것처럼 보였습니다. 하지만 릭은 모든 해결책이 우리 손에 달려 있다고 생각하지 말라고 당부했습니다. 하나님께서 우리에게 그 부동산을 주셨다면 우리는 문제에 대한 하나님의 해결책을 위해 기도해야 했습니다. 실제로 그 첫해에 세 가지 기적이 일어났습니다.

첫 번째는 수만 시간의 자원봉사를 통해 축복받은 것이었습니다. 기부된 작업은 매우 귀중한 것이었습니다. 오늘날까지 170에이커(약 20만 8천 평편집자 주)에 달하는 부지를 관리하는 풀타임 직원은 단 한 명뿐입니다. 나머지 모든 작업은 자원봉사자들이 담당합니다. 둘째, 새들백의 한 회원은 주님께서 지붕을 모두 교체하라는 마음을 주셨다고 말했습니다. 셋째, 우리가 구입한 에어컨을 모두 설치해 준 사람이 또 있었습니다. 이 모든 것이 전혀 예상치 못한 또 다른 네 번째 기적으로 이어졌습니다. 이 사이트는 새들백 교회의 20개 캠퍼스 중 하나가 되었고 현재 주말마다 4번의 예배에서 1,500명을^{2018년 기준. 편집자 주} 섬기고 있습니다.

지저분함은 하나님께 맡기세요. 그분에게는 계획이 있습니다. 신약성경을 읽다 보면 3분의 2가 교회가 얼마나 문제가 많은지에 대해 기록되어 있다는 것을 알게 될 것입니다. 미련한 독선을 떨쳐버리고 건강한 소그룹 사역을 위해 교회를 어떻게 구성할지 기도하고 생각해야 한다는 것을 이해하세요.

사랑과 인내로 변화 관리하기

실행에 앞서 이해가 선행되어야 합니다. 사역의 구조가 통합되기 시작하면 주요 리더, 특히 고위 리더십의 목표를 이해해야 합니다. 교회의 문화와 소그룹의 역사를 이해해야 합니다. 그리고 사람들, 특히 리더들이 예측할 수 없을 정도로 민감하게 반응할 수 있는 이슈가 있는지 주의 깊게 살펴보세요. 변화는 언제나 어렵고 옳은 변화라 할지라도 두려움과 저항에 부딪히는 경우가 많습니다.

교회에 온 지 꽤 오래되었더라도 지도자들과 함께 교회의 역사를 검토하고 식사나 커피를 마시면서 명확한 질문을 하세요. 과거를 이해해야 미래를 설계할 수 있습니다. 항상 주의 깊게 경청하고 이해받으려 하기 전에 이해하려고 노력하세요. 이를 통해 리더십에 대한 사람들의 신뢰를 측정할 수 있습니다. 새로운 사역이나 아이디어를 실행하기 전에 이러한 것들을 확실히 파악하고 있어야 합니다. 당신의 사역이 교회 전체 또는 다른 교회 사역과 매우 일치하지 않는다면 교회의 전반적인 건강에 해롭습니다.

먼저 교회의 주요 전문 리더들을 인터뷰해야 합니다. 그들과 친해지세요. 귀를 기울이고, 귀를 기울이고, 귀를 기울이세요. 그들의 목표를 파악하면 효율적이고 효과적인 방식으로 계획을 세우고 실행하는 데 도움이 되며 교회 전체의 조율을 이끌어낼 수 있습니다.

과거를 이해해야 미래를 설계할 수 있습니다

둘째, 현재 소그룹 리더와 성인 주일학교 교사들에게 그들의 과거 경험에 대해 설문조사를 실시하세요. 그들은 무엇을 해왔나요? 교회 지도자들로부터 어떤 지원을 받았나요? 그들이 생각하는 성공적인 커뮤니티의 조건은 무엇인가요?

들은 이야기를 통해 교회 역사가 긍정적이었는지를 분별해 보세요. 새로운 개념을 수용했나요, 아니면 저항했나요? 신뢰가 깨졌나요? 무엇 때문에? 그 대답은 당신이 어디로 갈 수 있고 얼마나 빨리 갈 수 있는지에 대해 많은 것을 알려 줍니다. 또한 다른 사람의 부정적인 반응을 유발할 수 있는 행동이나 발언 등 숨겨진 지뢰를 발견할 수도 있습니다.

"이 교회를 어떻게 변화시키시겠습니까?"라고 물어보는 것도 좋습니다. 그 대답은 당신의 노력에 대한 현명한 로드맵을 제공할 수 있습니다. 천천히 하세요. 이 과정은 빨리 진행되지 않습니다. 초기에 충분한 시간을 투자하면 실행 후 많은 시간을 절약할 수 있습니다. 이러한 대화가 이루어질 것입니다! 변화를 실행하기 전에 관계적 접근 방식을 사용하여 대화를 나눌 것인지 아니면 손상된 관계와 신뢰를 회복한 후에 대화를 나눌 것인지는 당신의 결정에 달려 있습니다. 이 모든 과정을 신중하게 수행하면 미래로 점진적으로 나아가는 데 도움이 되는 방식으로 과거를 존중하게 될 것입니다. 교회의 반응성을 위해 기도하세요. 주님께서 세우실 지도자들을 위해 기도하세요. 타이밍을 위해 기도하세요. 그리고 주님께서 당신이 성취하기를 원하시는 것을 위해 기도하세요.

잠시 시간을 내어 다음 세 가지 질문에 신중하게 응답해 보세요.

교회에서 어떤 사람이나 사역이 변화를 고려하는 데 개방적이고 반응이 좋은가요?

_____

_____

사람들이 민감하게 반응해야 하는 우려 사항에는 어떤 것이 있나요?

_____

_____

누구와 후속 대화를 나누어야 하나요? 언제? 누가 이 문제에 대해 생각하고 있지만 아직 동참하지 않는가? 적극적으로 저항하는 사람은 누구인가요?

_____

_____

_____

_____

당신의 대답은 앞으로 나아갈 길의 쉬움이나 어려움을 결정하는 데 도움이 될 것입니다. 소그룹 사역을 시작할 때 당신은 수고의 결실을 보고 싶어 합니다. 그러나 기초가 준비되지 않은 상태에서 사역을 시작하는 것은 언제나 현명하지 못합니다.

우리가 통계와 수치에 영향을 받지 않는다고 믿고 싶지만 논쟁의 여지가 없는 것도 있습니다. 새로운 아이디어가 도입될 때마다 변화의 수용은 로저스 혁신 확산 종 곡선과 거의 비슷하게 진행됩니다(그림 1.4 참조). 일반적으로 열성적인 수용자 16%, 초기 중간 수용자 34%, 늦은 중간 수용자 34%, 저항적인 후기 수용자 16% 정도를 만나게 됩니다. 이러한 오랜 시간 동안 입증된 현실을 고려할 때 좋은 아이디어가 압도적인 지지를 얻지 못한다고 해서 낙담하지 마세요. 인내심과 지혜를 발휘하면 궁극적으로 폭넓게 채택될 수 있으니 끝까지 포기하지 마세요. 한편, 처음부터 당신의 비전을 이해하는 사람들에게 대부분 에너지를 집중하고 그들을 다른 사람들이 비전을 이해하도록 돕는 동맹으로 삼으세요.

4장과 5장에서 교회 및 사역 리더십과 연합하여 일하는 것의 중요성에 대해 다시 다룰 것입니다.

그림 1.4

2
팀으로 인도하기

계획이 구체화될수록 함께 할 때 더 잘할 수 있다는 사실을 계속 상기하세요. '빨리 가려면 혼자 가라.', '멀리 가고 싶다면 함께 가라.'라는 격언을 들어보셨을 것입니다. 계획을 혼자서만 세우지 마세요! 자신의 강점을 바탕으로 다른 사람의 강점을 통해 약점을 강화하세요. 많은 리더는 자연스럽게 혼자서 더 잘하고 더 빨리할 수 있다고 생각하는 경향이 있습니다. 하지만 한 사람이 모든 것을 생각할 수는 없습니다. 다른 사람이 필요합니다. 다른 사람이 많으면 방해만 될 거로 생각하지 말고 더 나은 리더가 될 수 있도록 도와줄 사람들을 포용하세요.

팀에 누구를 끌어들일 수 있나요? 교회에 영원한 변화를 일으키기 위해 누구에게 도전할 수 있나요? 문화적 변화를 이루도록 도와줄 사람은 누구인가요? 사역 계획을 시작하는 데 누가 도움을 줄까요? 어떤 팀과 선수가 필요하나요? 대부분의 소그룹 사역, 특히 성장하는 소그룹 사역에 필요한 몇 가지 핵심적인 부분을 간략하게 살펴보겠습니다.

소그룹 리더

소그룹 리더는 최전선에서 사역을 이끄는 리더이기 때문에 모든 규모의 사역의 근간이 됩니다. 나중에 설명하겠지만 새들백에서는 이들을 '인도자'라고 부릅니다. 우리는 두 명 이상의 친구와 함께 그룹을 구성하고자 하는 모든 사람을 데려다가 그리스도를 따르는 사람으로 성장시킵니다. 우리는 모든 그룹 멤버가 자신의 열정을 발견하고 그룹에서 주인의식을 갖고 책임감을 가질 수 있도록 인도자를 교육합니다. 또한, 인도자는 비공식적으로 미래 인도자(일부에서는 수습생 또는 공동 리더라고 부르기도 함)라고 부르는 예비 리더를 지속해서 관찰하고 그들에게 임무를 위임합니다. 우리는 직책이 아닌 실질적인 직무를 통해 관계적 환경에서 책임이 있는 사람의 역할을 파악합니다.

우리는 인도자와 인도자가 속한 소규모 그룹을 네 가지 범주로 구분하며 범주별로 필요한 관리의 정도와 유형은 다릅니다.

> 자신의 강점을 바탕으로 다른 사람의 강점을 통해 약점을 강화하세요

- **신규 그룹**: 이 그룹은 우선으로 보살핌을 받습니다. 우리는 마귀가 아기 모세를 죽이려고 할 때 파라오를 이용하고 아기 예수를 죽이려고 할 때 헤롯을 이용했던 것처럼 어린 것을 죽이는 것을 좋아한다는 것을 알고 있으므로 새 그룹은 가장 취약하므로 사전 예방적으로 돌보아 줍니다. 이러한 인도자는 처음 6주 동안 커뮤니티 리더(코치)로부터 3번의 연락을 받은 후 인도자와 그룹을 위한 다음 단계를 평가합니다. 새로운 인도자는 클래스 101을 이수할 것을 권장합니다.
- **노련한 그룹**: 이 그룹은 개인 관리를 받습니다. 인도자는 리더 교육 1(나중에 설명)을 이수하고, 개인 및 그룹 건강에 대해 이해하고, 인도자 언약에 서명합니다. 노련한 그룹이지만 우리는 이들에게 매달 사전 예방적 관리를 제공합니다.
- **베테랑 그룹**: 베테랑 그룹은 우선적인 관리를 받습니다. 인도자는 리더 교육 2를 이수하고 그룹 계획을 수립했으며 그룹 건강을 위한 계획을 실행합니다. 인도자는 매월 직접 만나거나 휴대폰, 이메일, 문자, 소셜 미디어 등 인도자와 소통하는 방법을 선택할 수 있습니다. 그들은 신뢰받을 자격이 있습니다.
- **완고한 그룹**: 지속적인 관리가 필요합니다. 이러한 인도자는 신중하거나 회의적이기 때문에 우리의 패러다임을 늦게 받아들이고 있습니다. 우리는 여전히 이들을 사랑하며 매달 전화를 걸어 함께 기도하고 응답이 없으면 메시지로 기도를 남기는 것에 만족합니다.

리더 코치

코치는 경험이 풍부한 '리더 중의 리더'이며 소그룹 사역이 소그룹 리더를 관계적으로 돌볼 수 있는 능력 이상으로 성장하면 바로 코치의 역할이 중요해집니다. 새들백에서는 코치들을 커뮤니티 리더(CL)라고 부르며 이들은 소수의 인도자와 관계를 구축하여 위에서 설명한 돌봄을 함께 제공합니다.

일부 CL는 한 가지 소그룹 카테고리를 전문적으로 담당하고, 다른 CL는 여러 카테고리를 혼합하여 관리합니다. 각 CL에게 소규모 그룹을 배정할 때 가장 큰 역할을 하는 것은 CL의 선호도 외에도 지리적 특성입니다. CL와 그룹의 비율은 그룹 카테고리에 따라 다릅니다. 일반적으로 한 명의 CL가 다양한 카테고리의 약 25개의 소그룹을 돌볼 수 있습니다. 새들백의 소그룹 사역은 규모가 커서 CL를 돌보는 소그룹 목회자라는 또 다른 계층의 리더가 있습니다. 모든 관계는 관계적이어야 하지만 이 수준에서 소그룹 목회자가 CL를 대하는 방식은 '사역자 대 사역자'가 될 수 있는데 CL는 경험이 풍부하고 헌신적이며 인도자와는 다른 관계적 과정이 필요하기 때문입니다. 이 책 전체에서는 소그룹 인도자(또는 목회자)와 소그룹 리더 사이의 모든 리더를 "인프라"라고 부릅니다.

소그룹 포인트 담당자

이 사람은 소그룹 사역을 직접 감독하는 자원봉사자 또는 유급 직원일 것입니다. 이 사람은 이 책의 다섯 단계 또는 가정 영역 중 일부 또는 전부를 교회 패러다임(5~9장)에 적용하면서 교회 생활의 가정 간 구성 요소로서 소그룹 사역을 위한 계획을 개발하고 실행하며 그룹을 건강하게 세우고 표류를 방지하며 사역의 발전을 제 궤도에 유지하면서 사역보다 사역에 더 큰 노력을 기울입니다. 교회 규모에 상관없이 사역을 돕는 핵심 사역 리더들로 팀을 구성하여 담당자가 감독 업무를 분담할 것을 권합니다. 우리는 이것을 "C"팀이라고 부릅니다.

C 팀

대부분 기업에는 최고경영자(CEO), 최고재무책임자(CFO), 최고운영책임자(COO), 최고기술책임자(CTO) 등 최고 경영진으로 구성된 'C 스위트'가 있으며 이들은 비즈니스를 정상 궤도에 올려놓는 브레인 역할을 합니다. 나는 '스위트'라는 단어보다는 한 사람이 작전을 세우고 팀이 그 작전을 실행하는 스포츠 경기장의 '팀'이라는 단어를 더 선호합니다. 각 플레이어는 자신의 역할을 알고 있으며 함께하면 개인보다 더 나은 성과를 낼 수 있습니다. 항상 혼자서 과정을 추진하지만 결국에는 주변 사람들의 도움이 필요합니다.

새들백에 처음 사역을 시작했을 때만 해도 현재 C팀이 수행하는 모든 기능을 나 혼자서 수행했습니다. 나중에 사역을 양보하지 않음으로써 나 자신에게 상처를 주고 다른 사람들이 자신의 재능을 사용하고 열정을 추구할 기회를 빼앗고 있다는 것을 깨달았습니다. 게다가 우리는 모두 치어리더가 필요합니다. 운동, 다이어트, 약속 지키기 등 어려운 일은 누군가가 함께해 줄 때 더 잘 해낼 수 있습니다. 관계로 연결된 팀에서 동기부여와 지혜를 모두 얻을 수 있습니다. 이 팀은 매우 중요하기 때문에 이에 대해 자세히 말씀드리겠습니다.

리더 코치가 좋은 C팀원이 될 수도 있지만 그렇지 않은 경우도 많습니다. 대부분 코치는 배려심은 강하지만 기획력이 부족하기 때문에 C팀에는 강력한 기획자가 필요합니다. C팀을 찾을 때 소그룹이나 교회에서 누구도 간과하지 마세요. 이러한 역할을 맡을 때는 조직에서 지금까지 어떤 역할을 맡아왔는지보다 은사에 더 관심을 가져야 합니다.

능력과 가용성을 살펴보세요. 유능한 C팀원은 팀에서 자신의 책임에 대해 열정을 가지고 있으며 적절한 은사를 가지고 있습니다. 가용성과 관련해서는 열정적인 사람들은 헌신하기 전에 항상 캘린더를 확인하지는 않는다는 사실을 발견했습니다. 힘들더라도 채용 담당자가 업무를 제대로 수행할 수 있는 시간을 확보하지 않으면 결국 이름만 대고 끝날 수 있습니다. 어려운 질문을 미리 던지는 것은 장기적으로 좋은 결과를 가져올 것입니다.

소그룹 사역에 대해 총체적으로 생각하는 사람을 선택하세요. 소그룹 리더를 지원하기 위한 효과적인 인프라를 개발하는 데 도움을 줄 수 있어야 합니다. 나의 C팀원 중 일부는 소그룹 목회자나 커뮤니티 리더로도 활동하고 있지만 C팀은 매우 중요하기 때문에 팀원들이 이중 직무를 수행하기를 기대하지 않습니다.

사역 내에서 관계적 연결이 중요한 것처럼 사역과 다른 교회 사역 사이에서도 관계적 연결이 중요합니다. C팀은 교회의 고위 리더십과 다른 사역의 홍보대사로서 소그룹 비전과 사명에 대한 교회 전체의 동의를 이끌어내는 데 도움을 줄 수 있습니다. 따라서 모든 C팀 멤버가 사역의 큰 그림을 이해하고 다른 영향력 있는 사람들과 잘 관계를 맺으며 교회 문화에 긍정적인 영향을 미치는 것이 중요합니다.

이 책의 구조에서 알 수 있듯이 나는 소그룹 사역을 연결, 성장, 투자, 도달, 유지의 다섯 단계 또는 "홈" 영역(5~9장)의 관점에서 계획해야 한다고 생각합니다. 사역 계획과 개발의 다양한 측면을 전문으로 하는 C팀원을 모집하여 각 팀원의 열정, 경험, 은사에 맞는 책임을 맡기는 것이 이상적이라고 생각합니다. 이곳에서 사역 전략의 한 측면에서 계획을 세우고 실행하는 데 도움을 줄 수 있는 최고의 인재를 찾는 인사 전문가가 될 수 있습니다.

예를 들어 연결 단계에 특화된 이상적인 C팀원은 응집력 있는 그룹을 만드는 데 특히 재능이 있을 수 있습니다. 그들은 모든 그룹 내에서 관계를 장려하지만 그들 자신은 연결되지 않은 사람들을 끌어들이는 활기차고 "자기적인" 성격일 가능성이 큽니다. 또한, 고객 서비스와 후속 조치를 좋아합니다. 다양한 상황에 쉽게 적응할 수 있으며 분위기를 효과적으로 읽어내어 모두가 환영받는다고 느낄 수 있도록 도와줍니다. 누군가 떠올리는 사람이 있나요? 그럴 가능성이 있는 이름을 아래에 적어보세요. 그들을 위해 기도하고 팀에 초대할지를 결정하세요.

각 단계에 수반되는 질문을 읽은 후에 이 부분으로 돌아오는 것이 좋습니다. 각 장을 읽으면서 지금 당장 떠오르지 않는 C팀원의 이름이 있다면 다시 돌아와서 생각해 보세요.

이 과정에서 기도의 중요성은 아무리 강조해도 지나치지 않습니다. 주님께서 사람들을 떠올려 주실 때 지혜를 달라고 기도하세요. 각 사역 책임 영역을 검토하고 그 일에 적합한 사람을 데려올 수 있도록 주님의 지혜를 달라고 기도하세요. 당장 모든 사람을 찾지 못했다고 낙심하지 마세요. 시간을 갖고 하나님께서 여러분과 함께 일하기를 원하시는 사람을 계시해 주시도록 기다리세요.

여러분의 사역 패러다임은 이 책의 패러다임과 다소 다를 수 있지만 이 다섯 가지 영역의 대부분 또는 전부를 감독할 신실한 사람들이 필요할 것입니다. 기도하면서 이름을 찾아보세요.

연결 (그룹 시작, 새 회원 배치)
_____
_____
_____
_____

성장 (그룹 내 영적 건강 증진)
_____
_____
_____
_____

투자 (그룹에서 하나님의 나라 결실을 보장)
_____
_____
_____
_____

도달 (그룹 전도 활동 장려)

_____

_____

_____

유지 (장기적인 사역 성공 유지)

_____

_____

_____

_____

나는 또한 C팀에 또 다른 종류의 다양성을 추천합니다. 베드로전서 5:1~4를 인용하여 이를 소개하겠습니다.

> 너희 중 장로들To the elders, NIV에게 권하노니 나는 함께 장로 된 자요 그리스도의 고난의 증인이요 나타날 영광에 참여할 자니라 너희 중에 있는 하나님의 양 무리를 치되Be shepherds of God's flock NIV 억지로 하지 말고serving as overseers, NIV, 감독자로 하나님의 뜻을 따라 자원함으로 하며 더러운 이득을 위하여 하지 말고 기꺼이 하며 맡은 자들에게 주장하는 자세를 하지 말고 양 무리의 본이 되라 그리하면 목자장이 나타나실 때에 시들지 아니하는 영광의 관을 얻으리라

이 구절에서는 교회 지도자를 장로the elders, 목자shepherds, 감독자overseers라는 세 가지 다른 단어를 사용합니다. 이 단어들은 같은 지도자를 설명하기 위해 같은 의미로 사용되지만 영적 리더십의 다른 측면을 반영하며 개인은 다른 사람보다 한 가지에 더 강점을 갖는 경향이 있습니다. 이들 사이의 미묘한 차이를 완벽히 이해하기 위해 약간의 헬라어를 공부해

봅시다.

"장로"는 헬라어 프레스부테로스 πρεσβύτερος에서 번역되었으며 그 이름을 따서 장로교 교파의 이름이 붙여졌습니다. 그들은 지도자를 "장로"라고 부릅니다. 문자 그대로의 의미에도 불구하고 성경에서 장로는 반드시 육체적으로 나이가 많다는 것을 의미하지는 않습니다. 영적 성숙을 의미합니다. 디모데는 젊은 청년이었지만 에베소 교회의 목사이자 장로였습니다. 바울은 그에게 '네가 젊다고 해서 누구도 너를 업신여기지 말라'(딤전 4:12 참고)고 말했듯이 영적으로 성숙한 사람은 누구나 장로가 될 자격이 있습니다. 장로는 비전을 지향합니다. 장로는 지혜롭고 다른 사람의 지혜와 성품을 발전시킵니다.

헬라어 포이멘 ποιμήν은 "목사" 또는 "목자"로 번역되며 주님의 양 떼를 돌보고, 인도하고, 먹이는 사람들을 의미합니다. 목자는 관계 속에서 사람들을 양육하는 데 집중합니다. 목자는 사람들을 끌어당기는 성격을 보이는 경향이 있습니다.

그리고 "감독자"는 헬라어 에피스코포스 ἐπίτροπος에서 번역된 것으로 킹 제임스역에서는 "주교"로 번역되었습니다. 성공회 교단은 에피스코포스에서 이름을 따왔으며 지역 목회자 또는 교구 사제를 감독하는 책임을 맡은 지도자를 "주교"라고 부릅니다. 감독자는 프로세스 process, 과정 담당자입니다. 이들은 전략적 계획을 실행에 옮기는 관리자입니다. 이것이 나의 전문 분야입니다. 나는 기획 과정, 프로그램 개발, 전략적인것을 좋아합니다. 이 책 전체에 걸쳐 이러한 내용이 전개되는 것을 보게 될 것입니다.

교회마다 이 단어들을 다르게 사용한다는 것을 우리 모두 알고 있습니다. 여기서 내가 걱정하는 것은 그런 것이 아닙니다. 나는 영적 리더십에 기여하는 세 가지 종류의 행동 특성을 고려하고 싶습니다. 우리 각자는 다른 것보다 한 가지에 더 끌립니다. 세 가지 사이의 경계는 모호하지만 모두 지루한 작은 상자에 깔끔하게 들어맞는 것은 아니기 때문에 괜찮습니다.

여러분은 이 세 가지 역할 중 어느 쪽에 더 비중을 두고 있나요? 장로, 목자, 감독자의 역할에 대해 생각해 보고 잠시 시간을 내어 자기 평가를 해 보세요. 자신을 가장 잘 설명하는 역할이 무엇인지 결정한 후에는 C팀에 영입할 수 있는 다른 사람들의 강점을 기도하는 마음으로 평가하고 아래에 그들의 이름을 적어 보세요. 팀에 이 세 가지가 모두 섞여 있는지 확인하고 자신의 성향과 균형을 이루는 팀원을 모집하세요.

장로 (비전)

_____

_____

_____

목자 (돌봄)

_____

_____

_____

감독자 (관리)

_____

_____

_____

_____

교회 내 다른 곳의 지원

C팀 외에도 여러분과 사역의 동역자가 될 수 있는 교회 내 주요 영향력 있는 사람들을 지속해서 파악하는 것이 좋습니다. 물론 담임목사가 한 명이어야 하고 이미 그 관계를 발전시키고 있어야 하지만 교회에서 여러분이 하려는 일에 열정을 가져야 하는 다른 사람은 누구일까요? 이 사람들은 교회의 방향과 성공에 이해관계가 있는 사람들이며 여러분의 사

역이 교회의 성공에 도움이 된다면 여러분의 사역을 지원하는 것이 그들에게도 최선의 이익이 된다는 것을 알 수 있도록 도와주세요(또한 그들의 사역을 지원하는 데 적극적인 관심을 가지세요). 혼자서 소그룹을 옹호해서는 안되므로 이러한 관계를 발전시키세요. 그리고 이러한 관계가 성장함에 따라 신뢰를 쌓아 필요에 따라 진리를 말하고 받아들일 수 있게 됩니다. 나는 여러분이 사역에 대한 비전과 사명, 요청을 발표하기 훨씬 전에 핵심적인 관계를 구축하기 시작하라고 조언합니다.

당신의 교회, 그 이상의 지원

30년 넘게 사역하면서 나는 다양한 규모의 다른 교회에서 다양한 지식과 훌륭한 아이디어를 얻었습니다(배움을 멈추지 않습니다. 모든 규모의 사역과 모든 스타일의 리더로부터 배울 수 있습니다). 여러분이 사는 지역의 교회를 알아보고 목회자 및 사역 리더들을 만나는 것도 좋은 방법입니다. 우리는 국제 소그룹 네트워크를 시작했고 그곳에서 여러 교회 리더들의 '모임^{huddles}'을 촉진하고 있습니다. www.SmallGroupNetwork.com에서 해당 지역의 허들을 찾아보세요.

서로 경쟁하기보다는 모두 같은 팀에서 같은 최종 목표, 즉 사람들을 예수 그리스도께로 인도하는 것을 향해 노력하고 있습니다. 다른 교회와 협력하여 지도자를 강화하고 기업의 영향력을 넓히며 궁극적으로 하나님의 나라를 건설할 강력한 사역을 만들기 위해 노력하세요. 또한 매월 모여 계획을 실행하기 위해 서로 책임을 지는 지역 또는 가상의 목적 공동체(Community of Purposes, COP's)를 촉진합니다. 이러한 커뮤니티는 가상 또는 물리적으로 만나는 동료 간 학습 그룹으로 www.SmallGroupNetwork.com/cop에서 해당 지역의 커뮤니티를 찾을 수 있습니다.

누구나 고립되고 혼자되기가 쉽습니다(혼자서 모든 것을 계획하고 진행한다면 고립되고 외롭습니다). 이 책에서 구체적인 계획과 가까운 미래의 목표 몇 가지를 도출한 후 혼자라면 그 계획을 선반 위에 올려놓았다가 곧 방향을 잃을 수 있습니다. COP와 정기적으로 연락하면 집중력을 유지하고 목표를 달성할 수 있습니다. 또한 동료들은 마귀가 당신을 뒤흔들고 싶어 할 때 사역의 거친 바람과 폭풍우 속에서도 당신을 똑바로 세울 수 있도록 도와줄 것입니다. 릭 워렌 목사는 "나는 캘리포니아 북부의 거대한 레드우드 숲 근처에서 자랐습니다. 레드우드 나무는 뿌리가 얕습니다. 그들은 뿌리를 얽고 서로를 지탱하며 바람을 견뎌냅니다. 정말 완벽한 교제의 그림이죠!" 우리는 서로 퍼지고, 서로 얽히고, 서로를 지탱합니다. 이것이 바로 소그룹 네트워크의 COP가 당신을 위해 할 수 있는 일입니다.

다음은 브라이언 네스와 스티브 커렌이 목적의 공동체가 그들에게 어떻게 도움이 되었는지 설명하는 멋진 이야기입니다. 먼저, 오하이오주, 바이올렛에 있는 바이올렛침례교회의 아웃리치 및 새가족 담당 목사인 브라이언의 이야기입니다.

> '엑셀레이트Accelerate! 컨퍼런스'에서 가장 가치 있는 부분 중 하나는 상호 책임 그룹(COP)과의 연결입니다. 우리는 1년 동안 한 달에 한 번씩 모이기로 약속했습니다. 이 시간은 제가 배운 것을 실행에 옮기는 데 매우 귀중한 시간이었습니다. 그보다 더 중요한 것은 조지아에서 온 스티브 커란이라는 놀라운 친구를 얻어서 함께 사역을 할 수 있게 되었다는 점입니다. 우리는 이제 막 1년간의 약속을 끝냈고 계속 만나기로 했습니다.

조지아주, 사바나에 있는 컴패션 크리스천 교회의 라이프 그룹 팀 리더인 스티브가 보내온 편지입니다.

> 나는 수년 동안 소그룹 사역을 해왔고 사역 계획이 확고하게 세워져 있었습니다. 교회 소그룹에 대한 비전을 새롭게 정립할 수 있었습니다. 그 모든 것이 여행할 만한 가치가 있었지만 예상치 못한 보너스는 새로운 관계였습니다. 우리는 각자 책임감 있는 파트너와 짝을 이루었고 매 달 그 사람을 위해 기도하고 연락을 유지하기로 약속했습니다. 나의 파트너인 브라이언 네스는

놀라운 격려자이자 훌륭한 조언자이며 진정한 친구가 되어준 경건한 사람입니다. 브라이언과 나는 1년이 지났지만 여전히 매 달 대화를 나누고 있습니다. 브라이언은 제가 제 길을 잃지 않고 인생의 경주를 잘 달릴 수 있도록 도와주었습니다. 브라이언과의 우정뿐만 아니라 액셀러레이트의 실용적인 도구 덕분에 제 사역에 가속도가 붙었습니다.

지금 바로 www.SmallGroupNetwork.com/cop에서 COP 그룹에 가입할 수 있습니다. 무료이며 여러분을 기다리고 있습니다!

기도로 대처하세요

하나님께서 지금, 이 순간 당신을 이곳에 배치하셨습니다. 빌립보서 1장 6절의 말씀이 이보다 더 진리인 적은 없었습니다. "나는 너희 안에서 착한 일을 시작하신 하나님이 예수 그리스도께서 다시 오시는 그 날에 너희 안에서 그분의 일이 마침내 끝날 때까지 너희가 그분의 은혜 안에서 성장할 수 있도록 계속 도와주실 것을 확신한다"(TLB).

온타리오주, 케임브리지에 있는 포워드교회의 교회생활 담당 목사인 케빈 펜트가 최근 나에게 이메일을 보냈습니다. "오늘부터 5일간 금식을 시작하는데 여러분의 기도를 부탁드립니다. 하나님께서 '엑셀레이트Accelerate 컨퍼런스'에 참석하신 모든 분을 통해 어떤 일을 하실지 기대됩니다. 하지만 먼저 기도부터 하겠습니다. 신의 축복이 있기를!" 먼저 기도하세요! 이 말은 여러분이 사역의 모든 단계에 접근하는 방식과 정확히 일치하는 말입니다. 기도는 여러분이 정도를 지키고 올바른 관점을 유지하는 데 도움이 될 것입니다.

당신이 선한 일을 할 때 사탄은 당신을 대적할 것입니다. 우리가 하는 모든 가치 있는 일은 영적인 싸움입니다. 대부분은 영적 고조 뒤에는 영적 전투가 뒤따릅니다. 이 사실을 빨리 깨달을수록 더 잘 준비할 수 있습니다. 에베소서 6:10~20에서 바울은 전투에서 우리를 보호하고 승리의 길을 열어주는 인격적 자질과 영적 실천에 관해 설명합니다. 바울은 자신과 다른 사람들을 위한 기도를 강조하며 글을 마무리합니다.

> "모든 기도와 간구를 하되 항상 성령 안에서 기도하고 이를 위하여 깨어 구하기를 항상 힘쓰며 여러 성도를 위하여 구하라 또 나를 위하여 구할 것은 내게 말씀을 주사 나로 입을 열어 복음의 비밀을 담대히 알리게 하옵소서 할 것이니 이 일을 위하여 내가 쇠사슬에 매인 사신이 된 것은 나로 이 일에 당연히 할 말을 담대히 하게 하려 하심이라" (엡 6:18-20)

나는 사역을 방해하는 사탄의 사례로도 이 책을 가득 채울 수 있기 때문에 항상 나를 위해 기도하는 사람들이 있는지 확인합니다. 이 사람들은 교회의 유명 인사는 아니지만 항상 주님을 사랑하고 중보기도의 가치를 알고 있습니다. 그들은 나의 필요를 관계적이고 대화적으로 문제를 해결하기보다 주님께 직접 기도하는 데 더 관심이 있습니다. 나는 자신이 무엇을 위해 기도하는지 완전히 아는 것보다 기도하는 것(자체)에 더 열심인 사람들을 찾습니다. 물론 그들이 구체적으로 기도하기를 바라지만 어떤 사람들은 주로 '내부 정보'를 알고자 하는 동기가 있는데 그런 사람들은 내가 필요로 하는 사람이 아닙니다.

잠시 시간을 내어 당신과 당신의 사역을 위해 기도해 달라고 초대할 다섯 사람의 이름을 적어보세요.

_____
_____
_____
_____
_____

이제 다음 단계로 넘어가세요. 지금 바로 이메일, 전화, 문자를 보내서 매주 기도해 달라고 요청하세요. 당신이 할 일은 그들이 당신을 위해 계속 기도하는 방법을 알 수 있도록 정기적으로 업데이트하는 것입니다. 이러한 헌신을 통해 당신은 그들과 더 가까워질 것이며 혼자서 인도하는 자신을 발견하지 못할 것입니다. 당신의 기도팀은 당신에게 절실히 필요한 영적 보호를 제공할 것입니다.

3
효과적으로 인도하기

　소그룹 사역에서 리더십의 몇 가지 측면은 해당 유형의 사역에 고유하며 이 중 많은 부분을 나중에 다룰 것입니다. 그러나 몇 가지 리더십 원칙은 모든 사역에 적용되며 이 장에서는 이러한 광범위한 개념 중 몇 가지를 다룰 것입니다. 이러한 원칙은 소그룹 인도자인 당신뿐만 아니라 다양한 리더십 역할을 맡은 모든 사람에게 영향을 미칩니다. 당신이 해야 할 일 중 하나는 이러한 개념들을 전체 리더십 팀에 적용하고 가장 중요한 요점들을 자주 되새기는 것입니다.

가족에게 집중하기

　교회와 사역은 기업, 정부, 학교가 아닌 가족처럼 운영되어야 합니다. 하나님은 교회를 가족 시스템으로 설계하셨기 때문에 목회자의 가장 큰 자격은 가족을 관리하는 것입니다(딤전 3:5). 신약 성경에서는 스승과 제자의 관계가 아닌 부모와 자녀의 관계를 말씀합니다. 그러나 가족이라 할지라도 지나친 통제는 경계해야 합니다. 지나친 통제는 자연스럽게 반항으로 이어지며 교회도 이에 자유로울 수 없습니다. 모든 것을 지시해야 한다는 생각에서 벗어나 성령께서 일하시도록 맡겨야 한다는 것은 아무리 강조해도 지나치지 않습니다. 성경은 가족 제도를 바탕으로 쓰여졌습니다.

성경은 가족 시스템을 기반으로 쓰여졌습니다

하나님이 당신의 사역의 설계자라는 것을 기억하세요. 당신이 시공자가 될 수는 있지만 그분의 청사진을 따르는 것입니다. 모든 프로젝트에는 일반적으로 장애물과 지연이 발생합니다. 그것 때문에 낙심하지 마세요. 하나님은 그분의 목적에 따라 일을 완수할 수 있는 사람과 도구를 공급해 주실 것입니다.

새들백교회는 큰 교회이지만 가족처럼 구성되어 있습니다. 우리는 이것이 성경적으로 훨씬 더 효과적이고 효율적인 방법이라는 것을 발견했습니다. 기업, 정부 또는 학교에서 사용하는 것과 비슷한 개념에 대해 읽고 들을 수 있습니다. 그러나 우리는 교회와 소그룹 사역에서 모든 것을 신약성경에 묘사된 대로 가족처럼 실행합니다.

영향력 있는 사람 되기

당신은 온도계인가요, 아니면 온도 조절기인가요? 온도계는 온도를 측정하지만 온도 조절기는 온도를 설정합니다. 영향력을 올바른 방식으로 사용한다면 온도계가 아니라 온도 조절기가 될 수 있습니다. 인플루언서의 정의는 다른 사람의 성장, 행동, 사고방식에 영향을 미치는 힘을 가진 사람입니다. 우리는 모두 대화, 이메일, 문자 등 간단한 수단을 통해 특히 당신의 행동을 통해 어느 정도의 영향력을 행사합니다. 영향력은 긍정적이거나 부정적일 수 있습니다.

영향력은 지위나 인정받는 권위에 관한 것이 아닙니다. 우리는 모두 권위가 높아졌지만 영향력에는 전혀 영향을 미치지 않는 사람을 본 적이 있을 것입니다. 영향력은 부나 명성에 관한 것도 아닙니다. 하지만 영향력은 하나님께서 관계 속에서 당신을 어떻게 사용하시는지에 관한 것입니다. 예수님께서 "너희 착한 행실을 모든 사람이 볼 수 있도록 빛나게 하여 모든 사람이 너희 하늘 아버지를 찬양하게 하라"(마 5:16 NLT)고 말씀하신 것처럼 하나님께서는 당신이 허락하신다면 당신이 가진 모든 것을 사용하실 것입니다.

개인적인 이익을 위해 영향력을 사용하지 않도록 주의하세요. 영향력을 오용하면 여러분의 신뢰도와 다른 사람들이 당신을 신뢰하는 데 영향을 미칩니다. 대출 기관이 당신의 신용이 대출 금액에 충분한지 아닌지를 판단하는 것처럼 사람들은 당신이 신뢰받을 만한 가치가 있는지 판단하기 위해 당신의 삶을 살펴봅니다.

영향을 미치는 가장 빠른 방법은 호감도입니다. 이것은 원론적으로 보일 수 있지만 신뢰는 긍정적인 인상의 부산물입니다. 내가 사람을 좋아하고 그 사람도 나를 좋아하면 영향력이 커집니다. 이렇게 되면 사람들과 동의하지 않으면서도 사람들을 좋아할 수 있습니다. '동의하지 않기로 합의'할 수 있습니다. 특히 의견이 다를 때에도 관계에 대한 애정 어린 태도를 유지하세요. 그러면 당신의 영향력은 계속해서 긍정적으로 작용하여 사역의 추진력을 강화할 것입니다.

냉정한 권위와 관계적 영향력

대선 캠페인에서 무언가를 배울 수 있습니다. 후보자들은 유권자뿐만 아니라 유권자를 끌어들여야 하는 인구집단 등 타겟 고객과의 관계를 구축하는 데 능숙합니다. 이를 독재적이고 전혀 관계적이지 않으며 종종 쿠데타로 이어지는 군사적 캠페인과 대조해 보세요. 어떤 캠페인 스타일이 사역에 가장 효과적이라고 생각하시나요? 관계는 항상 승리합니다.

관계적인 맥락에서 언제, 어떻게 효과적으로 권한을 행사해야 하는지 파악해야 합니다. 팀과 함께 일할 때 하나님은 팀의 의견을 받아들인 후 최종 결정을 내릴 때 결정권자인 당신을 사용하실 것입니다. 때로는 그 결정이 인기가 없을 수도 있습니다. 이럴 때일수록 여러분의 권위를 행사해야 하지만 멀리서 지시하는 것이 아니라 관계적으로 영향력을 행사하는 것이 일반적인 패턴이라면 저항과 분노를 최소화할 수 있습니다.

나는 가족이라는 개념으로 계속 생각합니다. 숙제가 중요한 이유에 관해 이야기한 다음 결정은 자녀에게 맡김으로써 숙제하도록 영향을 줄 수 있습니다. 아이들이 현명한 선택을 할 때는 괜찮습니다. 하지만 때때로 나는 내 지위에 따른 권한을 행사하여 아이들에게 숙제하라고 말해야 할 때가 있습니다.

팔로워들Followers이 이해하든 이해하지 못하든 효과적인 리더는 때때로 리더로서의 결정

쉬운 일만 하지 말고 옳은 일을 하세요

을 내려야 합니다. 그 결정이 옳고 필요하다면 그것을 선택하는 것에 대해 두려워하지 마세요. 쉬운 일만 하지 말고 옳은 일을 하세요. 하지만 권위적인 결정은 당신을 따르는 사람들이 다음과 같은 사실을 알고 있을 때 가장 큰 신뢰와 지지를 받을 수 있습니다.

진정한 관계에서 사랑의 영향력을 통해 함께 일해 왔기 때문에 그들을 사랑한다는 것을 알 수 있습니다.

두 가지 가드레일

사역의 성공 여부는 교회의 정의에 따라 소그룹이 성숙한 제자를 배출하는 길로 나아갈 수 있도록 하는 두 가지 중요한 가드레일에 달려 있습니다(6장 5번 질문 참조). 새들백교회에서 성숙한 제자란 예수님의 지상 명령과 지상 계명 사이에서 균형을 잡는 마음을 가진 사람입니다. 소그룹은 균형을 잃고 시작하는 경향이 있습니다. 가드레일은 그룹을 시작하는 사람들이 교회가 원하는 균형을 향해 나아갈 수 있도록 도와주어 성숙한 제자를 양육할 수 있도록 합니다(그림 3.1 참조).

하나의 난간은 머리 또는 과정이라고 부릅니다. 이것은 더 사실적이고 지적인 측면, 즉 리더 훈련, 사역 도구, 비디오 커리큘럼(Q6, Q7, Q9에서 논의됨)과 관련이 있습니다. 이러한 과정은 그룹 구성원이 그룹의 기능적 목적과 성공하는 방법을 이해하는 데 도움이 됩니

그림 3.1

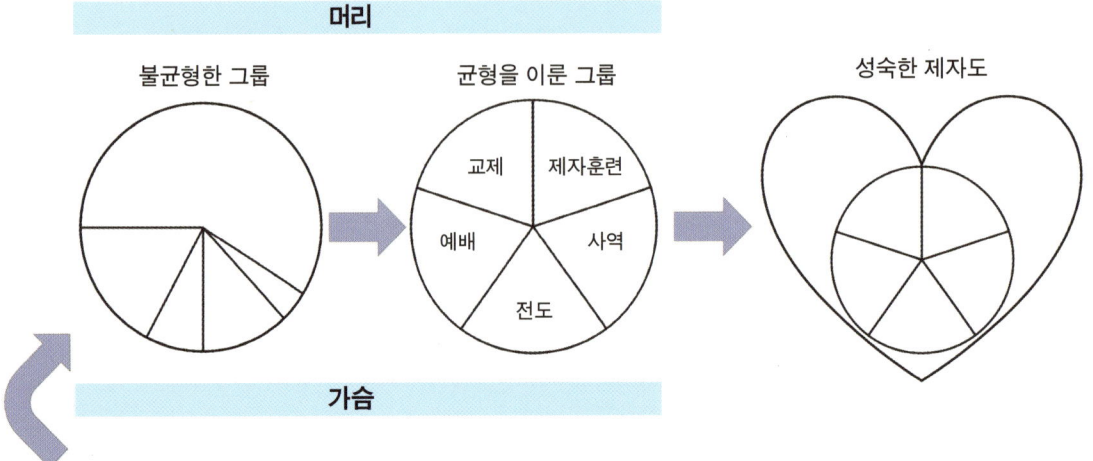

다. 또 다른 가드레일은 마음 또는 사람입니다. 이것은 예를 들어 커뮤니티의 애정 어린 코칭을 포함한 관계적 요소입니다.

인도자들의 삶에서 지적 훈련을 구체화하기 위해 자신의 시간을 희생적으로 바치는 지도자(Q7)는 그룹과 그 구성원을 추적하고 돌보는 데 있어 데이터 사용에 관계적인 측면을 가져옵니다(Q4). 이러한 가드레일을 통해 소그룹이 올바른 방향으로 나아갈 수 있고 교회가 추구하는 제자를 배출할 수 있습니다.

목장을 선택하는 것은 양이 아니라 목자라는 리더십 정책을 고수하려고 노력합니다. 종종 다른 사람들의 의견이 필요하지만 최종 결정은 당신이 내리는 것이며 소그룹 사역을 이끌어야 하는 소명을 포기해서는 안 됩니다. 당신의 일은 양 떼를 인도하는 것이지 양 떼가 당신을 인도하게 하는 것이 아닙니다. 성경을 통해 우리는 양 떼를 인도하는 것이 목회자의 소명임을 알 수 있습니다. 목자는 양과는 다른 독특한 관점에서 하나님이 양 떼를 어디로 데려가기를 원하시는지 통찰력을 가지고 있습니다. 현재의 목초지에서 비전에 보이는 목초지까지 계획 과정을 통해 선택한 목적을 향한 구체적인 경로를 따라 이끄는 것이 당신의 임무입니다. 물론 많은 카운슬러에게 지혜가 있습니다. 주변에 지혜로운 사람들(C팀, 교회 리더십 등)이 필요하며 그들의 말을 경청하고 배워야 합니다. 다만 그것을 민주주의로 바꾸지 마세요.

> 다음 목초지는 양이 아닌 목자가 선택합니다

새들백의 소그룹 사역의 10대 약속

수년 동안 우리는 건강한 소그룹 사역을 시작하고, 이끌고, 유지하는 방법에 대한 지침을 요청받았습니다. 먼저, 우리가 항상 제대로 해 온 것도 아니고 모든 것을 다 파악한 것도 아니라는 것을 말씀드리고 싶습니다. 하지만 내가 우리 교회와 교역자, 성도들을 정말 사랑하는 이유 중 하나는 여정 내내 기꺼이 평가하고 더 나아가 필요한 경우 방향을 수정할 준비가 되어 있다는 점입니다.

우리는 항상 하나님의 뜻을 구하며 기도로 인도합니다. 사역 팀과 함께 목표를 잃지 않기 위해 다음과 같은 약속을 세웠는데 이는 소그룹 담당자인 나만을 위한 것이 아니라 사역 전반에 걸쳐 모든 리더를 인도하는 역할을 하도록 합니다. 사역을 인도할 약속을 선택했다면 소그룹 사역 팀 전체가 이 약속을 숙지하고 소유하고 있는지 확인하세요.

1. 천천히 움직입니다

책을 읽거나 컨퍼런스에 참석하여 배운 모든 것을 즉시 실행하려고 하는 것은 최악의 행동 중 하나입니다. 빠른 행동은 종종 지뢰를 밟을 위험이 있습니다. 이해관계자들의 이야기를 주의 깊게 듣기 전까지는 사역 환경을 잘 안다고 가정하지 마세요. 특히 교회 환경에서는 변화에 시간이 필요합니다.

> 바보들만이 자신이 들은 모든 것을 믿습니다!
> 신중한 사람은 자신의 발걸음을 신중하게 고려합니다
> 현명한 사람은 신중하고 위험을 피합니다.
> 어리석은 자는 무모한 자신감으로 앞만 보고 달려갑니다
> (잠 14:15-16 NLT)

한 걸음 내딛기 전에 기도하세요! 그런 다음 잠시 멈추고 하나님의 지시를 들어보세요. 이 방향은 조용한 시간, 친구, 사역에 참여하는 사람들, 교회 지도자 등 다양한 출처에서 나올 수 있습니다. 주변 사람들을 이해하고 그들과 함께 일하기 위해 노력하세요. 열정에 휩싸여 그들을 넘어서는 것이 아니라 그들과 함께 하나님의 최종 목적을 향해 나아갈 것을 약속하세요. 천천히 움직인다는 것은 겁을 먹거나 두려워한다는 뜻이 아니라 사려 깊고 의도적으로 움직인다는 뜻입니다.

2. 나는 정기적으로 내 동기를 점검하고 내 마음을 평가할 것이다

당신의 사역은 순수한 동기에서 비롯된 것입니까, 아니면 사역의 사다리를 오르며 해야 할 일의 목록에 있는 것들을 체크하는 것에 불과한 것입니까? 하나님을 섬기고 있습니까,

아니면 자아를 채우고 있습니까? 섬기는 사람들에게 연민을 느끼나요, 아니면 단순히 일과를 방해하는 존재일 뿐인가요?

예수님은 좋은 모델을 제시하셨습니다.

> 나는 선한 목자입니다. 선한 목자는 자신보다 양을 먼저 생각하고 필요하다면 자신을 희생합니다. 고용된 사람은 진정한 목자가 아닙니다. 양은 그에게 아무 의미가 없습니다. 그는 늑대가 오는 것을 보고 달려가지만 양들은 늑대에게 황폐해지고 흩어집니다. 그는 오로지 돈만 바라죠. 양은 그에게 중요하지 않습니다 (요한복음 10:11~13 MSG)

누가복음 19장 41절은 예수님의 동정심에 대한 모범을 묘사합니다. 예수님은 예루살렘과 모든 잃어버린 사람들을 생각하며 울었습니다. 당신도 이와 같은 동정심을 가지고 리더가 되어야 합니다. 당신의 동기는 하나님 중심적이어야 하며 그분께 전적으로 의지해야 합니다. 우리는 모두 인간이며 긍정과 인정을 필요로 합니다. 하지만 "조만간 우리는 모두 우리의 조건과 관계없이 하나님을 마주해야 할 것입니다. 우리는 그리스도 앞에 나타나서 좋은 일이든 나쁜 일이든 우리의 행동의 결과로 우리에게 다가오는 것을 받게 될 것입니다."(고후 5:10 MSG). 하나님께 영광을 돌리고 사람들의 영적 건강과 효과를 높일 수 있는 사역을 만들고 강화하세요.

3. 숫자 게임을 피하겠습니다

> 어떤 사람에게 양 백 마리가 있는데 그중 한 마리가 방황한다면 그는 어떻게 할까요? 아흔아홉 마리는 언덕에 두고 잃어버린 한 마리를 찾으러 나가지 않을까요? (마태복음 18:12 NLT)

그룹의 수나 교회 규모는 중요하지 않습니다. 숫자로만 평가하지 말고 각 그룹과 사역 전체의 건강 상태를 기준으로 평가하세요. 하나님은 규모와 관계없이 모든 교회를 사용하여 사람들을 그의 아들 예수님께로 인도하십니다. 물론 진행 상황을 추적하고 다음 단계를 계획하는 데 도움이 되도록 기록을 유지해야 하지만 자랑하기 위해 숫자를 사용하는 것은 피해야 합니다. 그룹의 측정 가능한 건강에 더 많은 주의를 기울이세요. 숫자가 아닌 건강으로 평가하세요! (5장에서 진행 상황 측정에 대해 자세히 살펴보겠습니다)

4. 과거를 비판하지 않습니다

… 마치 새것과 옛것을 그 곳간에서 내오는 집 주인과 같으니라 (마 13:52)

소그룹 사역의 현재 상태와 상관없이 그것은 다른 누군가에 의해 세워졌을 가능성이 높은 기초를 나타냅니다. 당신의 개인적인 의견과 상관없이 그 기초를 존중하십시오. 당신의 역할은 그 토대를 무너뜨리는 것이 아니라 그 위에 세우는 것입니다. 과거를 비판하지 마세요. 전임자를 존중할 때 당신의 인격이 드러납니다. "하나님은 그들을 그의 목적을 위해 사용했다." 또한 역사는 수많은 배움의 기회를 제공한다고 믿습니다. 과거를 살펴보고 진주를 골라내고 계획대로 되지 않은 것에서 배우세요.

5. 비교의 함정을 피합니다

자기 일에 주의를 기울이면 잘 해낸 일에 대한 만족감을 얻을 수 있고 다른 사람과 비교할 필요가 없습니다.(갈 6:4 NLT)

자신을 다른 사람과 비교하는 것은 인간의 본성입니다. 안타깝게도 교회도 이에서 벗어나지 않습니다. 다른 교회나 사역보다 우월하다고 느끼는 것은 죄악이며 교만입니다. 비교는 낙담하게 만들어 시기심을 불러일으킬 수 있습니다. 두 가지 결과 모두 생산적이거나 도움이 되지 않으며 결국 사역에 해를 끼치게 됩니다. 하나님은 각 교회와 사역에 고유한 지문을 창조하셨으므로 다른 사람들로부터 배우되 당신의 사역이 하나님이 의도하신 건강하고 독특한 버전이 되도록 하세요. 항상 더 큰 교회, 더 작은 교회 그리고 다른 교회와 사역으로부터 배울 준비가 되어 있어야 합니다. 당신을 향한 하나님의 특별한 목적을 발견하고 그 목적에 따라 행동하고 다른 교회나 사역을 노예처럼 따라 하느라 시간을 낭비하지 마세요.

6. 나는 우선순위에 집중하고 본받을 만한 신앙을 실천하겠습니다

모세의 율법에서 가장 중요한 계명이 무엇이냐는 질문을 받았을 때 예수님은 이렇게 대답하셨습니다.

> "네 마음을 다하고 목숨을 다하고 뜻을 다하여 주 너의 하나님을 사랑해야 한다."라고 대답하셨습니다. 이것이 첫 번째이자 가장 큰 계명입니다. 두 번째 계명도 똑같이 중요합니다. "네 이웃을 네 몸과 같이 사랑하라." 율법 전체와 선지자들의 모든 요구는 이 두 계명에 기초하고 있습니다.
> (마태복음 22:37-40 NLT)

주님은 우리 삶의 우선순위에 대해 분명하게 말씀하십니다. 사역을 만들고 성장시키기 위해 노력할 때 하나님과 사람에 대한 사랑을 잊지 마세요. 우선순위에 따라 행동하려면 위대한 일을 행하실 하나님에 대한 믿음과 의존이 필요합니다. 본받을 만한 믿음을 가졌는지 자신에게 물어보세요. 누군가 72시간 동안 여러분의 영적 생명을 건네받았다면 그 후에 그 사람은 당신의 신앙을 붙잡고 싶어 할까요, 아니면 돌려주고 싶어 할까요?

사역은 결코 혼자 해서는 안 됩니다. 우선순위에 집중할 수 있도록 주변 사람들이 당신의 신앙을 강화해 주어야 합니다. 서로 관점을 유지하도록 돕고 길을 잃었을 때 방향을 다시 잡아줄 수 있습니다. 팀과 책임을 나누면 신앙을 약화할 수 있는 주변의 소음 속에서 우선순위를 잃지 않도록 묵상하고 하나님의 인도하심을 위해 기도할 시간이 더 많아집니다.

7. 스스로 속도를 조절하겠습니다

> 우리가 선을 행하되 낙심하지 말지니 포기하지 아니하면 때가 이르매 거두리라 (갈 6:9)

하나님을 위한 당신의 사역이 하나님의 일을 파괴할 수 있을 정도의 빠른 속도로 사역을 할 수도 있습니다. 그러니 빠른 결과뿐만 아니라 장기적인 관점을 유지해야 합니다. 일상의 요구에 너무 사로잡혀 인내를 보장하는 습관을 잊어버릴 수 있습니다. "기도 모임에 늦어서 오늘 기도할 시간이 없었어."라고 말하는 사람이 되지 마세요. 신앙 생활은 영적인 친밀감을 쉽게 대체할 수 있습니다.

영적, 정신적, 정서적, 육체적으로 하나님과 그분의 목적에 일치하지 않으면 마음이 굳어지기 시작하고 지치기 시작합니다. 특히 새로운 사역을 시작하는 동안에는 스스로 속도를 조절하고 장기적인 안목으로 살아가기가 어렵습니다. 충분한 진전을 이루지 못하면 죄책감이나 좌절감을 느낄 수 있습니다. 생산적인 날과 비생산적인 날의 리듬이 있는 것은 자연스러운 일이며 휴식은 인내를 위한 하나님의 리듬의 일부이므로 언제 쉬어야 할지 결정해야 합니다. 스트레스는 직업적 성공을 위한 자기 관리가 아니라 직업적 삶이 개인적인 자기 관리를 좌우할 때 생기는 열매입니다.

하나님을 위한 사역이 하나님의 일을 망칠 수 있는 속도로 사역을 할 수 있습니다

8. 나는 섬기리라

> 너희 중에 누구든지 크고자 하는 자는 너희를 섬기는 자가 되고 누구든지 으뜸이 되고자 하는 자는 너희의 종이 되어야 하리라 인자가 온 것은 섬김을 받으려 함이 아니라 도리어 섬기려 하고 자기 목숨을 많은 사람의 대속물로 주려 함이니라 (마태복음 20:26-28)

리더십에서 가장 중요한 부분은 종의 마음입니다. 이것은 반문화적이지만 예수님은 반문화적이셨습니다. 우리의 목표는 그리스도를 닮는 것이 아닐까요? 사역을 세우고 유지하는 데 있어 너무 크거나 작은 일은 없습니다. '인자가 섬김을 받으러 온 것이 아니라 도리어 섬기러 온 것처럼' 솔선수범하여 주변 사람들을 섬기세요.

9. 배우는 사람이 되겠습니다

지혜로운 사람들과 동행하여 지혜로워지겠습니다. 어리석은 자와 어울리면 곤경에 빠지게 됩니다. (잠 13:20 NLT)

나는 지식의 습득을 굳게 믿습니다. 당신의 첫 번째 자원은 하나님을 경외하는 사역을 구축하는 데 필수적인 지혜로 가득 찬 하나님의 말씀이어야 합니다. 또한 모든 사람에게서 해야 할 일과 하지 말아야 할 일을 배울 수 있다고 믿습니다. 먼저 사역한 사람들에게 조언을 구하고, 주변 사람들에게 질문하고, 사역과 관련된 책을 읽거나 컨퍼런스에 참석하세요. 자신의 길을 너무 확신해서 하나님의 분명한 지시를 놓치지 마세요. 모든 훌륭한 리더는 배우는 사람입니다(6장에서 많은 배움의 기회를 제공할 것입니다).

10. 나는 집중하고 절대로 포기하지 않겠습니다

우리의 속도를 늦추는 모든 무게, 특히 우리를 쉽게 넘어지게 하는 죄를 벗어버리겠습니다. 그리고 하나님께서 우리 앞에 놓으신 경주를 인내하며 달려갑시다.(히브리서 12:1 NLT)

포기하기 전까지는 결코 실패자가 아니며 그만두기에는 항상 너무 이르다는 것을 명심하세요. 교회에서 직책에 관계없이 사람들이 관계를 맺고 영적으로 건강하게 성장할 수 있도록 돕는데 헌신하세요. 나는 아무것도 조화롭지 않은 것 같았던 좌절의 날과 계절을 견뎌냈습니다. 좌절의 순간에 머물러 있을 여유가 없었다면 나는 좌절하는 사람이 되었을 것입니다. 시련은 교훈을 준다는 것을 배웠고 고난 속에서도 만족에 집중할 수 있었습니다.

나는 시편 62:5-6을 좋아합니다. '내 영혼아, 나의 소망은 오직 하나님께 있으니 침묵으로 하나님만 기다리라. 그분만이 나의 반석이시요 나의 구원이시요 나의 요새이시니 나는 흔들리지 않을 것입니다.'(NASB) 진리라는 사실에 집중하세요. 하나님께서 모든 것을 주관하신다는 사실! (9장은 장기적인 성공 유지에 관한 내용입니다.)

인내심을 가지고 항상 앞으로 나아가기

위의 약속 중 일부는 잘못된 방식으로 받아들여져 주저하거나 시간을 지체하게 만들 수 있습니다. 하지만 누군가는 "만족하면 가만히 서 있는 것이다."라고 말했습니다. 그리고 "가만히 서 있으면 퇴보하는 것이다."라는 말도 있습니다. 때때로 우리는 삶의 방해가 되는 소음을 차단하고 새로운 방향을 찾기 위해 고요함과 침묵의 시간이 필요합니다. 그러나 주님의 목적을 향해 계속 전진하고 변화하기 위해서는 이러한 피정에서 벗어나야 합니다.

교회가 "우리는 항상 이런 식으로 해왔다."라는 생각에 빠지는 것은 쉽고 매우 흔한 일입니다. 또는 "망가지지 않았다면 고치지 말자."라는 생각에 사로잡히기도 합니다. 하지만 앞으로 나아가는 데 도움이 되지 않는다면 과감히 깨뜨리라고 말하고 싶습니다. 세상은 점점 더 빠르게 변화하고 있습니다. 교회 역시 하나님 말씀의 진리를 고수하면서 역동적이고 진화하는 모습을 유지해야 합니다. 습관에 만족하거나 독선적으로 되면 정체될 위험이 있습니다. 그러면 더 높은 곳에 도달할 수 있는 세상과 기회를 뒤도 돌아보지 않고 지나치게 됩니다.

이는 당신을 압도할 수 있습니다. 사역을 준비하기 위해 시간에 쫓기고 있다고 느낄 수도 있습니다. 하지만 하나님의 타이밍은 당신의 타이밍과 다를 수 있습니다. 사역의 진전이 더디게 느껴질 수도 있지만 당신이 충실히 봉사하고 있다면 멈춰 있다고 느낄 때도 하나님은 일하고 계십니다. 나처럼 일 중심적인 사람이라면 이 기다림의 시간이 고통스러울 수 있지만 주님을 기다리는 동안에도 계속할 수 있는 일이 항상 있습니다. 꾸준히 인내심을 갖고 기대하세요.

모임을 소중하게 만들기

좋든 싫든 '교회를 한다는 것'은 모임을 의미합니다. 물론 많은 사람이 너무 많은 모임을 하지만 너무 적은 모임은 소통의 부족을 초래할 수 있습니다. 사람들은 자신이 참여하지 않는 것에 대해 실망합니다. 따라서 어떤 그룹이든 회의에 목적이 있고 그 목적을 달성할 수 있도록 해야 합니다. 모든 리더십 팀 회의는 매우 중요하지만 팀 리더들은 효율적이고 효과적인 회의를 계획하는 경우가 드뭅니다. 나는 사역의 리더들에게 '직원'이라는 호칭보다는 '팀'이라고 부르며 함께 협력해야 할 필요성을 강조합니다. 제 팀은 모든 개인이 전체의 중요한 부분이라는 것을 이해합니다.

우리는 모두 이야기하는 것을 좋아하기 때문에 회의는 쉽게 목적을 벗어날 수 있습니다. 따라서 모든 목적이 있는 회의에서는 팀을 어디로 이끌고 있는지, 무엇을 달성하고 싶은지, 왜 모이는지 알아야 합니다.

팀을 어디로 이끌고 있는지 파악하세요

6~12개월을 내다보고 그 기간 팀이 건강하고 효과적인 방식으로 일하기 위해 어떤 기술이나 성격을 강화해야 하는지 결정하세요. 팀을 어떻게 개선해야 하나요? 리더인 당신만이 팀을 이끌 수 있는데 내년에 팀을 어디로 이끌고 싶으신가요? 나는 보통 모든 것을 시작하는 1월 훨씬 전인 10월부터 기도하고, 사람들의 의견을 구하고, 매년 계획을 세우기 시작합니다. 그리고 매년 주별 팀 회의의 형태와 방향을 크게 정의하는 주제를 정합니다. 이전 테마의 몇 가지 예는 www.SmallGroups.net/theme을 참조하세요.

무엇을 성취하고 싶은지 파악하세요

나는 모든 수준의 리더십 회의에서 경건(영적, 마음, 비전), 축하(팀, 개인, 리듬), 실용(하우스키핑, 뉴스, 알림, 예정된 이벤트)의 세 가지 구성 요소를 포함하는 구조를 사용합니다.

팀의 필요에 따라 다른 구조가 더 적합할 수도 있지만 패턴을 확장해 보겠습니다.

우리는 항상 하나님의 말씀으로 시작합니다. 헌신 시간은 우리의 마음을 가다듬고 회의의 분위기를 조성합니다. 또한 팀원들이 회의를 계획하고 이끄는 데 적극적으로 참여하도록 요청합니다. 예를 들어 각 팀원은 일주일 동안 연간 주제에 대한 자신의 관점을 바탕으로 묵상문을 작성합니다. 묵상에는 비전과 관련된 가르침이나 주님이 우리 마음에 두시는 모든 것을 포함할 수도 있습니다. 우리의 묵상은 주님의 인도하심을 따르기 위해 유연합니다.

경건의 시간이 끝나면 축하와 인정의 시간으로 넘어갑니다. 성공적인 컨퍼런스나 목표 달성 등 개인 및 그룹의 성취를 인정합니다. 생일과 직장 기념일을 축하하며 각 구성원의 소중함을 확인합니다. 또한 정기적인 연례행사나 계절을 중심으로 리듬을 정합니다. 1월 시작 미팅에는 나의 집에서 올해의 주제를 발표합니다. 7월에는 보통 새로운 사람들이 합류하기 때문에 그 해의 테마를 다시 가르치는데 이는 기억을 되살리는 재미있는 방법입니다. 여름에는 팀 데이를 통해 휴식과 유대감을 다집니다. 12월에는 팀 크리스마스 파티로 한 해를 마무리합니다.

마지막으로 실제적인 회의 구성 요소에는 교회, 사역 또는 기타 사역에 대한 세부 사항과 뉴스가 포함됩니다. 또한 미리 알림과 예정된 이벤트 목록을 검토하여 일정을 계획할 수 있도록 합니다. 모두 많은 일을 처리해야 하므로 복습이 중요합니다.

모이는 이유를 알기

모이는 이유는 다른 많은 질문에 답하는 데 도움이 됩니다. 회의의 목적이 시간과 비용(급여 또는 기타 비용)을 지불할 만한 가치가 있는가? 회의의 모든 것이 팀이 중요한 일에 집중할 수 있도록 하는가? 모든 것이 달성하고자 하는 목표에 가치를 더하나요? 그저 그런 회의를 원하는 사람은 아무도 없지만 목적이 있는 회의는 판도를 바꿀 수 있습니다.

회의 안건은 리더의 성격에 따라 매우 구조화된 것부터 매우 느슨한 것까지 다양할 수 있습니다. 어느 쪽도 틀린 것은 아닙니다. 선택은 리더의 신이 주신 배선에 따라 달라집니다. 하지만 성격 유형에 관계없이 유연성을 유지해야 합니다. 구조적인 스타일을 선호한다면 의제가 변경될 수 있도록 열린 자세로 임하고 느슨한 스타일을 선호한다면 회의 준비에 대처하거나 회의가 잘 진행되지 않는다고 해서 하나님을 탓하지 마세요.

매번 특정 방식으로 진행해야 한다는 강박관념에 사로잡히지 마세요. 팀의 분위기를 읽고 필요에 따라 적응하세요. 교회에서 중요한 행사를 앞두고 있나요?, 아니면 지쳐 있나요? 팀원의 기분이 최고조에 달했나요?, 아니면 바닥을 치고 있나요? 그때그때의 필요에 맞게 조정하는 기술을 연습하세요.

몇 가지 유의해야 할 다른 사항도 있습니다

1. 회의는 반드시 정해진 시간 내에 진행되어야 할 필요는 없습니다. 짧게 끝날 수도 있고 길게 끝날 수도 있습니다. 회의 후 약속되지 않은 추가 시간을 계획하여 하나님의 뜻이 있다면 더 오래 진행할 수 있도록 하세요. 그러나 사람들이 시간을 남용하는 습관이 있다고 느끼지 않도록 회의 시간을 연장하는 경우는 드물어야 합니다.

2. 모임을 취소해도 괜찮습니다. 때때로 당신의 일정, 교회 일정 또는 기타 행사로 인해 이것이 현명하거나 필요할 수가 있습니다.

3. 가능한 한 같은 주, 같은 요일, 같은 시간, 같은 장소 등 팀 회의의 리듬을 정하세요. 불규칙성은 종종 현명하고 필요한 것이지만 일관성은 커뮤니케이션을 단순화하고 팀의 단결을 강화합니다.

4

비전과 사명으로 인도하기

비전은 당신의 꿈입니다. 당신의 사역이 어디로 나아가기를 바라나요?
미래에 대한 큰 그림은 무엇인가요?

사명은 소그룹 사역의 목적입니다.
그 꿈을 이루기 위해 구체적으로 무엇을 할 것인가요?

소그룹 사역의 비전은 무엇인가요?

새로운 사역을 시작하거나 기존 사역에 박차를 가할 때 필요한 것들 또는 성취해야 할 일의 목록이 길어질 수 있습니다. 필요는 사람들에게 동기를 부여하는 데 한계가 있다는 것을 발견했습니다. 그들은 종종 성장하는 사역이나 교회에 대한 하나님의 영감을 받은 비전을 실현하는 데 훨씬 더 열심입니다. 그러나 교회는 종종 필요에 대한 호소에만 의존합니다. 한 컨퍼런스에 참석했는데 그곳에서 그 사역에 필요한 모든 것이 나열된 전단지를 받았습니다. 나중에 컨퍼런스 코디네이터는 약 150명 중 단 한 명만이 필요 목록에 응답했다고 밝혔습니다. 컨퍼런스 참석자들은 비전이 아니라 필요 때문에 부름을 받았습니다. 어떤 사람들은 필요에 응답하도록 연결되어 있지만 그러한 동기에만 의존해서는 안 됩니다.

또한 사람들을 비전, 즉 그들이 그곳에 있는 구체적인 이유와 하나님의 나라를 위해 이루고자 하는 목적을 제시하면 사람들은 더 쉽게 응답하고 참여할 수 있습니다.

모든 성공적인 리더는 자신이 지향하는 비전을 염두에 두고 있습니다. 비전은 리더뿐만 아니라 자원봉사자에게도 매우 중요하기 때문에 사람들은 이에 반응합니다. 절박한 필요에 기반한 요청은 일반적으로 많은 사람을 모집하지 못하지만 사려 깊은 비전은 더 많은 사람을 끌어들이고 생각지도 못한 방식으로 영감을 줄 것입니다.

> **영적 건강은 숫자로 얻을 수 있지만 숫자가 영적 건강을 가져다주지는 않습니다**

비전을 세울 때 숫자에 얽매이지 않는 것이 중요하다는 점을 잊지 마세요. 영적 건강은 숫자로 얻을 수 있지만 숫자가 영적 건강을 가져다 주지는 않습니다. 비전은 꿈을 강조해야 합니다. 소그룹 비전은 교회의 핵심부터 계속 성장하는 커뮤니티에 이르기까지 모든 사람이 건강한 소그룹에 연결되어 있는 것을 보는 것입니다. 이 꿈은 사람들이 아무 소그룹이나 연결되는 것이 아니라 건강한 소그룹에 연결될 때 실현된다는 것을 주목하세요. 건강한 소그룹을 함께 교제하고, 함께 배우고, 함께 봉사하고, 함께 전도하고, 함께 예배하는 그룹으로 정의합니다. 이러한 모든 목적이 합쳐져 교회라는 더 큰 공동체의 건강한 기본적인 문화를 형성합니다.

사역의 비전은 교회의 더 큰 비전을 반영하고 봉사해야 합니다. 예를 들어 아래에 새들백교회와 소그룹 사역에 대한 비전 선언문이 포함되어 있습니다. 당신 자신의 사역에 대한 비전을 정의할 때 출발점이 될 수 있습니다. 우리가 여기 모인 이유는 정확히 무엇인가요?

새들백교회 비전
위대한 계명과 지상 명령에 대한 헌신은 위대한 교회를 성장시킬 것입니다.

새들백 소그룹 사역 비전
교회의 핵심부터 계속 성장하는 커뮤니티에 이르기까지 모든 사람이 건강한 소그룹으로 연결되는 것을 보는 것입니다.

소그룹 사역의 사명은 무엇인가요?

비전을 정의했다면 소그룹 사역의 사명을 이해해야 합니다. 비전이 꿈이라면 사명은 무엇을 하겠다는 것입니다. 소그룹 사역의 목적은 무엇인가요?

대부분의 교회에는 사명 선언문이 있거나 적어도 최고 리더십의 마음속에 명시되지 않은 사명이 있을 것입니다. 소그룹 사역의 사명이 교회의 사명과 담임목사의 방향과 일치하는지 확인하세요. 다음은 새들백교회와 새들백교회의 소그룹 사역의 사명 선언문입니다.

새들백교회의 사명

사람들을 예수님께로 인도하여 그분의 가족의 일원이 되게 하고 그리스도를 닮은 성숙으로 발전시키며 교회에서의 사역과 세상에서의 삶의 사명을 위해 그들을 준비시켜 하나님의 이름을 영화롭게 하는 것.

새들백 소그룹사역의 사명

모든 회원과 그룹의 마음속에 있는 지상 명령과 대계명의 균형을 맞추는 것입니다.

우리는 모든 교회 참석자들이 교회와 사역의 사명을 향해 공동체 안에서 서로를 지원하면서 영적으로 성장할 수 있는 경로를 신중하게 계획했습니다. 우리의 비전과 사명은 우리가 항상 북쪽을 향해 올바른 방향으로 나아갈 수 있도록 나침반 역할을 합니다.

비전과 사명 말하기

이 책의 나머지 부분은 당신의 비전과 사명을 성취할 수 있는 소그룹 사역을 계획하는 데 도움이 될 것입니다. 하지만 강력한 토대 위에서 시작해야 합니다. 비전과 사명이 없으면 이 책을 통해 개발하는 계획은 명확한 방향을 따라가지 못할 것입니다. 잠시 시간을 내어 소그룹 사역의 비전과 사명을 평가해 보세요. 첫 번째 단계는 당신의 사역이 교회의 비전과 사명에 부합하고 이를 뒷받침할 수 있도록 교회의 비전과 사명을 살펴보는 것입니다. 교회의 비전과 사명을 모른다면 선임 리더들과 대화하여 교회가 어디로 가기를 원하는지, 소그룹 사역이 교회가 그곳으로 가는 데 어떻게 도움이 될 수 있는지 물어보세요. 사역이 교회와 반대되는 상황은 원하지 않을 것입니다.

나의 아버지는 사업할 때는 자신의 부서만 생각하는 것이 아니라 회사 전체를 생각해야 한다고 항상 말씀하셨습니다. 해군 비행사였던 아버지는 항공모함에서 비행기를 조종했지만 비행기의 유지보수만큼이나 항공모함의 유지보수에도 신경을 썼습니다. 항공모함에 구멍이 나면 비행기를 포함한 모든 것이 침몰할 수 있었기 때문입니다.

교회를 지원하기 위해 사역을 정렬하면 교회가 당신의 사역을 지원할 것입니다. 그들은 함께 일합니다. 사역 비전과 사명 선언문을 수립하는 데 얼마나 오래 걸릴지 예측하기는 어렵습니다. 신중하게 생각하고 사역의 모든 측면에 대해 기도할 시간을 갖으세요. 교회에 비전이나 사명이 명확하게 정의되어 있지 않다면 어떻게 해야 할까요? 공식적인 문서가 없더라도(어쩌면 문화가 신경 쓰지 않을 수도 있습니다) 교회에 당신이 세울 수 있는 꿈과 목적이 있다는 것을 보장할 수 있습니다. 이에 대해 선임 리더들에게 묻고 그들이 공유한 내용을 바탕으로 계획을 시작하세요. 아래에 교회와 사역의 비전과 사명 선언문을 작성하거나 최소한 예비 초안을 작성하세요. 이렇게 하면 다음 단계를 명확히 하는 데 도움이 됩니다. 기도하고, 꿈을 꾸고, 교회에 동조하고, 다른 사람들, 특히 교회의 고위 지도자와 사역의 핵심 기획자들을 이 과정에 참여시키세요.

우리 교회 비전 선언문

_____
_____
_____
_____

소그룹사역 비전 선언문(우리의 꿈 - 우리가 여기 있는 이유)

_____
_____
_____
_____

우리 교회 사명 선언문

_____
_____
_____
_____

나의 소그룹사역 사명 선언문(우리의 목적 - 우리가 하는 일)

_____
_____
_____
_____

계획의 단계

선임 리더십과 일치하고 교회의 비전과 사명에 따라 사역의 잠정적인 비전과 사명을 결정하고 나면 사역의 기초가 세워진 것입니다. 심호흡을 한 다음 소그룹 사역을 계획하는 데 전속력으로 달려가세요. 서론에서 설명했듯이 계획 과정에서 다섯 단계 또는 '홈' 영역을 제안합니다. 사역의 모든 부분이 나머지 모든 부분에 영향을 미치고 계획이 항상 선형적인 과정은 아니기 때문에 이 단계들은 서로 겹칩니다. 아마 몇 번 왔다 갔다 하다가 한번에 몇 개의 영역에 집중하게 될 수도 있습니다.

5~9장을 사용하여 소그룹 사역의 각 측면을 설계하는 데 도움을 받으십시오.

1. 사람들이 연결되는 부엌
2. 사람들이 성장하는 가족실
3. 사람들이 투자하는 서재
4. 사람들이 다른 사람들에게 다가가는 현관
5. 가족이 지탱하는 식당

예상치 못한 코너를 돌거나, 속도를 늦추거나, 속도를 높이거나, 때로는 무슨 일이 일어나고 있는지 평가하기 위해 계획 도중에 멈춰야 할 수도 있습니다. 이는 모두 정상적인 현상이니 낙심하지 마세요. 바로 시작하겠습니다.

part 2
가 정

5

주방 :
소그룹을 통해 사람들을 연결하기

Q1 - 당신의 사역을 교회 리더십 및 사역과 어떻게 연계시킬 것인가?
Q2 - 소그룹의 가치를 교회에 어떻게 전달할 것인가?
Q3 - 사람들을 그룹으로 연결하기 위한 당신의 계획은 무엇인가?
Q4 - 진행 상황을 어떻게 측정할 것인가?

사람들은 종종 그룹으로 연결된 교회 출석자의 건강한 척도가 무엇인지 묻습니다. 그것은 부분적으로 현재 위치와 가고자 하는 목적에 따라 달라지기 때문에 대답하기 어렵습니다. 또한 교회 외부의 더 넓은 커뮤니티에서 얼마나 많은 사람을 그룹으로 데려오고 싶은지에 따라 달라집니다.

교회가 주말 예배와 가정과 가정으로의 모델을 모두 사용하는 경우 두 부분이 함께 협력하여 지역 사회의 가능한 한 많은 사람이 예수님을 알 수 있도록 도와야 합니다. 이 경우, 나는 소그룹 담당자들에게 매년 건강한 그룹에 속한 사람들이 늘어나도록 노력하라고 조언합니다. 매년 증가하지는 않겠지만 매년 증가하기 위해 항상 노력해야 합니다.

내가 새들백교회에 처음 부임했을 때 우리의 장기적인 목표는 주말 예배에 참석하는 것보다 더 많은 사람이 건강한 소그룹에 연결되는 것이었습니다(즉, 아직 교회에 출석하지 않는 많은 사람을 소그룹으로 데려오는 것을 의미함). 당시에는 30%에 불과했기 때문에 그해의 단기 목표는 40%로 설정했습니다. 2004년에 마침내 110%에 도달했고, 지금은 더 큰 목표인 1만 개의 건강한 그룹^{2018년 기준. 편집자 주}을 목표로 하고 있습니다.

   소그룹 사역의 이 부분을 감독할 C팀원을 아직 모집하지 않았다면 기도하는 마음으로 모집하시기 바랍니다(2장, "팀으로 인도하기" 참조). 지금 이 순간, 당신 자신의 이름이 모집 목록의 맨 위에 있을 수도 있지만 "주님, 주님께 영광을 돌리고 이 사역을 연합으로 발전시킬 수 있는 방식으로 사람들을 연결하는 은사를 가진 사람을 보여 주세요."라고 기도해 보시기 바랍니다.

당신의 사역을 교회 리더십 및 사역과 어떻게 연계시킬 것인가?

Q1

소그룹 사역을 계획할 때 세 가지 측면을 고려하는 것이 좋습니다. 첫째, 당신의 사역을 교회의 중직자 리더십과 일치시켜야 합니다. 둘째, 당신의 사역과 교회의 다른 다양한 사역이 일치해야 하며 교회에서 서로의 역할을 이해해야 합니다. 셋째, 당신과 당신의 사역 팀은 계획과 활동을 소그룹 비전과 사명에 맞춰 조정해야 합니다. 이것이 바로 1장과 4장이 중요한 이유입니다.

시니어 리더십이 참여하고 있나요?

소그룹 네트워크 컨퍼런스에서 가장 많이 논의되는 문제 중 하나는 담임목사나 다른 주요 리더가 함께하지 않을 때 소그룹 사역을 어떻게 세팅할 것인가 하는 것입니다. 교회의 비전과 100% 일치하는 방식으로 소그룹을 구성해야 하며 비전의 차이를 성공적으로 극복하는 데 사용할 수 있는 7가지 전략을 소개하고자 합니다. 모든 교회 리더십과 함께 팀으로 일하는 것이 필수적입니다.

교회 지도자를 중심으로 소그룹 사역 계획을 세워야 합니다. 담임 목사는 교회의 비전을 제시하는 사람일 가능성이 높으므로 담임 목사의 비전을 구현하는 방식으로 사역 계획을 세우는 것이 당신의 임무입니다. 그래야 구상에 그치지 않고 실행에 옮길 수 있습니다. 모든 것은 결국 실행으로 귀결되므로 실행에 계속 집중하세요.

잠시 시간을 내어 1장 끝에 나열한 교회 지도자들, 즉 기도하는 마음으로 연합된 협력을 구하고 있는 교회 지도자들을 돌아보세요. 관계적 형평성을 구축하고자 하는 주요 전문적인 리더의 이름을 추가할 수도 있습니다. 다음과 같은 자질, 태도, 관행은 소그룹 사역과 교회의 목표를 위해 이러한 리더들과 함께 일할 때 당신을 안내해 줄 것입니다. 이러한 특성

Planning Small Groups with purpoese

들은 특히 소그룹 인도자인 당신뿐만 아니라 교회의 다른 사람들에게 사역의 "홍보대사" 역할을 할 사역 리더십의 다른 사람들에게도 적용되어야 합니다. 사역 리더십 구조 전체에 이러한 것들을 전파하기 위해 열심히 노력하세요.

자격이 아닌 겸손을 보여 주세요

교회 사역자들을 교육할 때 나는 항상 "자신이 발견되려고 하지 말고 다른 사람이 당신을 발견하도록 노력하라."라고 말합니다. 이는 겸손을 의미합니다. 봉사의 책임을 영광으로 여기세요. 자신의 직책에 자격이 있다고 생각하지 마세요. 자신의 방식을 고집하는 것이 아니라 상호 신뢰를 바탕으로 관계를 구축함으로써 자신의 의견을 들을 권리를 얻어야 합니다. 동료 리더들과 분열을 조장하는 경쟁자가 아닌 친구의 모습을 보여 주세요. 겸손하게 섬기며 발견되기를 기다리면 하나님께서 놀라운 일을 행하실 것입니다.

다른 사람들의 관심사에 호소하기

선임 리더들의 목표와 관심사에 호소하세요. 다니엘 선지자는 다니엘서 1장에서 자신의 가치관과 하나님과의 관계를 타협하라는 말을 들으며 위태로운 상황에 직면했습니다. 하지만 다니엘은 자신의 가치 체계와 목표를 훼손하지 않고 지도자들의 목표와 이익에 호소했습니다. 그는 열흘간의 간단한 시험을 요청하고 최종 결정은 왕의 대표에게 맡겼습니다. 자신의 요청을 시너지 효과를 낼 수 있는 방식으로 제시하고 자신의 목표와 관심사가 다른 사람의 목표와 어떻게 일치하는지 보여 주는 방법을 생각하는 것은 예술입니다. 또한 가족처럼 팀 내에서도 다양한 상급 리더십의 사랑의 언어를 이해하려고 노력하세요. "지혜로운 사람은 이해력이 뛰어나고 유쾌한 말은 설득력이 있습니다."(잠 16:21 NLT)

책임감과 존중으로 평판 얻기

잠언 22장 1절에 "큰 재물보다 좋은 평판을 택하라, 높은 존경을 받는 것이 은이나 금보다 낫느니라"(NLT)라고 말씀합니다. 어떤 일이 있어도 기꺼이 그 틈새를 비집고 들어가서 일을 처리하는 사람이 되고 싶을 것입니다. 불평꾼처럼 문제를 제시하는 대신 해결책을 준비하세요.

자신의 가치와 목표뿐만 아니라 다른 사람의 가치와 목표를 존중하고 지원하는 팀 플레이어임을 증명하세요. 리더의 목표를 발견하고 그 목표를 먼저 달성하세요.

소규모 그룹과 같은 새로운 프로그램에 대해 흥분하고 아이디어를 쏟아내기 쉽습니다. 하지만 교회의 문화를 지원하도록 사역을 형성하여 새로운 프로그램과 아이디어를 시작하는 것이 더 효과적입니다. 그리고 교회 문화를 바꿔야 하는 경우 점진적이고 정중하게 제안을 소개하세요. 당신의 아이디어가 그들의 아이디어와 어떻게 결합되어 모두의 목표를 달성할 수 있는지 보여 줌으로써 상급 리더십의 마음을 사로잡을 수 있습니다. 나는 새들백교회에서 소그룹 담당목사로 부임했지만 세례와 클래스(101~501과정) 등 다른 활동의 중요성을 이해하고 이러한 가치를 소그룹 사역 계획에 통합하기 위해 노력했습니다.

정직하라

리더는 우리의 의제를 달성하기 위해 어두운 면에 의지하여 무엇이든 할 수 있습니다. 그러나 "이에 숨은 부끄러움의 일을 버리고 속임으로 행하지 아니하며 하나님의 말씀을 혼잡하게 하지 아니하고 오직 진리를 나타냄으로 하나님 앞에서 각 사람의 양심에 대하여 스스로 추천하노라"(고후 4:2)

'하얀 거짓말'은 여전히 거짓말입니다. 우리는 종종 진실을 왜곡하거나 과장하거나 상황을 실제보다 더 유리하게 보이게 만듭니다. 성공뿐 아니라 실패에 대해서도 약점뿐 아니라 강점에 대해서도 솔직해지면 좋은 시기나 힘든 시기에도 안전한 관계를 유지할 수 있습니다.

타이밍을 고려하세요

나는 극도로 업무 지향적이 되어 그 순간 모든 사람이 내 성취 속도에 맞춰 달려가고 있지 않다는 사실을 잊어버렸습니다. 그래서 릭 워렌 목사님을 보자마자 최근 생각에 대해 이야기하고 싶다고 했습니다. 릭 워렌 목사님은 나에게 의제를 강요하기 전에 상대가 정신적으로 어떤 상태인지 파악하는 법을 알려 주었습니다. 예를 들어 예배 전에 릭 워렌 목사님과 대화를 시도하는 것은 무의미합니다. 놀랍게도 릭 워렌 목사님은 내가 아니라 예배에 집중하고 있기 때문입니다. 얼마나 많은 사람이 깊은 대화를 위해 유아의 취침 시간을 근무 시간으로 선택하는지 알면 놀랄 것입니다. 우리는 최악의 시간에 흥분하여 길고 복잡한 대화를 서두르곤 합니다.

하나님을 신뢰하세요

리더가 당신의 아이디어를 거부한다면 하나님을 믿으세요. 잠언 3장 5~6절에 "너는 마음을 다하여 여호와를 신뢰하고 네 명철을 의지하지 말라 너는 범사에 그를 인정하라 그리하면 네 길을 지도하시리라"고 말씀합니다. 하나님께서 당신을 올바른 곳에 두시고 항상 그분의 뜻을 이루신다는 것을 믿으세요. 가속 페달을 밟고 있는데 리더가 브레이크를 밟고 있는 것 같더라도 괜찮습니다. 하나님께서 운전대를 잡으셨으니까요.

당신의 진정한 정체성을 기억하세요

당신의 정체성은 예수 그리스도 안에 확고하게 뿌리내려야 합니다. 어떤 사역을 하든 자신의 정체성과 소명이 예수님 안에 있다는 것을 알아야 합니다. 언제 사역의 돌파구가 열릴지 알 수 없지만 어떤 상황에서도 신실함이 가장 중요한 돌파구이며 지금 그것을 확보할 수 있습니다. 다른 목표에도 인내심을 가지세요. 때로는 시간이 걸리기도 합니다. 포기하지 마세요.

이 요점이 교회 내에서 신뢰와 동질감을 얻는 데 도움이 되기를 바랍니다. 하나님을 찾으십시오. 하나님을 신뢰하세요. 하나님께 순종하세요. 그분은 다른 사람들의 마음을 움직일 것이고 그분의 뜻이 이루어질 것입니다.

질문 계획서 안내 지침

이 책의 20가지 계획의 질문 뒤에 소그룹 사역 계획의 일부로 작성할 수 있는 질문 계획 안내서가 있습니다(이 지침 바로 다음에 제1차 계획서가 있습니다). 이 계획서들은 교회에서 다른 사람들과 함께 작성하는 것이 좋습니다. 함께하면 더 좋습니다. 각 질문 계획 계획서에는 "걸음마"과제, "걷기"과제, "달리기"과제 등 세 가지 과제에 대한 아이디어가 제시되어 있습니다. 이러한 과제는 점진적인 난이도로 제시되어 있어 발달적으로 사고하는 데 도움이 됩니다. 계획 질문이 완전히 새로운 도전이라면 쉬운 걸음마 수준의 과제부터 시작할 수 있습니다. 교회에서 이미 문제를 해결해 본 경험이 있는 경우 도전적인 실행 수준의 과제를 고려하세요. 각 질문 계획 페이지에는 꿈, 장애물, 행동, 타이밍의 네 가지 계획 단계가 있는 채울 수 있는 차트도 제공됩니다.

당신의 꿈

모든 것은 꿈에서 시작됩니다. 처음 시작할 때는 문제 해결에 치중하지 마세요. 인간의 제한된 사고는 꿈을 더 빨리 파괴합니다. 하나님께서 하실 일을 보여 주실 기회를 주세요. 큰 믿음으로 마음을 활활 타오르게 하세요. 가능한 한 구체적으로 꿈을 말하세요. 예를 들어 '나는 예배 참석자의 평균 50%가 소그룹으로 연결되는 것을 꿈꿉니다.' 꿈이 두렵지 않다면 충분히 크지 않은 꿈일 수 있습니다. 내년을 넘어 장기적인 꿈을 꾸고 그 꿈을 장기(1~5년)계획으로 적어 보세요. 하지만 장기적인 목표를 중간 단계로 세분화하지 않고는 그 목표를 향해 꾸준히 나아가기 어렵습니다. 큰 꿈을 일련의 작은 단계로 세분화하여 단기(1~12개월)계획으로 적어 보세요.

> 인간의 제한된 사고만큼 꿈을 빨리 파괴하는 것은 없습니다

장애물

이 꿈에 도달하는 데 방해가 되는 요소는 무엇인가요? 무엇이든 적으세요. 예를 들어 '현재 소규모 그룹에 누가 속해 있는지에 대한 좋은 데이터가 부족하다.'

행동 목표

실천 목표 중 일부는 장애물에 대한 해답이 되어야 합니다. 하지만 문제 해결을 넘어 사전 예방적인 행동 목표까지 생각해 보세요. 예를 들어 '이번 달 말까지 그룹 멤버십을 추적할 수 있는 소프트웨어를 조사하세요.' 잠시 후 효과적인 SMART 목표를 위한 가이드라인에 대해 설명해 드리겠습니다.

타이밍

각 행동 목표에 대한 이상적인 완료 날짜를 생각해 보세요. 일주일이 걸릴까요? 한 달? 분기? 1년이 걸릴까요? 최선의 예상일을 정하고 날짜를 기록하세요.

SMART 목표

새들백에서는 SMART 목표를 사용합니다. 이 약어는 1981년 11월 조지 도란, 아서 밀러, 제임스 커닝햄이 Management Review에 기고한 글에서 처음 등장했습니다.

S - 구체적인가? 누가, 무엇을, 언제, 왜, 어떻게 달성해야 하는지 정의되어 있는가?
M - 측정 가능한가? 정량화할 수 있는가?
A - 행동 지향적인가? 취해야 할 조치를 설명하는가?
R - 현실적인가? 이를 위한 자원과 협조를 얻을 수 있는가?

T - 시기적절한가? 목표 달성을 위한 시간 프레임이 포함되어 있는가?

이에 대해 자세히 설명하겠습니다.

구체적(Specific)

목표를 너무 모호하게 표현하여 실질적인 방향을 제시하지 마세요. 모호한 목표는 '곧 소그룹을 성장시키세요.'등의 표편이고 구체적인 목표는 '분기 말까지 10개의 소그룹을 추가합니다.' 등의 표현입니다.

측정 가능(Measurable)

진행 상황을 측정할 수 없다면 아무것도 해내지 못하고 있다고 느끼며 낙담할 수 있습니다. '새로운 그룹 10개'는 측정할 수 있습니다. 하지만 '더 많은 그룹'은 그렇지 않습니다.

행동 지향(Action-Oriented)

도달해야 할 목표가 아니라 해야 할 행동의 관점에서 목표를 작성하세요.
예시: '분기 말까지 가을 프로모션을 실시하여 10개의 신규 그룹을 추가합니다.'

현실적(Realistic)

항상 큰 꿈을 꾸세요! 하지만 달성할 수 있는 신앙적 목표와 모든 이성을 뛰어넘는 목표의 차이를 이해하세요.

시기적절(Timely)

무한정 기다리지 않도록 시간적 요소를 포함하세요. 이는 또한 일관된 방식으로 앞으로 나아갈 수 있는 책임감을 부여합니다. 계획 질문의 수와 관련 업무의 산더미에 압도당할 수도 있습니다. 낙심하지 마세요. 나는 이 과정을 통해 수백 개의 교회를 안내했습니다. 처음에는 전체 계획의 큰 그림에 너무 신경 쓰지 마세요. 각 질문을 한 번에 하나씩 해결하세요. 10장에서는 모든 것을 12~18개월의 실행 가능한 전략 계획으로 통합하는 방법을 안내해 드리겠습니다. 약속합니다!

Q1 계획 페이지

다른 지도자 및 부서와 연계하기

작성 방법은 86~89페이지의 '질문 계획 페이지 작성 지침'을 참조하세요.

사역단계		
걸음마	**다른 사역자들과 함께:** 소그룹 사역 이외의 다른 교회 사역의 리더 세 명 이상을 만나 관계를 구축하고 그들의 이야기와 꿈을 들어보세요.
걷기	**주요 이해관계자들과 함께:** 교회의 주요 리더 및 이해관계자들을 만나 그들의 이야기, 교회의 비전과 사명에 대한 그들의 견해, 소그룹 사역에 대한 그들의 인식을 들어보세요.
달리기	**담임목사와 함께:** 담임목사와의 관계를 구축하기 위해 친교 및 업무 관련 미팅 일정을 잡으세요. 사역의 열정을 팔기 전에 신뢰를 쌓고 담임목사의 비전을 이해하도록 노력하세요.

당신의 꿈	장애물	행동목표	타이밍
장기계획 (1~5년)			
단기계획 (1~12개월)			
	다른 행동들		

이 페이지를 완료한 후 이 계획 질문에 대해 가장 우선순위가 높은 행동에 표시하세요.
그 행동을 10장 221-223페이지의 우선순위 목록에 복사합니다.

Q2 소그룹의 가치를 교회에 어떻게 전달할 것인가?

새들백교회는 특히 릭 워렌 목사를 비롯한 최고 지도자들이 소그룹 사역의 본질적인 가치를 잘 알고 있어서 큰 축복을 받고 있습니다. 따라서 리더들에게 소그룹의 가치를 전달할 필요는 없지만 교인들에게 소그룹의 가치를 강조하는 것은 여전히 중요합니다. 릭 워렌 목사는 "건강하고 균형 잡힌 삶을 원한다면 교회에서는 대그룹 예배를, 가정에서는 소그룹 교제를 해야 한다."라고 자주 말합니다.

케이드 메츠의 최근 기사에서는 마크 주커버그가 페이스북 커뮤니티에서 바라보는 장단점에 대해 언급했습니다. 메츠에 따르면 주커버그는 "온라인 커뮤니티에 대한 모델은 새들백이다. 수만 명의 사람이 유능한 리더의 지도 아래 모이면서도 관심사, 친밀도, 열망에 따라 소규모 그룹으로 나뉘는 커뮤니티를 구축했다는 점입니다. 페이스북은 이 세대의 가장 큰 '군중 모임'입니다."라고 했습니다. 하지만 주커버그도 군중이 커뮤니티가 아니라는 것을 알고 있기 때문에 페이스북의 다음 단계의 커뮤니티를 계획하고 있습니다. 교회도 같은 도전에 직면해 있으며 우리는 하나님께서 주말 예배뿐만 아니라 교회의 각 가정 구성 요소에서 이 문제를 지혜롭게 해결해 주셨다고 믿습니다.

소그룹 생활은 다양한 차원에서 많은 혜택을 제공하며 당신의 역할은 이러한 혜택을 전달하는 것입니다. 소그룹은 교회의 심장이자 교회의 건강과 성장의 원천, 제자훈련의 중심지, 전도의 발판, 예배와 관계의 장이 될 수 있습니다.

사람들이 그룹으로 함께 시간을 보내면 서로에 대해 많은 것을 발견하게 됩니다. 일상적인 대화에서도 신뢰가 쌓이고 사람들의 은사와 관계의 깊이에 이바지하는 기타 사소한 사실에 대한 흥미로운 개인적 발견으로 이어집니다. 그룹 구성원들은 서로에 대해 슬프거나 어려운 사실을 발견하기도 하지만 이는 서로를 지지하고 격려하며 치유할 수 있는 기회이기도 합니다. 그룹에서 사람들은 승리를 축하하고 힘든 시기를 함께 이겨냅니다. 약점으로부터에 대한 안전한 환경으로서 친밀감을 형성하기 위해서는 함께 하는 시간이 필요합니다.

우리의 타락한 본성은 하나님을 향하는 것이 아니라 하나님에게서 멀어지게 합니다. 공동체는 우리가 배운 것을 실천에 옮기면서 서로가 더 나아지도록 돕기 때문에 중요합니다. 마귀는 그 반대를 원합니다. 두려움과 고립은 악마의 놀이터입니다. 마귀가 여러분을 고립시키거나 관계를 표면적인 수준으로 유지할 수 있다면 그는 승리합니다. 그리고 그는 두려움을 이용해 영적 성장을 지금보다 더 어렵게 만듭니다. 그는 당신의 머릿속에서 오래된 테이프를 계속 재생합니다. "넌 할 수 없어.", "다른 사람들이 어떻게 생각할까?", "넌 친구들에게 짐이 되는 거야."

하지만 건강한 소그룹에서는 이러한 거짓말에 진실로 맞서게 됩니다. 이러한 소그룹의 장점과 다른 혜택을 교회에 전달할 수 있는 몇 가지 방법에는 접촉점, 간증, 시의적절한 설교, 목회자 교육 등이 있습니다.

터치 포인트

사람들이 교회와 접촉하는 장소입니다. 사람들이 소그룹과 관계적 커뮤니티의 중요성을 이해하도록 돕기 위해 이러한 접점을 활용하세요. 여기에는 다음이 포함될 수 있지만 이에 국한되지는 않습니다.

1. 교회 또는 사역 웹사이트, 앱, 소셜 미디어
2. 간판
3. 교회 로비 또는 마당에 있는 부스, 키오스크 또는 사역 담당자
4. 소그룹 옵션을 제공하는 게시판 또는 응답 카드(종이 또는 전자)

이것들은 당신의 창의력에 의해서만 제한됩니다. 사역 팀과 함께 아이디어를 브레인 스토밍하세요.

간증

이 책에서는 소그룹을 통해 혜택을 받은 사람들, 즉 만족한 그룹 구성원의 간증이 주는 가치를 반복해서 읽게 될 것입니다. 웹사이트에 서면 또는 동영상 간증을 게시하고 주말 예배나 기타 이벤트에 사용할 수 있습니다. 로비와 인쇄물에 QR 코드를 배치하여 사람들을 안내할 수 있습니다.

다음은 수천 개의 소그룹 중 한 곳의 좋은 예입니다.

내가 속한 그룹은 5년 동안 9명의 핵심 멤버로 시작했는데 어려움도 좀 있었습니다. 다른 환경에서는 경험하기 어려운 교제가 이루어지고 있습니다. 우리는 서로를 위해 존재하고 함께 웃으며 어려운 시기를 함께 이겨냅니다. 우리는 매주 토요일에 모여 흥미롭고 생각을 자극하는 토론을 통해 야고보서를 심도 있게 공부했습니다.

최근에는 이란에서 온 한 남자를 환영했습니다. 그는 몇 년 전에 세례(침례)를 받았는데 이란으로 돌아갔을 때 신앙 때문에 체포되어 몇 년 동안 감옥에서 복역했습니다. 그는 아내를 잃었고 그녀의 부모는 딸을 그에게서 떼어놓았습니다. 우리가 모든 것을 비밀로 유지하는 그룹 가족으로 그를 무조건 받아들였을 때 그는 우리와 함께 있으면 안전하다고 느꼈습니다. 그리고 결혼생활이 극도로 힘든 시기에 한 부부를 지원했는데 지금은 잘지내고 있습니다. 또한 아들의 자살 이후 힘들어하는 다른 회원을 지원하고 있습니다.

우리는 밤낮을 가리지 않고 언제든 서로의 이야기를 나눌 수 있도록 비공개 페이스북 페이지를 개설했습니다. 우리는 가능한 한 자주 함께 봉사하고 있으며 소그룹 가족이 새들백 교도소 사역에 참여하여 어려운 상황에 처한 사람들에게 다가가 그들의 삶에 예수님을 영접할 수 있도록 기도하고 있습니다. 다른 가정과 마찬가지로 유연성과 열린 마음이 우리를 여기까지 이끌었습니다.

적절한 소그룹을 찾는 것은 비교할 수 없는 축복이었으며 제 영적 성장에 필수적이었습니다. 하나님은 여러 가지 방법으로 우리를 통해 일하시며 우리는 의심할 여지없이 함께할 때 훨씬 더 나아지고 있습니다.

궁극적으로 가족이 될 그룹의 일원이 되는 것의 가치를 명확하게 전달하는 그룹 리더나 멤버의 간증을 찾아보세요. 이러한 증언은 만족한 고객한테서 나온 것이며 영업 담당자는 이를 판매 도구로 사용합니다. 신규 고객이 구매하도록 가장 잘 설득할 수 있는 말은 무엇일까요?

시기적절한 설교

시기적절한 설교 시리즈는 소그룹의 가치를 전달하는 데에도 효과적입니다. 소그룹 및 관련 주제에 대한 설교는 회중에게 공동체의 가치를 훈련할 수 있는 좋은 방법입니다. 주말 예배와 가정에서 가정으로 구성된 교회의 탄생에 관한 사도행전의 앞부분은 교회라는 단어의 의미를 넓힐 수 있습니다. 또는 일상생활에서의 제자도에 관한 설교도 좋습니다. 또는 관계적 연결에 관한 시리즈나 신약성경에 나오는 '서로'라는 단어의 58가지 용례에 관해 설명할 수도 있습니다. 이러한 설교를 시리즈 또는 일회성 설교로 제공할 수 있으며 계절적 기회에 맞춰 조정할 수도 있습니다. 1월에는 새해 그룹, 어머이날과 아버지의 날에는 엄마 또는 아빠 그룹 등을 만들 수 있습니다. 홀마크카드$^{\text{Hallmark Card}}$ 제조 회사처럼 생각하세요! 그들은 카드를 보내야 할 모든 종류의 이유를 만들었습니다.

가르치는 목회자

소그룹에서 가르치는 목회자와 그들의 개인적인 경험을 활용하세요. 릭 워렌 목사는 종종 자신의 소그룹이 임재의 사역을 통해 아들 매튜가 죽은 후 케이와 자신을 어떻게 붙잡아 주었는지를 이야기합니다. 개인적인 이야기는 아이디어만 가르치는 설교보다 훨씬 더 영향력이 있습니다.

Q2 계획 페이지

그룹의 가치 소통하기

작성 방법은 86~89페이지의 '질문 계획 페이지 작성 지침'을 참조하세요.

진단 사이클		
걸음마	**터치 포인트**: 예배 중 플러그, 게시판, 웹 사이트, 친절한 담당자가 배치된 소그룹 테이블 등 그룹에 대한 커뮤니케이션을 평가하고 계획하세요.
걷기	**간증**: 소그룹을 통해 삶이 변화된 사람들의 간증을 예배 중이나 웹사이트에 게시할 수 있도록 계획하세요.
달리기	**시의적절한 설교**: 담임목사와 교육 목사의 협조가 있다면 소그룹과 관련된 가치에 대한 설교 시리즈를 기획하여 사람들이 소그룹에 참여하도록 유도하세요.

당신의 꿈	장애물	행동목표	타이밍
장기계획 (1~5년)			
단기계획 (1~12개월)			
	다른 행동들		

이 페이지를 완료한 후 이 계획 질문에 대해 가장 우선순위가 높은 행동에 표시하세요.
그 행동을 10장 221-223페이지의 우선순위 목록에 복사합니다.

사람들을 그룹으로 연결하기 위한 당신의 계획은 무엇인가? Q3

사람들이 그룹을 시작하거나 참여하도록 동기를 부여하고 모집하는 일을 주도적으로 하지 않고는 소그룹 사역을 할 수 없습니다. 이 점을 이해하세요. 소그룹 사역을 위해 적극적으로 사람들을 모집해야 합니다. 사람들이 소그룹을 시작하거나 참여하도록 동기를 부여하려면 관계에 대한 욕구, 즉 관계적 연결, 교제, 소속감에 대한 욕구에 호소해야 합니다. 신약성경은 인체에 대한 은유를 사용합니다. "우리 각자는 많은 지체를 가진 한 몸이지만 그 지체가 모두 같은 기능을 하는 것은 아닙니다"(롬 12:4 참조), "그에게서 온몸이 각 마디를 통하여 연결되고 결합됨으로써 사랑 안에서 자라고 스스로 세워집니다"(엡 4:16 참조).

새들백 애너하임 캠퍼스의 소그룹 리더인 알과 브레의 다음 이야기는 적합한 사람들과 적합한 그룹을 연결하는 것의 가치를 보여 줍니다.

> 브레와 나는 주님께서 어린 자녀를 둔 가정과 같은 삶의 단계에 있는 사람들이 모인 소그룹으로 인도해 주시기를 기도했습니다. 우리는 하나님께서 인도하셔서 모임을 시작하게 하셨다고 느꼈습니다. 우리는 하나님께서 비슷한 갈망을 가진 가족들을 데려오실 것이라고 믿었습니다. 그다음 주말에 우리는 믿음의 도약을 하고 우리 자신의 그룹을 주최하기 위해 등록했습니다. 등록하는 동안 최근에 두 가족이 어린 자녀를 둔 가족을 위한 소그룹에 대해 문의했다는 소식을 들었습니다. 우리 그룹에는 1세부터 12세까지 7명의 자녀가 있습니다. 물론 시끄럽죠. 그리고 아이들이 난장판을 만들기도 하죠. 하지만 그게 우리 그룹입니다. 하나님께서는 소그룹을 모으셨을 뿐만 아니라 가족을 모으셨습니다!

소그룹 사역을 위해 적극적으로 모집해야 합니다

고객 서비스

사람들을 그룹으로 연결하다 보면 고객 서비스 사업을 하게 될 것입니다. 한 사람 한 사람에게 깊은 개인적 시간을 할애할 시간, 직원, 에너지가 충분하지 않겠지만 그래도 모든 사람을 존중하고 당신이 그들을 소중히 여긴다는 것을 그들이 알 수 있도록 해야 합니다. 하나님께서는 당신에게 자녀들을 맡기셨으니 잘 돌보아 주세요. 하나님의 백성을 소중한 개인으로서 청지기로 삼으세요. 사람들은 방해물이 아니라 그리스도의 몸의 하나됨과 성숙을 이룰 수 있는 기회라는 것을 기억하세요.

증식이 연결에 어려운 이유

우리는 분열된 사회에 살고 있습니다. 직장의 요구로 인해 가족들이 전국에 흩어져 있는 것이 일반적입니다. 나에게는 네 명의 형과 한 명의 누나가 있는데 각자 다른 주에 살고 있습니다. 가족이 모두 모이려면 많은 계획과 이동이 필요합니다. 그래서 우리가 원하는 만큼 자주 모이지 못하죠. 자녀가 세 명이고 모두 대학에 보낸 경우 세 명 모두 고향으로 돌아와 일자리를 찾을 가능성은 매우 희박합니다. 대도시에 거주하더라도 취업 시장의 경쟁으로 인해 경력을 쌓기 위해 여러 주를 옮겨야 하는 경우가 많습니다. 미국 인구조사국에 따르면 미국인은 평생 평균 11.7번 이사를 한다고 합니다.

또한 이혼도 흔한 일이 되었습니다. 가장 자주 인용되는 통계에 따르면 전체 결혼의 40~50%가 이혼으로 끝나는 것으로 나타났습니다. 자녀들은 종종 두 가정에 시간을 나눠서 보내야 하며 때로는 방문을 위해 다른 도시나 다른 주를 여행하기도 합니다. 게다가 18세 미만의 미국 어린이 중 절반 미만(46%)이 첫 번째 결혼에서 두 명의 이성 부모가 있는 가정에서 살고 있습니다. 그 결과 많은 어린이가 가족이나 진정한 공동체에 대한 강력하고 긍정적인 역할 모델 없이 성장하고 있습니다.

기독교인 그룹을 한데 모아 1년 동안 매주 만나 강한 유대감을 형성하도록 격려할 때 소그룹에서 공동체를 발견한 사람들이 새로운 사람을 그룹에 초대하는 것을 꺼리고 공동체 의식을 잃을 위험이 있다는 사실을 알게 되는 것은 놀라운 일이 아닙니다. 소그룹이 그들에게 가족 같은 존재가 되어버린 것입니다. 많은 기독교인은 식료품점 점원이나 주유소 직원 외에는 비기독교인을 전혀 모른다고 말할 것이며 식료품을 사거나 기름값을 내는 동안 의미 있는 대화를 시작하기가 다소 어렵습니다. 대부분 기독교인이 비기독교인을 전혀 모른다고 해도 과언이 아니지만 한 사람이 기독교인이 되면 비기독교인 친구의 범위가 급격히 줄어든다는 연구 결과가 있습니다.

우리는 커뮤니티에 굶주려 있으며 무언가에 소속되어 있다고 느낄 수 있는 경험과 상황을 추구합니다. 소그룹이 이러한 유형의 커뮤니티를 제공할 수 있다고 상상하는 것은 그리 무리한 일이 아닙니다. 친교와 이를 통해 형성되는 관계는 이러한 욕구를 채워줍니다. 나는 혈육보다 소그룹 멤버들과 더 친밀하다고 말하는 사람들을 많이 알고 있습니다.

소그룹이 성경적 가족의 현대적 형태가 되면서 엄격한 증식 시스템을 도입해야 한다는 긴장감이 생깁니다.

곱셈보다 덧셈이 더 좋을 때

소그룹 사역은 친숙함의 안전함과 연결되지 않은 사람들을 그룹으로 끌어들여야 할지에 대한 필요성에서 끊임없이 긴장하며 살아갑니다. 소그룹 구성원들이 서로 깊은 관계를 발전시키기를 원하지만 새로운 사람들을 그룹에 통합해야 할 필요도 있습니다. 많은 교회는 기존 그룹에 새 멤버를 추가하여 일정 규모에 도달할 때까지 새로운 사람들을 통합한 다음 두 개의 소그룹으로 증식(분할)한 다음 다시 성장하고 나누는 방식으로 새로운 사람들을 통합합니다. 그러나 불행한 결과는 종종 구성원들이 침입과 강제 분열에 대해 분노하는 것입니다. 그리고 소그룹 포인트 담당자는 그룹 리더와 멤버들이 구매하지 않는 컨셉을 계속 판매하려다 좌절하게 됩니다. 기존 그룹이 늘어나는 것보다 새로운 그룹을 시작하는 것이 모든 관계자에게 더 낫다는 것을 알게 되었습니다.

그렇다면 새로운 사람들을 어떻게 통합할 수 있을까요? 주로 연간 캠페인을 통해 이루어집니다(아래 설명 참조). 새들백교회는 매년 캠페인을 통해 새로운 그룹을 출범시킴으로써 7천 개 이상의 소그룹으로 성장했습니다. 2002년 캠페인 이후 소그룹 참여율은 30%에서

110%로 증가했습니다. 2004년부터는 주말 예배에 참석하는 사람보다 소그룹에 참여하는 사람이 더 많아졌습니다. 캠페인 접근 방식은 강제적인 증식(분열)으로 소그룹에서 에너지를 빼앗는 대신 관계에 초점을 맞추고 있습니다. 이제 우리는 만 개의 건강한 소그룹을 위해 기도하고 있습니다.

연례 캠페인 외에 사람들이 소그룹에 관심을 표명할 때 우리는 두 가지 방법을 제시합니다. 먼지 친구 및 명과 함께 그룹을 시작하고 싶은지 물어봅니다. 만약 '예'라고 대답하면 다음이 포함된 '소그룹 스타터 키트Small Group Starter Kit'를 제공합니다.

1. 릭 워렌의 커뮤니티에 관한 2주간의 "시작" 커리큘럼
2. 릭 워렌의 인도자를 위한 도움
3. 커뮤니티 리더를 식별하는 카드
4. 성공적인 소그룹을 위한 팁
5. 목적이 있는 소그룹 인도하기 사본 1권

그런 다음 의사 결정 프로세스(그림 5.1 참조)와 환영 및 후속 이메일(아래 참조)을 사용하여 새 그룹에 대한 후속 조치를 취합니다.

소그룹을 시작하는 것이 부담스러우면 기존 그룹에 연결할 수 있도록 도와줍니다. 소그룹 가입 카드(그림 5.2 및 5.3 참조)를 작성하고 해당 정보를 사용하여 적극적으로 새 멤버를 찾고 있는 그룹에 가입할 수 있도록 돕습니다. 이 과정에서 다음 캠페인에서 새로운 그룹을 함께 시작할 수 있는 친구를 2명 이상 찾도록 권장합니다. 누군가가 온라인 또는 직접 방문하여 그룹에 가입하면 7일 이내에 소그룹에 후속 조처를 하여 새로운 사람이 환영받았는지, 그룹에 잘 적응하고 있는지 모두가 만족하는지 확인합니다.

그림 5.1

신규 그룹 후속 조치 프로세스

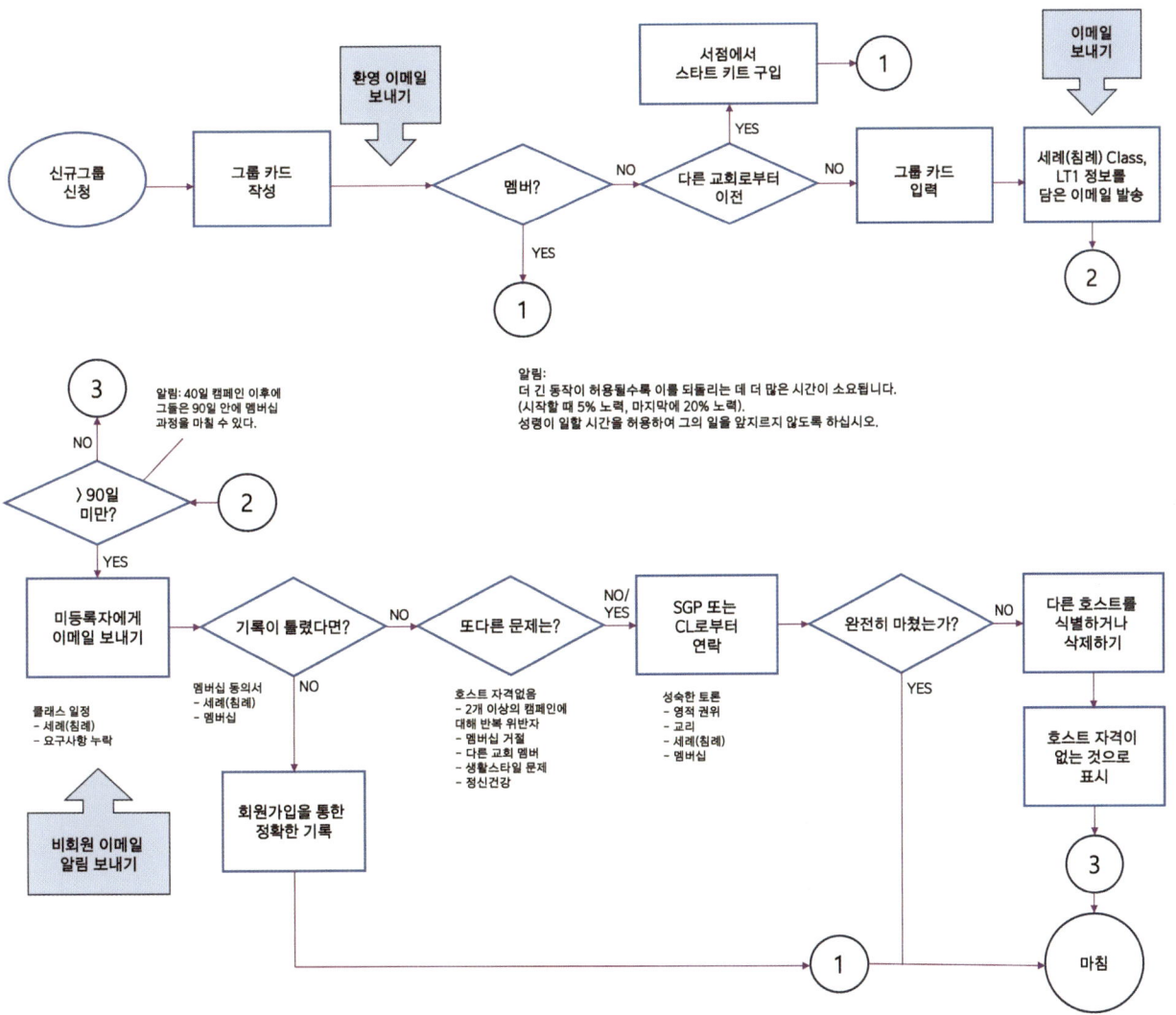

안녕하세요 [인도자 이름] 님,

새들백교회에서 소그룹을 인도하기로 헌신해 주셔서 정말 기쁩니다. 하나님께서는 놀라운 방법으로 당신을 사용하실 것입니다. 그분은 평범한 사람들을 특별한 방법으로 사용하기를 즐거워하십니다!

내 이름은 _____이고 당신의 소그룹 목사입니다. 당신과 소통하고, 당신의 이야기를 더 많이 듣고, 당신을 위해 기도할 수 있는 시간을 찾고 싶습니다. 시간을 정해서 이메일로 답장해 주세요.

소그룹 인도하기를 시작하기 전에 몇 가지 알려드리고 싶은 것이 있습니다.

첫째, 릭 워렌 목사님이 수년 동안 말씀하셨고 소그룹 사역에 적용하고 있습니다. 함께하면 정말 더 좋습니다! 성경에서 '서로'가 사용된 58번 중 어느 하나도 혼자서 할 수 있는 것은 없습니다. 전도서 4:9~10의 이 성경 구절을 확인해 보세요. "수고에 대한 좋은 보상이 있으므로 둘이 하나보다 낫습니다. 그들이 넘어지면 한 사람이 동료를 들어 올릴 것이기 때문입니다. 그러나 넘어졌을 때 혼자 있고 그를 일으켜 세울 다른 사람이 없는 사람은 화를 입습니다." [ESV] 우리는 당신이 외로운 인생을 살지 않기를 바랍니다!

둘째, 당신이 인도하는 동안 우리는 당신을 돕고 지원할 팀과 도구가 있다는 것을 알려드리고 싶습니다.

- 소그룹 목회자 팀(주말마다 교회 마당에서 만나실 수 있습니다.)
- 자원봉사 커뮤니티 리더(CL)팀(CL정보는 아래에 나와 있습니다). 이 CL은 그룹의 성공을 위해 신뢰할 수 있는 자원입니다.
- 당신의 그룹을 위한 웹사이트: www.MySaddleback.com. 이 사이트에서는 무료 커리큘럼 외에도 영적으로 건강한 그룹과 회원을 유지하는 데 필요한 모든 것을 제공합니다. 당신을 위해 특별히 고안된 새로운 인도자 훈련 섹션을 확인하세요!

셋째, CL(커뮤니티 리더)팀은 당신을 섬기기 위해 모집되고 훈련받습니다. 이것이 그들의 임무입니다! 당신에게 서비스를 제공할 CL의 사진은 다음과 같습니다. [CL 사진, CL 이름, 새들백에서 근무한 기간, 좋아하는 영화, 가족 등 CL에 대한 정보 삽입] www.MySaddleback.com에서도 많은 도움을 받을 수 있습니다. 그곳에 가서 그룹을 등록하고 제공되는 모든 것을 확인해 보세요. 담당 CL이 이 중요한 그룹 자료에 대한 모든 질문에 대해 도움을 드릴 것입니다.

당신이 다른 사람들을 섬기는 것처럼 우리도 당신을 섬길 수 있어 영광입니다. 주님의 부르심에 따라 인도해 주셔서 감사드리며 당신은 결코 혼자가 아니라는 것을 알아주세요!

도움이 필요하시면 언제든지 나에게 연락해 주세요. 담당 CL이 곧 연락을 드릴 것입니다. 우리는 당신을 위해 기도하고 있으며 사랑합니다,

[소그룹 담당목사님 이름] 및 소그룹 팀
[CL의 이름] 및 CL 팀

안녕하세요 [비회원 인도자 이름] 님,

새들백 소그룹을 인도해 주셔서 감사합니다! 당신의 그룹이 당신과 그룹 구성원들에게 축복이 되었기를 기도합니다. 릭 워렌 목사님은 최근 캠페인 이후에도 소그룹을 지속하는 것 외에도 소그룹 인도자가 새들백 회원이 되어 성경적 믿음과 새들백의 소그룹 비전에 동의하는지를 확인할 수 있도록 요청하셨습니다. 영적성숙 담당 목사로서 나는 당신이 하나님이 원하시는 리더가 될 수 있도록 돕고 싶고 그렇게 되기 위해 다음과 같은 '다음 단계'를

제안합니다.

첫 번째 단계는 교회 가족 소개 CLASS 101 멤버십 수업을 수강하고 멤버십 절차를 완료하는 것입니다. 이미 CLASS 101을 수료했거나 회원 가입 절차에 대해 궁금한 점이 있으면 수잔에게 전화 949-609-8106 또는 이메일 susanb@saddleback.com으로 문의하시기 바랍니다.

교회 멤버십이 중요한 이유는 무엇인가요? 자세한 내용을 알아보려면 여기를 클릭하세요[적절한 웹사이트로 연결].

아직 세례(침례)를 받지 않으셨지만 다음 단계로 나아갈 준비가 되셨다면 매 예배 후 새들백 레이크 포레스트 캠퍼스에서 세례(침례)를 드립니다. 예배당 옆에 있는 세례(침례)탕으로 오시면 됩니다. 반바지, 셔츠, 수건이 준비되어 있습니다.

세례(침례) 방법이나 이유에 대해 추가 질문이 있거나 이미 세례(침례)를 받은 경우 데니스에게 전화 949-609-8106 또는 이메일 susanb@saddleback.com으로 연락하여 정보를 업데이트할 수 있습니다. 전화할 때 교회 이름, 교단, 도시, 주, 대략적인 세례 날짜 또는 연도를 알려주시기를 바랍니다.

세례(침례)가 중요한 이유는 무엇인가요? 자세한 내용을 알아보려면 여기를 클릭하세요[적절한 웹사이트로 연결].

소그룹 인도자는 교회 가족을 돌보고 지원하는 최전선이며 인도자가 되면 예수 그리스도와 새들백교회를 대표하는 리더가 됩니다. 그렇기 때문에 나는 당신이 회원이 되는 다음 단계를 밟으시기를 권하고 싶습니다. 기도하는 마음으로 영적인 다음 단계를 고려하고 우리 교회 회원 절차를 완료하기 위해 헌신해 주시기 바랍니다.

앞으로 60일 이내에 우리 교회 가족 소개 CLASS 101 멤버 수업을 듣기로 약속하시겠습니까? 아래 해당 칸에 X를 표시하고 이 이메일의 '답장'을 누르세요.

클래스 101 수강에 동의합니다. (예 / 아니요)

등록하려면 여기를 클릭하세요. [적절한 웹사이트에 링크하세요]

향후 60일 이내에 세례(침례)를 받기로 약속하시겠습니까?

아래 해당 칸에 A를 표시하고 이 이메일에 '답장'을 누르세요.

세례(침례)를 받는 데 동의합니다. (예 / 아니요)

다음 멤버 수업, 우리 교회 가족 소개 CLASS 101, 레이크 포레스트 캠퍼스에 한함.

2018년 3월 11일 텐트 3 오후 3:00~7:30

2018년 4월 8일 텐트 3 오후 3:00~7:30

하나님께서 원하시는 리더가 되기 위한 영적 성숙의 길을 계속 걸어갈 수 있도록 기도하겠습니다. 이 이메일에 [날짜]까지 회신해 주시기 바랍니다. 이 이메일이 받은 편지함에서 분실된 경우 가까운 시일 내에 알림 이메일을 보내드리겠습니다.

소그룹에 참여해 주셔서 감사드리며 새들백에서 리더로서 다음 단계를 밟아 나가시길 기도합니다. 하나님의 축복이 있기를.

스티브 글래든

영적성숙 담당 목회자

그룹은 얼마나 커질 수 있나요?

새들백에서는 소그룹을 최대 규모 이하로 유지해야 한다는 이론에 동의하지 않습니다. 어떤 사람들은 타고난 모임꾼입니다. 이들은 매주 화요일 밤에 20~30명이 한 집에 모일 때까지 다른 사람들을 계속 초대합니다. 우리는 이런 사람들에게 불이익을 주지 않습니다. 대신 그룹이 원하는 규모에 맞게 자유롭게 모이고 그 규모에 맞는 방식으로 건강을 챙기도록 장려합니다. 우리는 규모보다 비율이 더 중요하다고 생각하며 소그룹화(7장의 Q10 참조)를 통해 참석자와 리더의 비율을 최적의 수준으로 유지하여 참여도와 그룹 건강이 위협받지 않도록 돕습니다. 우리는 모든 그룹이 삶을 변화시키고 건강한 커뮤니티를 위한 환경을 조성하도록 돕습니다.

> 우리는 그룹이 원하는 규모를 갖출 수 있도록 장려합니다

그림 5.2

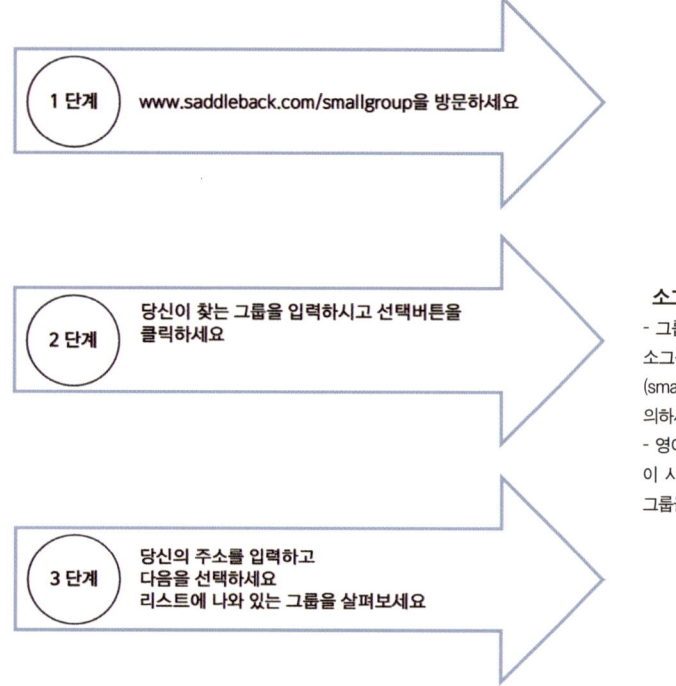

그림 5.3

소그룹에 참여하기(종이 버전)

내 캠퍼스: _____

언어(영어가 아닌 경우): _____

이름: _____

내 집 주소: _____

시 / 도 / 우편번호 _____

위 주소를 내 우편 주소로 사용해 주세요. ☐

이메일: _____ ☐ 신규

생년월일 _____

연락하기 가장 좋은 전화번호:

_____ ☐ 휴대폰 ☐ 재택 ☐ 직장

선호하는 결혼 그룹 유형: ☐ 미혼 ☐ 기혼 ☐ 기혼과 미혼 결합

선호하는 성별 그룹 유형: ☐ 남성 ☐ 여성 ☐ 남성과 여성 결합

연령 그룹(선호하는 그룹을 가장 잘 나타내는 상자에만 체크하세요)

☐ 대학생 ☐ 20대 ☐ 30대 ☐ 40대 ☐ 50대 ☐ 60대 ☐ 혼합 연령대

미팅 요일(요일, 전체 또는 임의): _____

사람들을 연결하기 위한 세 가지 전략

모든 시스템에는 장단점이 있으며 이것이 우리가 항상 해왔던 방식이라는 이유로 어느 한 가지를 선택해서는 안 됩니다. 시간을 갖고 원하는 결과를 생각한 다음 그 결과를 달성하는 데 가장 효과적인 전달 시스템을 선택하세요.

사람들을 소그룹으로 연결하기 위한 세 가지 전략은 성인 주일학교 전략, 연결 이벤트 전략, 캠페인 전략입니다.

성인 주일학교 전략

성인 주일학교와 소그룹은 서로 경쟁하지 않고 서로 연계되어 있다면 공존할 수 있습니다. 남성, 여성, 커플, 독신 주일학교와 건강하지 않은 경쟁을 할 가능성도 있습니다.

사역이 교회의 전달 체계와 일치하지 않는다면 건강한 그리스도의 제자를 만드는 데 실패할 수 있습니다. 따라서 모든 교회 사역이 벽을 쌓는 것이 아니라 서로를 섬기고 교회의 비전, 사명, 전략에 부합하도록 하십시오.

건강한 주일학교 사역을 시작하거나 도울 방법은 무엇인가요?

다음은 몇 가지 실제적인 단계입니다.

1. 전략적으로 방을 배치합니다. 의자를 일렬로 세우는 대신 테이블 주위에 회원들을 앉혀 눈을 마주치고 대화할 수 있도록 합니다. 또는 의자를 작은 원이나 말발굽 모양(앞쪽을 향해 끝이 열린 형태)으로 배치합니다.

2. 각 테이블에 일관성을 유지합니다. 그룹원들이 매주 같은 자리에 앉도록 권장하여 같은 사람들과 더 친해질 수 있도록 합니다. 새로 합류한 그룹이 새로운 테이블에 앉도록 격

려합니다. 매주 사람들을 섞으면 구성원들이 안전하지 않다고 느끼고 투명성을 저해할 수 있습니다.

3. 범위를 이해하세요. 목표 중 하나가 각 반원의 영적 건강을 파악하고 개인별 다음 단계의 성장을 격려하는 것이라면 현실적으로 한 사람이 10명 이상의 개인을 파악하고 후속 조치를 취하는 것은 불가능합니다. 그룹 인원이 10명 이상인 경우 각 개인을 건강하게 양육하는 데 도움을 줄 수 있는 테이블 리더를 선정하세요.

4. 전도를 위한 테이블을 준비합니다. 한 테이블(또는 서클)에 8명이 앉는다면 한 테이블당 5~6명을 표시하고 다른 사람들을 초대하여 여분의 자리를 채우도록 요청합니다. 또한 소규모 그룹은 한 사람의 결석을 더 쉽게 알아차릴 수 있으므로 유기적인 출석 책임을 장려합니다.

5. 모든 사람에게 영적 건강 평가 및 계획을 안내합니다(새들백의 영적 건강 평가 및 영적 건강 플래너(www.smallgroups.net/store)와 같은 것을 사용). 평가는 회원들이 자신이 잘하고 있는 부분과 영적 성장을 위한 영역을 발견하는 데 도움이 됩니다. 계획은 회원들이 건강을 위한 다음 단계를 선택하고 추구하는 데 도움이 됩니다.

6. 영적 책임감을 키웁니다. 회원들이 짝을 이루어 정기적으로 서로에게 개인 목표를 향해 어떻게 진행되고 있는지 물어보도록 합니다. 검진은 관계의 자연스러운 부분으로 이루어져야 합니다. 교사와 테이블 리더가 모든 사람의 성장 목표를 알 필요는 없으며 모든 사람에게 지원 파트너가 있다는 것만 알면 됩니다.

7. 소유권을 공유하세요. 성경의 다섯 가지 목적(교제, 제자훈련, 사역, 전도, 예배)에 대한 각자의 강점에 따라 책임을 위임합니다. 교제에 강한 사람은 테이블에서 생일과 기념일

을 챙기거나 반별 사교 행사를 계획하는 데 도움을 줄 수 있습니다. 제자훈련에 강한 사람은 자신의 테이블에 있는 사람들을 위한 영적 건강 평가와 영적 건강 계획을 감독할 수 있습니다. 한 영역에서 강한 사람은 그 영역에서 약한 사람을 도울 수 있습니다.

8. 한계에 대해 창의력을 발휘한다. 수업 시간에 할 수 있는 일과 밖에서 해야 할 일이 무엇인지 인식합니다. 일반적으로 주일학교 시간에는 제자훈련만 허용됩니다. 교제를 시도하고 때때로 예배를 드릴 수 있습니다. 그러나 주일학교 한 시간에 다섯 가지 목적을 모두 달성하려고 하지 마세요. 테이블이나 테이블 그룹이 수업 시간 외에 몇 가지 목적을 다루도록 조율하도록 권장하세요. 사람들이 스스로 성장할 수 있도록 풀어주세요. 모든 성장 경험을 교실 안에 가두려고 하면 창의성을 제한하고 성령의 역사를 억압하게 됩니다.

9. 단순한 정보가 아닌 변화를 생각하라. 주일학교는 원래 영국에서 일주일에 5~6일 공장에서 일하는 어린이들에게 일요일에 문해력을 가르치기 위해 시작되었습니다. 시간이 지나면서 성경적 가르침이 추가되었고 나중에 노동법과 무상 교육이 다른 곳에서 문해력을 키우면서 세속적 가르침은 사라졌습니다. 이것이 오늘날 가르침에 대한 강조가 원래의 맥락에서 완벽하게 이해되는 이유를 설명합니다. 이제 주일학교는 제자훈련이나 영성 형성에서 빠진 부분인 적용을 향해 나아가고 있습니다. 학생들이 가르침을 가지고 교실 밖에서 자기 삶에 적용할 수 있도록 정보를 제공하는 것이 중요합니다.

10. 토론의 힘을 활용하세요. 토론은 회원들이 성경의 가르침을 이야기하고, 그 가르침을 얼마나 잘 실천하고 있는지 나누고, 서로에게서 배우고, 삶의 변화를 위해 서로를 격려하도록 격려합니다. 이를 통해 개인 성장 계획에 대한 책임감을 고취할 수 있습니다. 교사의 가장 큰 도전은 토론 시간을 찾아서 허용하는 것입니다. 나는 40%의 가르침과 60%의 토론을 권장합니다.

그룹을 시작하기 위한 주일학교 전략의 장점은 다음과 같습니다.
- 편리한 모임 시간(예배 전 또는 예배 후)
- 어린이 돌봄 제공
- 리더 관리의 용이성

주일학교 전략을 사용하여 그룹을 시작할 때의 단점은 다음과 같습니다.
- 시간 제약으로 인해 교제가 제한됨
- 교회에 다니지 않는 사람들이 가정보다 교회에 올 가능성이 적음
- 사용할 수 있는 교실 수에 제한이 있음

연결 이벤트 전략

이것은 2002년에 캠페인 전략을 고안할 때까지 사람들을 그룹으로 끌어들이는 주요 방법이었습니다. 이 전략은 성공적이었으며 당신도 시도해 볼 수 있습니다. 이제는 사람들을 그룹으로 연결하는 두 번째 수단입니다.

우리는 아직 소그룹에 연결되지 않은 교회 참석자들을 대상으로 캠퍼스에서 2시간 동안 연결 이벤트를 개최합니다. 강단 공지, 이메일 초대장, 전단지, 동영상, 개인 초대장 등을 통해 참석자를 모집합니다. 원탁이 있는 공간만 있으면 됩니다. 교회 규모에 따라 독신, 커플, 남성 전용, 여성 전용으로 테이블을 표시할 수 있습니다. 또는 지리에 따라 방을 나눌 수도 있습니다. 사람들이 모두 앉으면 친밀감, 그룹 경험, 영적 여정에 초점을 맞춘 질문 목록을 나눠주어 테이블에서 토론할 수 있도록 돕습니다.

- 이름이 무엇인가요?
- 어디에 살고 있나요?
- 취미나 관심사는 무엇인가요?

- 지금까지의 영적 여정에 대해 간략하게(약 2분) 이야기해 주세요.
- 어떻게 교회에 출석하기 시작했으며 교회에서 가장 마음에 드는 점은 무엇인가요?
- 이전에 소그룹에 참여했던 경험은 무엇인가요?
- 소그룹에 참여함으로써 얻고자 하는 한 가지는 무엇인가요?
- 소그룹에 참여하는 것에 대한 두려움은 무엇인가요?

이 질문들을 통해 참가자들이 서로를 알아갈 수 있도록 약 한 시간 정도 시간을 줍니다. 그런 다음 새로운 질문을 통해 리더를 선택하는 과정을 안내합니다.

- 이 그룹에서 누가 리더가 될 가능성이 가장 큰가요?
- 누가 영적으로 성숙하고 하나님을 향한 마음이 성장하는가요?
- 소그룹이나 사역 경험이 가장 많은 사람은 누구인가요?
- 6주 동안 누구를 기꺼이 따르고 싶은가요?

그런 다음 눈을 감고 셋을 세면서 가장 좋은 리더가 될 것 같은 사람을 가리키라고 요청합니다. 모두 가리키면 눈을 뜨고 누가 가장 많은 사람이 가리키는지 확인하도록 지시합니다. 그런 다음 각 사람에게 자신이 선택한 이유를 설명하도록 요청합니다. 그런 다음 6주간의 DVD 커리큘럼(40일간의 목적 커리큘럼: https://store.passtors.com/pages/small-group)을 사용하여 임시 리더에게 그룹을 이끌 의향이 있는지 묻습니다. 새들백에서 수년 동안 리더로 선정된 사람이 6주 동안 리더를 맡는 것을 거부한 적은 한번도 없었습니다. 우리는 새로운 리더의 여정을 안내할 수 있도록 교육, 커리큘럼, 커뮤니티 리더를 위한 링크를 제공합니다.

이미 새로운 멤버를 찾고 있는 리더가 있다면 빈 테이블에 새 멤버를 앉히고 특정 유형의 멤버(여성, 싱글 등)를 선택해 이벤트를 시작할 수 있습니다. 새로운 사람들이 테이블에 앉아 리더 및 서로 유대감을 형성한 후 그룹으로 퇴장합니다.

그룹을 시작하기 위한 연결 전략의 유익은 다음과 같습니다.
- 구성원들의 그룹 주인의식 고취
- 커리큘럼 및 교육 자료 즉시 사용 가능
- 특히 커뮤니티 리더가 참석하는 경우 커뮤니티 리더와 빠르게 연결 가능

그룹을 시작하기 위한 연결 전략의 오해는 다음과 같습니다.
- 소그룹에 속하지 않은 교회 안의 친구를 소그룹 멤버로 대체하여 전도할 필요가 없다고 생각하는 것
- 일부 건강하지 않은 그룹은 이 전략이 어느 정도 무작위성을 사용하기 때문에 적합하다고 하는 것
- 잘 진행되지 않는 그룹에 있는 사람들을 위한 서비스를 강화하는 것

연결 이벤트에 대한 지침은 www.SmallGroups.net/connection을 참조하세요.

캠페인 전략

새들백교회는 캠페인 전략을 성공적으로 사용한 최초의 교회입니다. 캠페인은 40일 동안 교회 전체가 각 연령대의 영적 성장의 특정 측면에 집중하는 것입니다. 주말 설교, 소그룹 커리큘럼, 어린이 활동, 학생 사역 프로그램, 소셜 미디어 등이 포함됩니다. 캠페인의 한 가지 목표는 새로운 소그룹을 시작하는 것입니다.

캠페인은 기하급수적인 그룹 성장을 위해 기도하고 노력해야 한다는 릭 웨런의 도전(118페이지의 '기하급수적 사고' 섹션 참조)에서 비롯된 것으로 그가 염두에 둔 숫자를 달성하기 위한 새로운 전략이 필요했습니다. 캠페인의 목적으로 교회에 "우리 교회가 여러분을 섬겨왔다면 여러분도 여러분의 지역 사회를 섬기며 6주 동안 소그룹을 인도할 의향이 있습니까?"라고 회중에게 물어보는 인도자 역할을 생각해낸 것도 바로 이때였습니다. "그

룹을 시작하려면 친구 두 명만 있으면 됩니다!"라고 말합니다(친구 두 명으로 그룹을 시작하는 방법에 대한 자세한 내용은 141-143페이지 참조). 처음 이 방법을 사용했을 때 반응이 압도적이었고 갑자기 새로운 그룹을 시작하고 단기적으로 그룹을 이끌겠다는 사람들이 많이 생겼습니다.

이러한 그룹 중 일부는 처음 6주 동안의 약속을 넘어서지 못했습니다. 하지만 낙담할 필요는 없습니다. 건강한 그룹은 그 자리를 지키며 사역을 이전보다 더 성장시킬 것입니다. 한 캠페인이 끝난 후 그룹이 중단한 이유를 자세히 살펴본 결과 좋은 경험을 하지 못해서가 아니라는 사실을 알게 되었습니다. 삶이 방해가 되고 인도자를 지원할 수 있는 리더 코칭 인프라가 갖추지지 않았기 때문이었습니다. 인프라를 재평가한 결과 2년 후 다음 캠페인을 진행한 후 재방문율이 68%에서 86%로 상승했습니다.

믿음을 가지고 불가능해 보이는 일을 시도함으로써 우리는 배웠습니다. 모든 세부 사항이 정돈되기 전에 너무 앞서 나갔기 때문에 실수도 있었습니다. 하지만 우리는 실수를 통해 배웠고 앞으로 나아갔습니다. 새들백의 캠페인 자료는 www.store.pastors.com/pages/campaign-central에서 확인할 수 있으며 이를 통해 우리의 실수를 피할 수 있습니다.

나는 이제 새들백에서 수십 년 동안 캠페인을 진행한 베테랑으로서 전략은 기초와 후속 조치만큼이나 중요하다는 사실을 깨달았습니다. 긍정적인 결과를 보장하기 위해 제가 실전에서 검증한 팁을 확인하세요.

1. "도대체 내가 여기 온 목적은 무엇인가?"와 같은 설득력 있는 질문을 선택하세요.(40일간의 목적 캠페인의 질문) 이와 같은 매력적인 질문을 선택하여 사람들이 소규모 그룹에 참여하도록 동기를 부여하세요.

2. 어린이, 학생, 성인 사역을 연계합니다. 이를 통해 가정에서 모든 가족 구성원이 자연스럽게 토론할 수 있도록 장려합니다. 또한 성인뿐만 아니라 모든 교회 구성원의 중요성을 강조합니다.

3. 원칙을 고수하되 자신만의 방법론을 적용하세요. 내용은 일관성을 유지하되 각 연령대에 맞게 조정하세요.

4. 언어가 중요합니다. 우리는 리더를 '목자 리더'나 '소그룹 리더'라고 부를 때 리더를 확보하는 데 어려움을 겪었습니다. 사람들은 리더라는 용어에 주눅이 들었지만 '인도자'라고 할 때 훨씬 더 높은 참여도를 이끌어 냈습니다.

5. 주말 예배, 토론 그룹, 성경 암송, 커리큘럼, 사역 프로젝트 등 다양한 학습 방법을 활용하세요.

6. 일 년에 한 번이면 충분하다. 좋은 일이 너무 많으면 좋은 일이 아니며 자원봉사자와 회중을 지치게 할 위험이 있습니다.

7. 시작일과 종료일을 명확하게 정하세요. 그러면 사람들이 함께 참여할 가능성이 커집니다.

8. 직원, 자원봉사자, 성도들에게 높은 강도를 기대하세요. 하지만 마지막에는 이들이 경험을 회복하고 처리할 시간을 주세요.

9. 기억하고 축하하세요! 감사 이벤트를 통해 잘한 일을 축하하세요.

10. 리더 지원 인프라를 미리 준비하고 신규 그룹에게 단기 참여 후 유지율을 높일 수 있는 다음 단계를 제공하세요. 좋은 리더십 원칙은 사람들이 현재 단계를 진행하는 도중에 다음 단계에 등록하도록 하는 것입니다.

11. 캠페인이 종료될 때 사람들에게 탈퇴 기회를 제공하세요. 물론 그룹이 계속되기를 바라지만 그룹이 맞지 않거나 삶의 단계가 허락하지 않는다면 불필요한 죄책감을 유발하고 싶지 않습니다. 상황이 바뀌면 다시 그룹 생활로 돌아올 수 있기를 바랍니다.

12. 참가자들이 재정적 어려움을 겪지 않도록 예산을 책정합니다. 우리는 캠페인 참가자에게 어떠한 비용도 청구하지 않습니다. 이는 보람을 느낄 수 있는 투자이며 사람들에게 우리가 관심을 두고 있다는 것을 보여 줄 수 있고 인도자나 그룹에 장애물을 피할 수 있습니다.

그룹을 시작하기 위한 캠페인 전략의 장점은 다음과 같습니다.
- 인도자가 주도해야 하는 리더십 기준이 낮아 기하급수적으로 그룹을 시작할 수 있음.
- 인도자가 자기 친구들로 그룹을 채움: 높은 전도율
- 교회 전체, 어린이, 학생, 성인을 아우를 수 있음.

그룹을 시작하기 위한 캠페인 전략의 단점은 다음과 같습니다.
- 40일간의 캠페인을 조율하는 데 직원과 자원봉사자에게 부담이 된다.
- 우정을 통해 그룹을 시작할 때 일부 멤버들은 자유롭게 떠나고 싶지만 머물러야 한다는 압박감을 느낀다.

새로운 그룹을 위한 다른 자극

그룹을 시작하기에 좋은 시기는 계절에 따라 다릅니다. 연례 캠페인 외에도 교회와 문화의 자연스러운 리듬을 살펴보고 가장 적합한 시기에 그룹을 시작하세요.

투쟁은 그룹을 시작하는 두 번째 유형의 자극입니다. 많은 새들백 그룹이 고통스러운 시기에 시작되었습니다. 셀러브레이트 리커버리 및 지원 그룹은 일반적으로 소그룹 사역이 아닌 다른 사역에서 시작됩니다. 사람들의 트라우마가 심할수록 우리는 그들이 전문 치유 사역을 통해 치유에 집중하고 신체와의 다른 측면에 대한 연결은 주로 주말 예배에 의존하기를 원합니다. 치유되기 전에 일반 소그룹에 참여하면 그 그룹이 자신도 모르게 지원 그룹이나 회복 그룹으로 변할 수 있으며 이는 성경의 다섯 가지 목적을 달성하는 데 불균형을 초래합니다. 그러나 전문 치유 그룹 중 하나가 성공하고 그 구성원들이 건강해지면 그

그룹에 합류하거나 균형 잡힌 표준 소그룹이 되기를 바랍니다.

셋째, 중요한 행사를 통해 새로운 그룹을 추가할 수도 있습니다. 새들백에서는 정기적으로 남성과 여성을 위한 행사를 개최하고 있으며 이 행사에서 새로운 그룹이 생겨납니다. 다른 중요한 이벤트는 신생아나 청소년이 있는 가족 또는 빈 둥지를 가진 가족을 대상으로 할 수 있습니다. 당신의 창의력과 교회에 속한 사람들의 삶의 사건에 의해서만 제한됩니다.

그룹이 형성되는 네 번째 방법은 영적인 단계를 통해서입니다. 그룹은 개인의 삶의 모든 영적 단계에서 시작될 수 있습니다. 새신자 반, 침례 반, 선교 여행 또는 다른 단기 반에서 형성된 그룹이 있을 수 있습니다.

기억하세요…

좋은 점은 어떤 전략을 사용하든 서로 윈-윈할 수 있다는 것입니다. 목표는 사람들을 연결시키는 것입니다!

몇 가지 사항을 명심하세요. 첫째, 어떤 전략을 사용하든 확장성이 있어야 합니다. 즉, 사역이 성장함에 따라 여전히 실행 가능하고 적응할 수 있는 전략을 세워야 합니다. 예를 들어 소그룹 사역이 확장될 경우 재정적 수요로 인해 교회가 파산하지 않도록 해야 합니다. 작은 규모에서 필요한 것은 무엇이든 더 큰 규모에서도 감당할 수 있어야 합니다.

둘째, 교회가 소그룹의 다섯 가지 성경적 목적을 채택하고 있다면 소그룹이 교제(관계)와 제자 훈련(배움)뿐만 아니라 가장 흔히 소홀히 하는 목적인 섬김, 전도, 예배에 집중할 수 있도록 하세요. 전통적인 성인 주일학교는 제자훈련에 초점을 맞추는 경향이 있지만 처음 교회에 출석하는 사람들을 어떤 식으로든 연결시키는 데는 좋습니다. 소그룹은 목표에 집중하지 않으면 교제에만 집중하는 경향이 있습니다. 당신과 모든 리더는 소그룹에서 다섯 가지 목적이 모두 균형을 이루도록 노력해야 합니다.

> 목표 끝에
> 0을 더할 때는
> 다르게
> 생각해야
> 합니다

기하급수적 사고

기하급수적 사고는 목표를 가지고 그 끝에 하나님 크기의 믿음 "0"을 더하는 것입니다. 릭 워렌 목사님이 이 주제에 대해 리더십 리프터(www.pastors.com)에 자세히 설명해 놓으셨지만 제가 요약해 보겠습니다. 우리가 교회 전체 캠페인을 시작하기 전에 릭 워렌은 기하급수적 사고라는 개념으로 우리에게 도전했습니다. 지난 가을에 300개의 새로운 그룹이 생겨나면서 큰 성과를 거둔 해였습니다. 2018년 기준. 편집자 주 하지만 릭 워렌은 내년 목표인 3,000개의 새로운 그룹을 위해 "0"을 추가해야 한다고 말했습니다.

그의 말에 나는 깜짝 놀랄 수 밖에 없었습니다. 그리고 몇 가지 놀라운 일이 일어났습니다. 첫째, 릭 워렌이 나에게 도전을 지시하기는 했지만 그 목표를 달성한 것은 우리 교회 리더십 팀과 직원 전체였습니다. 우리는 진정으로 함께 더 잘할 수 있었습니다. 둘째, 우리는 자유롭게 꿈을 꾸고 우리 앞을 가로막는 장애물을 파괴할 수 있었습니다. 그리고 무엇보다도 릭 워렌은 우리가 함께 일할 수 있도록 교회 전체에 자원과 조율을 위한 길을 열어주었습니다. 그리고 교회 전체의 캠페인이 탄생했습니다.

목표 끝에 "0"을 더하면 다르게 생각해야 합니다. 새로운 믿음, 새로운 사고, 새로운 창의력으로 상황에 접근하게 되고 다른 사람 없이는 성공할 가능성이 없다는 것을 깨닫게 됩니다. 기하급수적 사고의 지축을 흔드는 부분은 목표가 아니라 믿음을 통해 목표에 도달하기 위해 팀으로서 겪는 과정입니다. 또한 기하급수적 사고는 목표 설정에만 적용되고 급여에는 적용되지 않는다는 것을 배웠습니다.

Q3 계획 페이지

사람들을 그룹으로 연결하기

작성 방법은 86~89페이지의 '질문 계획 페이지 작성 지침'을 참조하세요.

제안전략들		
걸음마	**개별 전략:** 개인, 특히 새로 온 사람들을 그룹으로 연결하기 위한 단계별 프로세스를 만들고 홍보하세요.
걷기	**연결 이벤트 전략:** 연결되지 않은 사람들을 기존의 새로운 그룹으로 연결하는 이벤트를 개최하세요.
달리기	**캠페인 전략:** 교회 달력에서 시간을 정하여 소그룹을 시작하기 위한 교회 전체 캠페인을 진행합니다. 새들백의 40일간의 목적 또는 40일간의 공동체를 사용(또는 반복)할 수 있습니다.

당신의 꿈	장애물	행동목표	타이밍
장기계획 (1~5년)			
단기계획 (1~12개월)			
	다른 행동들		

이 페이지를 완료한 후 이 계획 질문에 대해 가장 우선순위가 높은 행동에 표시하세요.
그 행동을 10장 221-223페이지의 우선순위 목록에 복사합니다.

Planning Small Groups with purpoese

Q4 진행 상황을 어떻게 측정할 것인가?

3장 "새들백의 10대 소그룹 사역 약속"의 세 번째 항목은 다음과 같습니다. "나는 숫자 게임에서 벗어나겠다.", "데이터가 왕이다."라고 말하는 것은 나 자신을 모순하는 것이 아닙니다. 숫자를 자랑하거나 다른 교회와의 불건전한 경쟁을 위해 숫자를 사용하지 않는 한 숫자로 명확한 목표를 설정하는 것은 필수적입니다. 나는 "몇 명, 언제까지?"라고 묻는 것을 좋아합니다. 수치와 시기는 관련된 모든 사람에게 목표를 명확하게 정의하기 때문입니다. 숫자가 없으면 성공했는지 아무도 알 수 없습니다. 옛 속담에 '아무것도 겨냥하지 않으면 매번 얻어맞게 된다!'라는 말이 있듯이 말입니다.

데이터가 왕이다

진행 상황을 측정하려면 타이밍과 숫자가 중요합니다. 많은 사람은 숫자를 이야기하는 것이 비영적이라고 생각하며 저항에 부딪힐 가능성이 큽니다. 그들은 사역의 진전은 양이 아니라 질에 관한 것이며 하나님은 숫자에 관심이 없다고 말할 것입니다.

하지만 그건 사실이 아닙니다. 구약성경에 민수기라는 책도 있잖아요. 질과 양을 동시에 신경 쓰는 것은 충분히 가능합니다. 이 둘은 상호 배타적인 것도 아니고 적대적일 필요도 없습니다. 사람이 중요하기 때문에 우리는 사람을 계산합니다. 모든 것이 사람을 위한 것이므로 과정과 사람의 균형을 어떻게 맞출 것인지 설명하는 근거를 준비하여 저항에 대비하세요. 그리고 이 모든 것은 영원을 위한 것입니다.

그럼에도 불구하고 낙심하지 마세요. 이러한 저항은 정상이며 어떤 장애물이 발생할 수 있는지 브레인스토밍하고 해결책을 계획함으로써 잠재적인 장애물에 미리 대비할 수 있습니다. 이렇게 하면 다른 사람들이 당신의 훌륭한 아이디어와 목표를 방해하는 것을 막을 수 있습니다.

> 질과 양을 동시에 신경 쓰는 것은 충분히 가능합니다

타이밍과 관련해서는 진행 상황을 검토할 수 있는 시점을 정하세요. 순조롭게 진행 중이라면 하나님을 찬양하세요. 진로를 조정해야 한다면 잠시 시간을 내어 재조정하고 가능한 한 빨리 다시 전진하세요.

하드 데이터와 소프트 데이터

하드 데이터는 우리에게 가장 친숙한 데이터입니다. 이름, 주소, 전화번호, 이메일, 소셜 미디어 연락처, 구원 날짜, 세례 날짜, 사역 시스템과 관련된 지표 등 기본적인 연락처 정보 및 교회 참여도가 여기에 해당합니다. 대부분 교회가 이 작업을 잘 수행하고 있다고 생각합니다.

소프트 데이터는 또 다른 이야기입니다. 하드 데이터가 교회에 중요하다면 소프트 데이터는 개인에게 중요합니다. 소프트 데이터는 그 사람의 이야기를 들려줍니다. 그 사람의 관심사와 우선순위를 들여다볼 수 있는 창입니다. 사람들의 소프트 데이터 스토리를 발견하기 위한 초기 걸음마 단계는 가족 생일이나 기념일과 같은 중요한 달력 날짜를 수집하는 것입니다. 중간 단계인 걷기 단계에서는 사람들의 취미, 관심사, 스포츠 참여 등을 파악하고 기록할 수 있습니다. 실행 단계는 정신적 성취와 필요를 추적하는 것일 수 있습니다.

> *소프트 데이터는 개인에게 중요합니다*

소프트 데이터를 학습할 때 교회 데이터베이스에 이러한 정보를 저장하고 그룹 인도자와 같은 주요 사람들과 성도들 사이의 관계적 유대를 강화하는 데 적절히 활용하는 것이 중요합니다. 리더가 회원들의 신뢰를 얻으면 회원들이 성장과 순종을 위한 위험한 발걸음을 내딛도록 더 쉽게 도전할 수 있습니다.

하드 데이터와 소프트 데이터를 모두 효과적으로 사용할 때 데이터는 차갑고 딱딱한 숫자에서 관계, 마음, 스토리로 이동합니다. 또한, 수치적 목표는 부분적으로 소프트 데이터를 학습하고 사용하는 데 달려 있습니다. 소프트 데이터를 적절히 사용하면 사람들이 교회 문을 두드리게 되고 좋은 일이 있을 때나 나쁜 일이 있을 때나 교회 가족 안에서 안전과 지지를 받는다고 느낄 수 있습니다.

데이터에서 찾아야 할 것

데이터를 수집할 때 데이터로 무엇을 할 수 있을까요? 다음은 고려해야 할 몇 가지 질문입니다.

1. 어떤 종류의 데이터가 유용하고 어떤 데이터가 쓸모없는가?

경험상 데이터를 사용하지 않을 것이라면 데이터를 요청하지 않는 것이 좋습니다. 기본적인 소그룹 데이터는 교회의 소그룹 수와 평균 그룹 규모에 초점을 맞추는 경향이 있습니다. 그러나 이것은 건강한 소그룹의 풍부하고 완전한 역동성을 반영하지 못합니다.

예를 들어 그룹의 수명과 그룹 구성원의 평균 연령을 추적하면 헌신 수준을 알 수 있습니다. 하지만 헌신이 건강을 보장하지는 않습니다. 그룹의 건강과 지속 가능성을 측정하려면 다음과 같은 세부 사항을 추적하는 것이 좋습니다.

- 각 그룹이 매년 완료하는 공부의 수(제자훈련)
- 월평균 사교 모임 횟수(친교)
- 봉사 프로젝트 수(사역)
- 개인, 지역 또는 글로벌 봉사 활동(전도)에 대한 회원들의 참여도
- 성찬식, 기도, 금식 등을 통한 주님과의 그룹 연결(예배)

한 가지 유용한 지표는 인도자가 커뮤니티 리더와 연락하는 빈도입니다. 연락을 자주 하는 인도자는 그룹 성숙을 위한 지도를 중요하게 생각하기 때문에 가장 건강한 그룹을 운영할 수 있습니다. 리더 코치에게 소그룹 리더와의 연락 시도 횟수와 연락에 성공한 횟수를 추적하고 보고하도록 요청하는 것이 좋습니다. 그룹과 리더의 영적 건강을 나타내는 지표와 측정치를 추적합니다.

2. 데이터는 어떻게 얻나요?

내 경험에 따르면 교회의 문화에 따라 답은 다양합니다. 소그룹 사역팀이 다른 교회 사역팀과 협력하여 데이터를 추적하고 공유하며 다양한 교회 영역의 동향을 관찰하는 절충적 접근 방식이 이상적이라고 생각합니다. 소그룹 리더들에게 1년에 두 번씩 소그룹에 대한 간단한 설문조사를 작성하도록 요청하는 것이 좋습니다. 웹사이트, 양식, 인터뷰, 기타 출처를 통해 귀중한 정보를 수집하는 방법에는 여러 가지가 있습니다.

그러나 더 중요한 것은 소그룹 인도자와 CL 사이의 정직하고 열린 관계입니다. 리더 지원팀은 항상 귀를 기울이고 소그룹의 상황과 하나님께서 사역을 통해 움직이시는 방식에 대해 알고 있어야 합니다.

3. 데이터를 수집하는 동안 개인 정보를 어떻게 존중하나요?

그룹 리더와 멤버들의 신뢰를 유지하는 것이 중요합니다. 이들의 정보가 안전하게 보호되고 적절한 당사자만 정보에 연결하고 처리할 수 있도록 하세요. 양식에 이를 언급하면 신뢰를 구축하는 데 도움이 됩니다.

일부 소그룹 리더는 민감한 정보를 공유하기를 꺼려할 수 있습니다. 나는 그룹에 보내는 소개 이메일에 나와 가족 사진을 포함시키고 간단한 개인사와 현재 삶의 단계를 공유하는 습관을 들이고 있습니다. 나는 개인 관리를 통해 빅 브라더 효과를 피하는 것이 필수 요건이라고 생각합니다.

가능하면 데이터 요청은 수신자와 개인적으로 아는 사람이 해야 합니다. 필요한 관계가 아직 구축되지 않았다면 관계를 구축하세요. 요청된 정보가 더 건강한 사역과 그룹 구성원을 더 잘 돌보는 데 기여할 수 있다는 점을 모든 기회를 통해 명확히 설명하세요.

4. 데이터를 어디에 어떻게 저장하고 연결하나요??

엑셀Excel은 많은 교회에서 유용하게 사용되고 있습니다. 여러 회사에서 교회용으로 특별히 설계한 소프트웨어도 있습니다. 서버, 계정, 문서가 비밀번호로 보호되어 있는지 확인하세요. IT 배경을 가진 평판이 좋은 사람이 이를 설정하고 적절한 사람들에게 사용법을 가르치는 데 큰 도움이 될 수 있습니다.

5. 데이터를 어떻게 분석, 이해, 사용하나요?

이러한 확고한 사실은 사람들의 삶에 대한 세부 정보로 더 나은 돌봄을 위해 사람과 집단의 현실을 이해하는 데 도움이 됩니다. 유효한 데이터를 정확하게 분석하면 더 나은 사역 결정을 내리는 데 도움이 됩니다. 예를 들어 새들백의 평균 그룹 규모가 4명으로 기록되어 있다는 사실은 많은 인도자가 명단을 업데이트하지 않는 현실을 숨기고 있습니다.

우리는 인도자와의 대화를 통해 그룹 명단을 최신 상태로 유지하는 커뮤니티 리더의 역할에 크게 의존하고 있습니다. 하지만 단순히 이름을 삭제하는 것을 넘어 회원들이 떠난 이유나 그룹이 모임을 중단한 이유를 물어보며 숫자 아래에 숨겨진 의미를 파악하기 위해 노력합니다.

사람들과의 데이터 대화를 고려할 때는 상대방이 당신의 마음을 볼 수 있도록 하는 것이 중요하며 데이터에 관한 한 눈은 사람들에게 있지만 다른 한 눈은 그들의 영원을 바라보는 것이 중요합니다.

> 유효한 데이터를 정확하게 분석하면 사역을 위한 더 나은 결정을 내리는 데 도움이 됩니다

Q4 계획 페이지

측정 진행 상황

작성 방법은 86~89페이지의 '질문 계획 페이지 작성 지침'을 참조하세요.

	걸음마	리더를 추적합니다: 스프레드시트(예: Excel)로 소그룹 리더를 추적합니다.
세부사항 추적	걷기	구성원 추적: 소그룹 리더와 개별 구성원을 추적하여 누가 연결되어 있고 누가 연결되어 있지 않은지 파악하세요.
	달리기	개발을 추적합니다: 개인 및 그룹이 취하고 있는 개발 다음 단계 또는 구성원이 수행하고 있는 책임 역할과 같은 그룹의 세부 사항을 추적합니다.

당신의 꿈	장애물	행동목표	타이밍
장기계획 (1~5년)			
단기계획 (1~12개월)			
	다른 행동들		

이 페이지를 완료한 후 이 계획 질문에 대해 가장 우선순위가 높은 행동에 표시하세요.
그 행동을 10장 221-223페이지의 우선순위 목록에 복사합니다.

6

거실 :
소그룹에서 성장하는 사람들

Q5 - 성숙한 제자를 어떻게 정의하고 개발할 것인가?
Q6 - 소그룹 생활에서 어떤 결과를 원하는가?
Q7 - 사역을 위한 지도자를 어떻게 개발할 것인가?
Q8 - 소그룹 인도자들에게 필요한 어떤 지원 자료가 필요한가?

목자로서의 당신 역할이 바로 여기에 있습니다. 목자는 사역을 통해 사람들이 갈 수 있는 길을 정의하고 양들이 그 길을 찾고 그들이 어디로 향하고 있는지 알 수 있도록 의도적으로 노력해야 합니다. 성장과 사역의 경로가 명확하게 정의되어 있지 않으면 양들이 정처 없이 방황할 위험이 있습니다. 그러면 사역을 준비하고 사람들을 소그룹으로 연결하는 모든 노력이 헛수고가 될 것입니다.

Q5 성숙한 제자를 어떻게 정의하고 개발할 것인가?

당신이 어디로 향하고 있는지 모른다면 당신이나 교회의 다른 사람들은 어떻게 그곳에 도달할 수 있을까요? 더 좋은 방법은 '그곳'이 어디라는 것일까요? 최종 목적지를 모른다면 어떻게 사람들을 훈련하고, 도구를 만들고, 커리큘럼을 제공하고, 안내하고, 코칭할 수 있을까요? 이 단계의 각 질문은 이러한 질문을 해결하여 교회에서 명확성을 가질 수 있도록 도와줄 것입니다.

예수님의 제자들에게 성공이란 무엇인가요?

예수님은 지상 명령에서 우리에게 제자를 삼으라고 명령하셨습니다. 교회에서, 특히 소그룹 사역에서 이 임무를 완수하려면 우리가 무엇을 만들고 있는지 이해해야 합니다. 성숙한 제자란 무엇인가요? 성숙한 제자란 지상 명령과 지상 계명의 균형을 마음속에서 성공적

그림 6.1

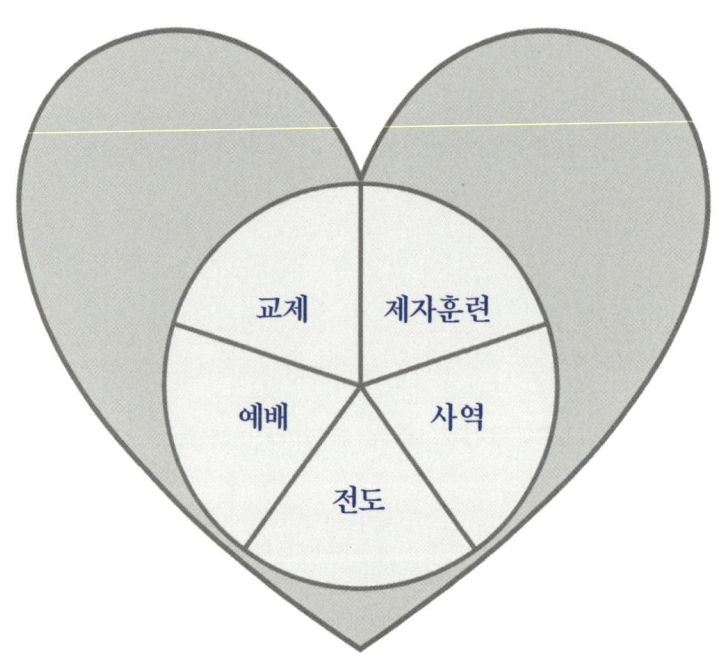

으로 이루는 사람이라고 생각합니다(그림 6.1 참조).

새들백에서 성공하고 성숙한 제자는 하나님이 주신 목적을 이해하고 실천하는 사람입니다. 어떤 면에서 그 목적은 개인에게 고유하지만 모든 제자에게 공통적인 측면은 교제, 제자훈련, 사역, 전도, 예배라는 지상 명령과 지상 계명에서 비롯됩니다. 우리는 이 다섯 가지 목적을 향해 교회의 모든 노력을 기울이고 있으며 소그룹도 이 다섯 가지 목적을 모두 목표로 삼도록 안내합니다. 이것이 성공적이고 성숙한 제자를 정의하는 다섯 가지 핵심 요소입니다.

각자의 모델은 다를 수 있지만 교회는 성숙한 제자의 성공을 정의할 필요가 있습니다. 이 세상에 결점이 없는 완벽한 사람은 없다는 것을 이해하면서 "만약 내 옆에 '완벽한' 제자가 있다면 그 사람은 어떻게 행동할까요? 그 사람은 어떤 사람이 될까요? 그 사람의 삶에서 어떤 것이 나올까요?"라고 자문해 보세요. 교회에서 아직 성숙한 제자에 대한 정의를 내리지 못했다면 다음과 같이 몇 가지 단계를 밟아 보세요.

1. 담임목사와 함께 제자의 정의에 대해 함께 일할 사람을 선택합니다.
2. 예수님의 지상 생애, 즉 예수님이 하셨던 일과 말씀에 관해 공부합니다.
3. 예수님의 기도에 관해 공부합니다. 예수님은 무엇을 위해 기도하셨나요?
4. 함께 답을 브레인스토밍하고 모든 아이디어를 적습니다.
5. 각 아이디어가 설명하는 속성 아래에 아이디어를 묶습니다.
6. 이를 주요 테마로 압축합니다.
7. 모두가 기억할 수 있는 한 문장으로 정의합니다.

이 정의는 교회가 하는 모든 일의 창끝이 되어야 합니다. 왜냐하면 이것이 바로 당신이 모든 사람에게 창조하고자 하는 것이기 때문입니다. 모든 사역, 프로그램, 훈련, 도구, 강조점은 사람들에게 이 정의를 가리킬 것입니다. 교회가 소그룹 사역을 시작하고 싶을 때 목표를 명확하게 제시하면 어디로 가야 할지 안내해 주기 때문에 이 단계로 안내합니다.

파는 만큼 사세요

성숙한 제자는 당신이 정의한 대로 성공할 뿐만 아니라 성공의 모델이기도 합니다. 그들은 다른 사람들도 그렇게 하도록 영향을 미치는 방식으로 그리스도를 닮은 삶을 살아갑니다. 새들백에서는 모든 소그룹 리더와 멤버들이 고린도후서 13장 5절의 말씀에 따라 매년 영적 건강 평가와 영적 건강 플래너를 사용하여 영적 온도를 점검하도록 권장합니다. "너희가 믿음에 굳건한지 스스로 시험해 보십시오. 모든 것을 당연하게 여기며 표류하지 마세요. 정기적으로 검진받고… 스스로를 시험해 보세요. 테스트에 실패하면 무언가 조치를 취하세요."(MSG)

다른 좋은 평가 및 계획 도구도 있습니다. 사람들이 관계적 책임감 속에서 성장 단계를 계속 밟아나갈 수 있도록 무언가를 사용하는 것이 중요합니다. www.SmallGroups.net/store에서 평가 및 플래너의 전자 버전을 다운로드하여 성공적이고 성숙한 제자에 대한 정의에 맞게 수정할 수 있습니다.

리더십 팀 전체가 성숙과 지속적인 성장의 모범을 보이고 그룹 구성원들에게도 그렇게 하도록 도전하여 모범을 보이도록 계속 격려하세요.

우리는 함께할 때 더 좋습니다

하나님은 서로가 서로를 필요로 하도록 우리를 만드셨습니다. 성숙한 제자를 양육하는 한 가지 방법은 소그룹 공동체에서 영적 동역자를 만나는 것입니다. 나는 소그룹 구성원 각자에게 영적 파트너가 있는지 확인하는 것이 가치 있는 목표라고 제안합니다. 이렇게 하면 의지할 사람이 있고 누구도 홀로 서지 않아도 됩니다. 우리는 함께할 때 더 나아지죠! 앞서 말했듯이 고립은 사탄이 그리스도인을 탈선시키기 위해 사용하는 강력한 도구입니다. 파트너는 종종 차이를 만듭니다.

둘이 하나보다 낫습니다
노동에 대한 보상이 좋기 때문입니다
둘 중 하나가 쓰러지면
하나는 다른 하나를 도울 수 있습니다
그러나 넘어져도 도와줄 사람이 없는 사람은
아무도 그들을 도울 사람이 없습니다
또한 두 사람이 함께 누우면 따뜻하게 지낼 수 있습니다
그러나 어떻게 혼자서 따뜻하게 지낼 수 있습니까?
한 사람은 제압당할지라도
둘은 스스로를 방어할 수 있습니다.
세 가닥의 줄은 쉽게 끊어지지 않습니다 (전도서 4:9-12)

누가 당신을 도와줄까요? 당신은 누구를 돕겠습니까?

Q5 계획 페이지

성숙한 제자를 정의하고 발전시키기

작성 방법은 86~89페이지의 '질문 계획 페이지 작성 지침'을 참조하세요.

시간단위		
	걸음마	정의하기: (교회 지도자와 함께) 성숙한 제자가 무엇인지, 그들이 나타내는 특성과 그들이 하는 일이 무엇인지 정의합니다.
	걷기	개발: 영적 건강 평가 및 플래너를 만들어 소그룹 리더들과 함께 사용하기 시작하세요.
	달리기	배포: 리더들과 함께 도구를 사용하면서 피드백을 받고 적절하게 개선한 다음 소그룹에 속한 모든 사람에게 평가와 플래너를 배포하세요.

	당신의 꿈	장애물	행동목표	타이밍
장기계획 (1~5년)				
단기계획 (1~12개월)				
		다른 행동들		

이 페이지를 완료한 후 이 계획 질문에 대해 가장 우선순위가 높은 행동에 표시하세요.
그 행동을 10장 221-223페이지의 우선순위 목록에 복사합니다.

소그룹 생활에서 어떤 결과를 원하는가? Q6

소그룹이 일주일에 두 시간씩 모이는 것만으로는 성숙한 제자를 양육하는 데 소그룹이 할 수 있는 역할을 다할 수 없습니다. 그렇기 때문에 나는 소그룹 모임뿐만 아니라 '소그룹 생활'의 결과라는 측면에서 이야기합니다. 그룹 구성원들은 매주 나머지 166시간 동안 서로의 성숙을 돕기 위해 훨씬 더 많은 일을 할 수 있습니다.

소그룹의 목적은 성숙한 제자를 양육하는 것이므로 소그룹에서 원하는 결과를 선택하는 것은 성숙한 제자에 대한 정의에 따라 결정됩니다. 제자가 어떤 사람이 되기를 원하든 소그룹을 통해 그런 사람이 배출되어야 합니다. 예를 들어 새들백교회에서는 소그룹을 통해 그룹 구성원들의 삶에서 교제, 제자훈련, 사역, 전도, 예배가 이루어지기를 원합니다. 다시 말해 우리는 소그룹을 통해 사람들이 예수님의 지상 명령과 지상 계명을 성취하도록 돕기를 원합니다. 그룹에서 목표로 하는 결과는 당신이 배출하고자 하는 성숙한 제자의 유형에 따라 결정되어야 합니다.

나는 소그룹 생활의 결과를 균형, 하나가 되기, 존재라는 측면에서 생각하는 것을 좋아합니다.

소그룹 생활에 균형 가져오기

건강한 그룹은 성숙한 제자의 모든 측면에 중점을 두어 삶의 균형을 유지합니다. 예를 들어 새들백에서는 각 그룹 구성원의 마음에 지상 명령과 지상 계명을 새기기 위해 노력하므로 그룹 활동은 성경의 다섯 가지 목적을 모두 목표로 합니다.

1. 교제

소그룹 구성원들이 잘 지내고 있나요? 모임이 재미있나요? 보통 웃음이 많고 맛있는 음식이 제공되나요? 그렇다면 교제가 잘 이루어지고 있는 것이겠죠? 꼭 그렇지는 않습니다. 표면적인 교제는 그저 함께 어울리고 즐거운 시간을 보내는 것에 불과합니다. 그러나 진정한 교제는 사람들이 세상에 보여 주는 표면적인 이미지 아래로 내려갑니다. 진정한 교제는 사람들을 서로 연결해 줄 뿐만 아니라 그리스도와도 연결해 줍니다.

2. 제자훈련

성경 공부를 하는 것은 제자도의 한 부분일 뿐입니다. 안타깝게도 그룹 대부분이 성취하는 유일한 부분인 경우가 많습니다. 그러나 의도를 가지고 집중한다면 그룹 구성원들은 제자도를 하나님의 말씀을 배우는 것뿐만 아니라 삶의 모든 면에서 그 진리를 실천하는 것으로 바라보기 시작할 수 있습니다. 그들은 자신의 영적 다음 단계를 구별하고 취하기 시작하고 다른 사람들이 자신의 다음 단계를 구별하고 취하도록 도울 수 있습니다.

3. 사역

소그룹은 매주 모이는 모임 그 이상이어야 하며 그리스도의 몸 안에 있는 사람들의 필요를 채우고 사역에 참여해야 합니다. 때때로 사람들이 함께 위기를 헤쳐 나갈 때 그룹에서 바로 사역이 이루어질 것입니다. 다른 때는 지체 안에서 다른 사람들을 돕기 위해 그룹 구성원이 각자의 고유한 은사를 사용합니다. (Q11과 Q12에서 자세히 살펴보세요)

4. 전도

새들백의 모든 소그룹은 세상을 향한 사명을 가지고 있으며 우리는 그룹이 그것에 집중하기를 바라지만 동시에 그들이 사는 선교지, 즉 일주일 내내 접촉하는 이웃이나 영향력 있는 사람들을 잊지 않기를 원합니다. 소그룹은 회원들이 이웃과 친구들을 위해 기도하고 아직 그리스도를 따르지 않는 사람들과 다리를 놓을 수 있는 활동을 계획하도록 유도할 수 있는 좋은 장소입니다. 전도는 개인적으로, 지역적으로, 전 세계적으로 이루어질 수 있습니다 (8장 참조).

5. 예배

새들백에서는 소그룹에서 하나님의 임재에 초점을 맞추고 노래, 기도, 찬양 및 기타 경험을 통해 우리의 사랑을 표현하는 예배의 시간을 마련하기 위해 노력합니다. 예배의 핵심은 항복이며 소그룹은 사람들이 산 제물로 살도록 도울 수 있습니다. 로마서 12장 1절은 "그러므로 형제들아 내가 하나님의 모든 자비하심으로 너희를 권하노니 너희 몸을 하나님이 기뻐하시는 거룩한 산 제물로 드리라 이는 너희가 드릴 영적 예배니라"라고 말씀합니다. 단체 생활은 회원들이 그리스도인의 길을 성공적으로 걷는 데 필요한 지원을 받음으로써 회원들 간의 투명성을 장려합니다. 이러한 투명성 증대는 예배를 위한 비옥한 토양을 제공합니다.

그룹마다 조금씩 다르게 진행하지만 모든 그룹에서 우리가 원하는 결과는 사람들이 하나님을 향해 함께 성장하는 것입니다. 우리가 정의하는 제자훈련 또는 배움은 성숙한 제자의 일부이기 때문에 우리는 항상 하나님의 말씀 속으로 뛰어들어 말씀과 서로에게서 배우는 것에 중점을 둡니다. 또한 매주 그룹별로 기도 제목과 찬양을 나누고 서로의 기도 응답과 개인적인 승리에 귀 기울이는 시간을 가집니다. 그리고 그룹 생활은 모임 외에도 계속 이어지므로 회원들은 일주일 내내 서로를 위해 기도하고 함께 기도할 것을 권장합니다.

> *각 구성원의 기여는 지상 명령 또는 대계명의 한 부분으로 집중될 것입니다*

사역은 성숙한 제자에 대한 우리의 정의의 일부이므로 우리는 그룹 멤버들이 서로를 섬기고 서로를 세워가며 성숙을 향해 서로를 도울 것을 기대합니다. 영적 형성은 멤버마다 다르기 때문에 각 개인이 그룹에서 필요로 하는 것은 다양합니다. 그러나 그리스도의 몸의 모든 지체가 서로의 삶에서 각자의 기능을 다 할 때 어떤 삶이 닥쳐와도 서로를 지탱할 수 있는 끊을 수 없는 유대를 형성합니다.

리더 혼자서 성경의 다섯 가지 목적을 모두 달성하여 성숙한 제자를 배출할 수 있다고 기대하지 않습니다. 그룹에 속한 모든 사람이 균형 잡힌 그룹 생활에 기여해야 합니다. 각 구성원의 기여는 지상 명령 또는 지상 계명 중 한 부분에 집중될 것입니다. 리더의 역할 중

하나는 각 사람이 자신이 '10'인 영역, 즉 개인의 영적 은사를 찾도록 돕는 것입니다. 그런 다음 그것을 활용하세요.

이렇게 하면 다른 구성원들의 실제적, 영적 필요를 충족시킬 수 있을 뿐만 아니라 기여자는 자신이 변화를 일으키고 목적을 달성하고 있기 때문에 가치 있다고 느낄 것입니다. 사람들은 자신이 필요하다는 느낌을 받고 싶어 합니다. 어떤 멤버는 단순히 음료를 갖다주는 것에서 성취감을 느낄 수 있습니다. 또는 초보자나 소심한 사람에게는 시작점이 될 수도 있습니다. 그룹 문제를 해결하기 위해 구성원의 기여를 활용할 수도 있습니다. 만성적으로 지각하는 멤버가 있다면 그 멤버의 집으로 모임을 옮기는 것도 고려해 보세요. 그룹 구성원 간의 책임 분배에 대해서는 7장에서 자세히 설명하겠습니다.

하나님이 원하시는 모습이 되도록 제자들을 돕기

성숙한 제자에 대한 당신의 정의에 따라 각 그룹 구성원이 어떤 사람이 되기를 원하는지가 결정됩니다. 그룹 구성원에게는 이러한 성장 과정이 위험하게 느껴질 수 있으며 때로는 걸음마 단계로 신앙을 성장시켜야 할 수도 있습니다. 하나님이 원하시는 제자가 되는 과정에 두려움이 없도록 구성원들을 어떻게 도울 수 있는가?(그림 6.2 참조).

그림 (6.2)

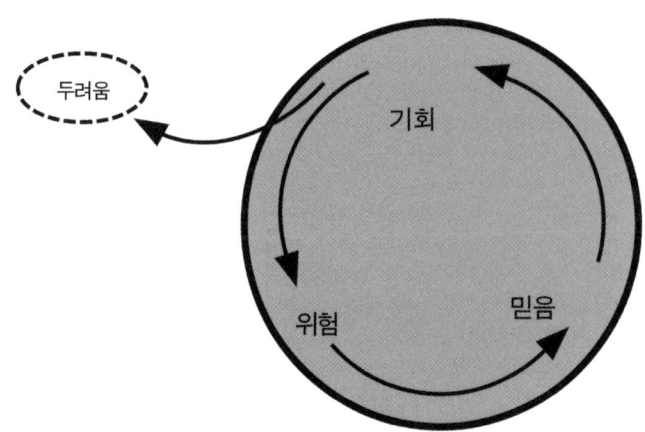

그룹 구성원에게 새롭고 위험한 일을 할 기회가 왔다고 가정해 봅시다. 마귀는 두려움으로 신자들을 마비시키고 싶어 하지만 예수님은 그들이 믿음으로 나가서 위험을 감수하기를 원하십니다. 그룹 리더나 동료 그룹원은 앞서 설명한 걸음마~걷기~뛰기 진행 방식에 따라 이 사람에게 작은 것부터 시작하도록 격려할 수 있습니다. 걸음마 수준의 위험은 받아들이기 쉽고 성공 가능성도 큽니다. 성장하는 제자가 그 작은 발걸음을 내딛고 성공하면 그 사람의 믿음은 더욱 강해집니다. 그러면 그 사람은 다음 기회를 더 잘 준비할 수 있고 두려움을 극복하고 새로운 위험을 감수할 가능성이 커집니다.

부모는 항상 자녀와 함께 이 과정을 거칩니다. 그리고 하나님도 자녀들과 함께하십니다. 하나님의 마음을 따르던 다윗은 양을 돌보던 중 사자로부터 양 떼를 지켜야 하는 상황에 처했습니다. 다윗이 사자를 죽이자 곰 한 마리가 따라왔어요. 다윗은 곰을 처리한 후 골리앗을 상대했습니다. 다윗의 믿음은 단계적으로 성장하여 더 크고 위험한 믿음의 행동을 할 수 있도록 준비되었습니다. 이것이 하나님께서 다윗을 양을 돌보는 일에서 이스라엘 민족을 돌보는 일로 졸업시킨 방법입니다(시 78:70-72 참조). 그리고 이것은 예수님의 제자들이 건강한 소그룹 안에서 성숙한 제자로 성장하는 발달 과정입니다.

그렇다면 당신의 그룹에서는 어떻게 이런 과정이 이루어질 수 있을까요? 누구나 성공하기를 원하지만 아무리 성공한 사람이라도 영적 성장의 기회에 직면하면 겁을 먹을 수 있습니다. 성경은 서로가 그리스도를 닮은 결과를 향해 전진하도록 도울 수 있는 다양한 방법을 제시합니다.

- 격려합니다: "당신은 할 수 있습니다. 하나님이 도와주실 것입니다."
- 도전: "걷거나 뛰기 전에 기는 것부터 시작하세요. 포기하지 마세요. 자신의 한계에 대해 들었던 거짓말을 믿지 마세요. 다음 단계로 나아가세요."
- 지지하기: 곁에 서서 함께 기도하며 힘을 얻으세요.
- 도구 제공: 사람들이 필요한 지식, 기술, 경험을 가르치고, 훈련하고, 제공합니다.

소그룹 구성원들이 성숙한 제자가 되기 위해 사용할 수 있는 도구를 계속 찾거나 개발하세요.(목적 있는 소그룹 인도하기, 250가지 큰 아이디어, 혼자 인도하지 마세요. 모두 www.SmallGroups.net/store에서 아이디어를 찾을 수 있습니다) 이러한 아이디어를 적용하거나 자신만의 아이디어를 만들어 리더와 멤버들이 하나님이 의도하신 모습으로 성장하도록 도와주세요.

제자들이 일관성 있게 자기 모습을 유지하도록 돕기

삶이 계획대로 흘러가지 않을 때 '존재'는 그룹 구성원들이 상황에도 불구하고 굳건히 하나님을 신뢰하도록 돕습니다. 새들백에서는 CLASS시스템(특히 CLASS 201)을 사용하여 사람들에게 확고한 기초 위에 세워진 그리스도인이 되는 방법을 보여 줍니다. 우리는 '존재'의 적인 바쁨, 물질주의, 고립이라는 오렌지 카운티Orange County, 새들백교회가 위치한 지역이름-편집자 주의 거인들을 물리치도록 가르칩니다. 또한 소그룹 커리큘럼을 통해 이를 제공합니다. 이것은 그룹이 '나'에서 벗어나 '그리스도 안에서의 존재'에 집중할 수 있는 출발점이며 안전하고 견고합니다. 교회에서 성도들 안에 있는 '존재'를 고정하기 위한 출발점은 무엇인가요?

www.SmallGroups.net/free에서 무료 영적 성장 도구가 담긴 폴더를 다운로드하여 교회에 맞게 적용할 수 있습니다. 이 도구들은 사람들을 첫 번째 단계를 넘어서는 단계로 인도합니다. 이러한 도구와 다른 도구들은 그룹에서 사용할 수 있지만 대부분 그룹은 그룹 모임 외 시간에 회원들이 개인별 성장 단계를 밟도록 합니다.

다시 한번 말씀드리지만 그룹마다 각기 다른 모습이지만 회원들의 확고한 '존재'를 장려하는 관행으로 모든 그룹이 매주 기도 제목과 찬양을 나누고 서로를 위해 기도하는 시간을 갖기를 권장합니다. 또한 회원들이 한 주 내내 서로를 위해 계속 소통하고 기도할 것을 권장합니다. 물론 그룹 내 학습 요소는 그룹원들이 지속적으로 그리스도와 그분의 말씀 안에 거하며 말씀과 서로에게서 배우도록 하는 데 중요합니다.

커리큘럼

소그룹에서 무엇을 공부할 것인가는 소그룹이 교회의 최종 목적인 성숙한 제자 양육을 달성하기 위한 가장 중요한 선택 중 하나입니다. 새들백교회에서는 그룹 구성원들이 균형 잡힌 방식으로 지상 명령과 지상 계명을 성취하도록 돕기 위해 개발된 비디오 커리큘럼을 사용합니다. 개별 커리큘럼 학습 시리즈는 교제, 제자훈련, 사역, 전도, 예배 등 다섯 가지 성경적 목적에 따라 분류됩니다.

우리는 소그룹 리더가 그룹의 학습 과정을 선택할 때 따를 수 있는 커리큘럼 경로를 제공합니다. 모든 그룹이 이 커리큘럼을 정확히 따르는 것은 아니지만 필요한 사람들에게 중요한 지침을 제공합니다(부록 참조). 새 그룹은 특히 '커리큘럼 마비'에 빠지기 쉬우므로 젊은 그룹이 우유부단해지지 않도록 두 가지 선택지만 제공합니다.

많은 교회가 비디오 커리큘럼을 제작할 여력이 없다고 생각합니다. 하지만 내가 배운 한 가지 사실은 교회 참석자들은 목자의 말씀을 듣고 싶어 하며 비록 영상의 품질이 부족하더라도 이해한다는 것입니다. 제한된 예산으로도 교회의 시스템과 목적을 지원하는 그룹을 위한 비디오 커리큘럼을 쉽게 제작할 수 있습니다. 오늘날의 스마트폰은 이러한 목적을 달성하기에 충분한 화질을 제공합니다. 담임 목회자의 오래된 설교 시리즈 중 하나만 있으면 20분 분량의 비디오 클립을 개발할 수 있습니다. 그룹 토론을 유도하는 데 필요한 것은 서너 개의 질문(여는 질문, 가르침을 진행하기 위한 몇 가지 질문, 적용 질문)뿐입니다.

Q6 계획 페이지

소그룹 생활의 결과

	걸음마	**균형**: 소그룹이 주간 모임 외에 함께 봉사하는 시간을 갖도록 가르칩니다.
제자도 시아 들	**걷기**	**하나가 되기**: 소그룹 리더에게 각 구성원에게 다음 영적 단계를 제안해 달라고 요청하고, 리더는 구성원들이 다음 단계로 나아갈 수 있도록 부드럽게 인도하는 기술을 코치합니다.
	달리기	**커리큘럼**: 소그룹의 비전과 사명을 뒷받침하는 커리큘럼 경로를 개발합니다.

작성 방법은 86~89페이지의 '질문 계획 페이지 작성 지침'을 참조하세요.

당신의 꿈	장애물	행동목표	타이밍
장기계획 (1~5년)			
단기계획 (1~12개월)			
	다른 행동들		

이 페이지를 완료한 후 이 계획 질문에 대해 가장 우선순위가 높은 행동에 표시하세요.
그 행동을 10장 221-223페이지의 우선순위 목록에 복사합니다.

사역을 위한 지도자를 어떻게 개발할 것인가?

Q7

 소그룹 인도자들과 대화할 때나 컨퍼런스에서 가장 많이 나오는 질문은 교회에 충분한 소그룹 인도자를 어떻게 찾을 수 있느냐하는 것이고 그다음에는 어떻게 인도자를 개발하고 훈련할 수 있느냐하는 질문으로 이어집니다. 하지만 교회에 리더가 충분하지 않은 것이 문제일까요? 아니면 우리가 사용하는 과정이 문제일까요?

리더십에 대한 예수님의 낮은 기준

 새들백의 철학 중심에는 두 가지 원칙이 있습니다. 첫째, 우리는 예수님께서 제자들을 모집하고 개발하신 방식을 모델로 삼아 리더를 개발합니다. 제자가 되기 위한 예수님의 첫 번째 요건은 "나를 따르라"(마 4:19)였습니다. 3년 후 제자들은 예수님을 위해 기꺼이 죽음을 택했습니다. 신약성경에서 예수님은 제자들을 '와서 보라' 사고방식에서 '와서 죽으라의' 사고방식으로 성장시키는 것을 볼 수 있습니다. 예수님은 제자들을 하나의 과정을 거치게 하셨습니다. 예수님은 기대치를 낮추지 않으셨지만 계획을 세우셨습니다. 우리의 소그룹 리더십 개발 과정은 인도자를 "와서 구경하는" 단계에서 "와서 죽는" 단계로 이끄는 것과 같은 일을 하려고 합니다. 이제 우리에게 이것은 육체적 죽음을 의미하는 것이 아니라 예수님의 하나님 나라 사업을 하기 위해 자아, 시간, 재정에 대해 영적으로 죽는 것을 의미하기를 바랍니다!

> 자신이 리더라고 생각하는데 추종자가 없다면 그냥 산책하는 것입니다

두 친구

 우리는 남용을 방지하기 위한 보호 장치를 마련하고 있으므로 최소 두 명의 친구가 있는 사람이라면 누구나 동영상 커리큘럼을 통해 그룹을 시작할 수 있습니다. 리더십의 기초는 팔로워입니다. 팔로워의 현대적 의미는 친구입니다. 리더십을 위한 최소한의 출발점은 "친

구가 두 명 있습니까?"입니다. 자신이 리더라고 생각하면서 팔로워가 없다면 그것은 그냥 산책하는 것과 같습니다. 우리 교회에는 교회가 소그룹을 채우기를 원하는 리더가 되고 싶은 사람들이 있습니다. 하지만 우리는 '그룹을 이끌고 싶다고요? 좋아요! 친구 두 명을 데리고 그룹을 시작하세요.'라고 말하면 리더가 되려는 사람들은 두 가지 반응 중 하나를 보입니다. 친구 두 명을 데리고 그룹을 시작하거나 팔로워로 소그룹에 배치되기를 요청합니다.

당신이 무슨 생각을 하는지 압니다. 만약 우리 교회에 다니는 사람이 크리스천이 아닌데 친구 두 명과 함께 그룹을 시작하고 싶어 한다면 어떻게 해야 할까요? 먼저, 그 사람의 친구들도 아마 그리스도를 따르지 않을 것입니다. 이 그룹이 만나서 동영상 커리큘럼을 따른다면 믿지 않는 친구들이 전도될 것입니다. 둘째, 나는 이 사람들이 우리 교회를 파괴하기 위해 잠복 조직을 시작했다고 생각하지 않습니다. 그들은 우리 교회를 좋아합니다. 셋째, 어떤 사람들은 이 그룹이 우리 교회의 도덕적 구조를 파괴하고 있다고 말합니다. 그러나 불신자 그룹이 주말 예배에 참석하고 그 후에 메시지를 주제로 토론했다고 가정해 봅시다. 그들이 모여서 설교에 관해 토론하는 것을 지지하시겠습니까? 여러분 중 100%가 그렇다고 대답할 것이라고 확신합니다. 불신자들이 친구 몇 명과 함께 모여 비디오 커리큘럼을 시청하고 토론하는 것이 바로 우리 교회의 모습입니다. 우리는 그들과 긴밀한 연락을 유지하고 있습니다. 무료 스타터 커리큘럼이나 캠페인 커리큘럼을 선택하면 연락처 정보를 수집하여 커뮤니티 리더에게 소개하고 커뮤니티 리더는 후속 조치를 취하며 그들과 친해집니다. 커뮤니티 리더의 첫 번째 임무는 그들에게 그리스도가 필요한지 아니면 장기적인 리더십을 위한 훈련이 필요한지 알아내는 것입니다.

다른 안전장치도 있습니다. 예를 들어 우리 웹사이트에서 소그룹을 검색하면 리더가 교회 회원일 때까지 특정 그룹이 표시되지 않습니다. 우정을 통해 유기적으로 그룹을 시작하면 다음과 같은 이점이 있습니다.

1. 낯선 사람의 집에 가는 것이 어색하지 않습니다. 친구들이 이미 그곳에 있기 때문입니다.
2. 이미 친구들이 함께 모이기 때문에 일정에 문제가 없고 기존의 우정이 목적을 가지고 더 깊게 발전할 수 있습니다.
3. 여름과 공휴일에는 친구들이 모이는 것을 좋아하기 때문에 일정에 문제가 없습니다.

소그룹 리더를 선정할 때는 교회 리더십이 교회에 가장 적합하고 유익한 방법을 결정해야 합니다. 이것은 새들백교회에서 가장 최근에 찾은 방법입니다.

그림 6.3

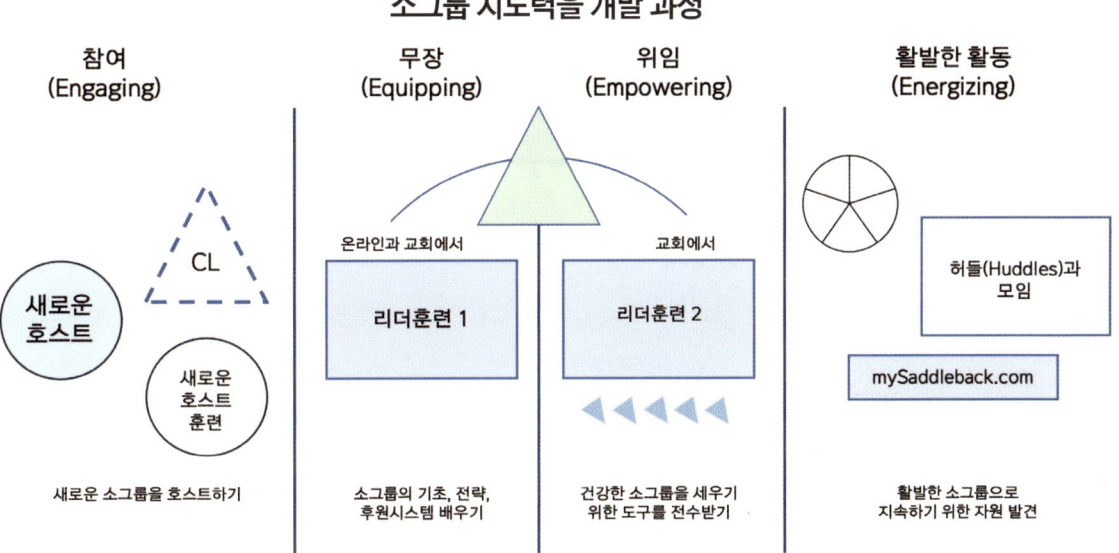

성장하는 지도자를 위한 통로

지도자를 개발하기 위한 경로가 필요합니다. 그 예로 그림 6.3에서 새들백의 소그룹 리더십 개발 경로를 설명합니다.

이 경로의 목표는 궁극적으로 인도자들을 영적으로 강하고 경건하며 그룹을 새로운 차원의 활력으로 성장시키는 리더로 개발하는 것입니다. 이 경로는 참여, 준비, 권한 부여, 활력 부여의 네 단계로 구성되며 각 단계는 그리스도의 부르심에 더 큰 헌신을 요구합니다.

리더의 참여 유도하기

먼저, 영적 여정에서 현재 어느 단계에 있는지부터 리더들의 참여를 유도해야 합니다. 새 인도자가 가입하는 즉시 이 작업을 시작합니다. 앞서 설명했듯이 우리는 캠페인을 통해 새 인도자로 등록하도록 사람들을 초대하고 약 6주 동안 두 명 이상의 친구와 함께 그룹을 시작하여 소그룹을 많이 만듭니다. 그런 다음 새 그룹을 커뮤니티 리더(CL)에게 배정합니다. 가능하면 기존 관계에 따라 새 인도자를 이미 알고 있는 CL과 연결해 주는 방식으로 배정합니다. 그 후에는 지역 및 기타 요인을 고려합니다.

신규 인도자는 CL을 소개하는 이메일과 함께 이용할 수 있는 다양한 교육 동영상에 대한 정보를 받게 됩니다. 첫 연락 후 CL은 세 차례의 전화 통화를 통해 후속 조치를 취합니다. 첫 번째 소그룹 모임 전에 전화를 걸어 새 인도자를 위해 기도하고 격려합니다. 그런 다음 CL은 첫 모임이 끝난 후 전화를 걸어 모든 것이 어떻게 진행되었는지 확인하고 인도자에게 필요한 팁과 도구 등을 제공합니다. 세 번째 전화는 3주에서 4주 정도에 진행 상황을 확인하고 인도자가 그룹의 다음 커리큘럼을 선택할 수 있도록 도와주며 소그룹이 성숙해짐에 따라 CL이 필요한 것이 있으면 언제든지 연락할 수 있음을 인도자에게 상기시키기 위해 이루어집니다.

실제로 어떤 그룹은 계속되고 어떤 그룹은 그렇지 않은데 이는 인생의 일부입니다. 그룹이 계속 진행되면 CL은 인도자가 다음 단계의 리더십으로 나아갈 수 있도록 안내하는 관계를 맺게 됩니다. 그룹이 지속되지 않는 경우 인도자의 그룹 멤버에게 연락하여 새로운 그룹을 시작하거나 기존 그룹에 합류하는 것을 고려하도록 요청할 수 있습니다.

리더 역량 강화: 리더 교육 1

신규 리더는 기본 교육을 통해 이해와 습관의 기초를 다질 필요가 있습니다. 준비 단계에서는 온라인, 소수의 리더 그룹 또는 캠퍼스 내 수업에서 몇 가지 중요한 기본 사항을 제공합니다. 인도자에게 설명합니다.

- 소그룹이 교회 시스템에 적합한 방법
- 그룹 개발 초기 단계를 위한 생존 팁
- 영적 건강 평가 및 영적 건강 플래너 사용을 포함한 영적 건강에 대한 소개
- 인도자 지원을 위해 마련된 모든 시스템 소개

이 교육은 모듈로 세분화되어 있으며 기존 강의실, 플립러닝(개인 동영상 시청 후 강의실 통합), 온라인 교육 등 다양한 학습 스타일에 맞게 제공됩니다. 전통적인 강의실 방식의 학습을 선호하는 사람은 40%에 불과하다는 사실을 발견했습니다. 모든 리더가 필요한 교육을 효과적으로 받을 수 있도록 교육 방법을 조정하는 것이 중요합니다.

또한 연속성을 보장하기 위해 리더가 현재 단계가 끝나기 전에 다음 단계의 교육에 등록하도록 하세요.

리더의 역량 강화: 리더 교육 2

기본 교육 외에도 리더는 기술과 경험을 연마하기 위해 지속적인 교육이 필요합니다. 리더가 자신감을 가질 때 가장 효과적으로 인도할 수 있으며 리더는 특정 사역과 교회 환경에서 잘 인도하는 방법을 보여 줌으로써 자신감을 키울 수 있습니다.

우리는 캠퍼스 밖에서 관계 형성에 도움이 되는 환경과 방식으로 리더 훈련 2를 제공합니다. 이를 통해 인도자는 지상 명령, 십계명과 관련된 성경의 다섯 가지 목적(교제, 제자훈련, 사역, 전도, 예배)에 대해 안내받게 됩니다. 또한 그룹 플래너를 사용하여 각 소그룹에 맞는 다섯 가지 목적에 대한 실제적인 계획을 세우도록 가르칩니다. 각 모듈식 module 교육은 걸음마, 걷기, 달리기 예시를 제공하며 인도자가 그룹에서 실행 계획을 세우는 데 도움을 줍니다. 커뮤니티 리더가 이 부분을 가르치도록 권장합니다.

리더에게 활력 불어넣기

모든 리더는 지속적인 지원과 준비가 필요합니다. 베테랑 리더도 관점을 잃거나 매너리즘에 빠질 수 있습니다. 사역의 비전과 사명을 달성하기 위해 모든 사람이 목표를 향해 나아갈 수 있도록 하는 유일한 방법은 이러한 훈련 프로그램을 자주 반복하고 다른 지속적인 훈련 주제와 함께 리더를 신선하고 효과적으로 유지하는 것입니다.

새들백의 활력을 불어넣는 단계에서는 인도자와 지속적으로 협력하여 그룹이 지상 명령과 지상 계명 사이의 균형을 성공적으로 유지할 수 있도록 지원합니다. 이를 위해 커뮤니티 허들Huddles. 모임과 연례 리더 모임을 자주 개최합니다.

커뮤니티 허들은 지역별로 묶인 2~3명의 인도자가 6~8주마다 모여 서로를 배우는 그룹입니다. 우리는 두 가지 형식으로 허들을 제공합니다. 첫 번째 형식에서는 인도자가 모여 커뮤니티 리더 교육(일반적으로 리더 교육 2의 모듈을 중점적으로 다룸)을 받고 서로의 경험에서 인사이트를 얻습니다. 두 번째 형식은 칭찬, 문제, 계획, 기도라는 '4P'를 중심으로 시간을 구성합니다. 각 인도자는 좋은 것(칭찬)을 나누는 것으로 시작합니다. 그런 다음 인도자는 자신의 그룹에서 발생한 문제에 대해 다른 리더들에게 이야기하고 허들에서는 이를 가장 잘 처리할 수 있는 방법에 대해 논의합니다. 계획은 각 인도자가 소그룹을 건강하게 유지하기 위해 적극적으로 행동하도록 안내합니다. 그리고 다른 인도자들은 허들 사이에 서로를 위해 기도하기로 약속하고 서로를 알아가는 데 도움을 줍니다.

새들백에서 연례 리더 모임은 세 가지 주요 목적이 있습니다. 첫째, 우리는 리더들에게 우리가 얼마나 감사하고 있는지 알립니다. 개인적으로 작성한 메모를 전달하거나 공개적으로 표창하거나 감사의 표시로 매일 볼 수 있는 작은 선물을 제공합니다. 둘째, 릭 워렌은 다가오는 교회 전체 캠페인을 준비하면서 우리의 비전과 각 리더가 내년 한 해 동안 그 비전을 성공적으로 실행하는 데 어떻게 중요한 역할을 하는지 공유합니다. 마지막으로, 새로운 인도자를 모집하며 리더들에게 리더십을 발휘할 수 있는 사람을 추천해 달라고 요청합니다. 이 시기는 커뮤니티 리더를 모집하기에 좋은 시기이기도 합니다.

지속적인 리더 지원

"한 아이를 키우려면 온 마을이 필요하다."라는 말을 들어보셨을 것입니다. 영적으로 건강한 소그룹을 양육하려면 온 공동체가 필요합니다. 그림 6.4는 공동체와 그룹 건강을 보장하기 위해 우리가 사용하는 부분을 보여 줍니다. 우리는 리더들을 돌보고 다양한 지원 방법을 제공하는 데 열정을 쏟고 있습니다. 예를 들어 담임 목사는 종종 자신의 소그룹 경험에 관해 이야기하고 관계적 공동체에 대해 설교합니다. 리더들은 영적 수련회를 통해 하나님께 집중하고 기도하는 마음으로 자신의 역할을 고민합니다.

영적으로 건강한 소그룹을 키우려면 마을 전체가 필요합니다

그림 6.4

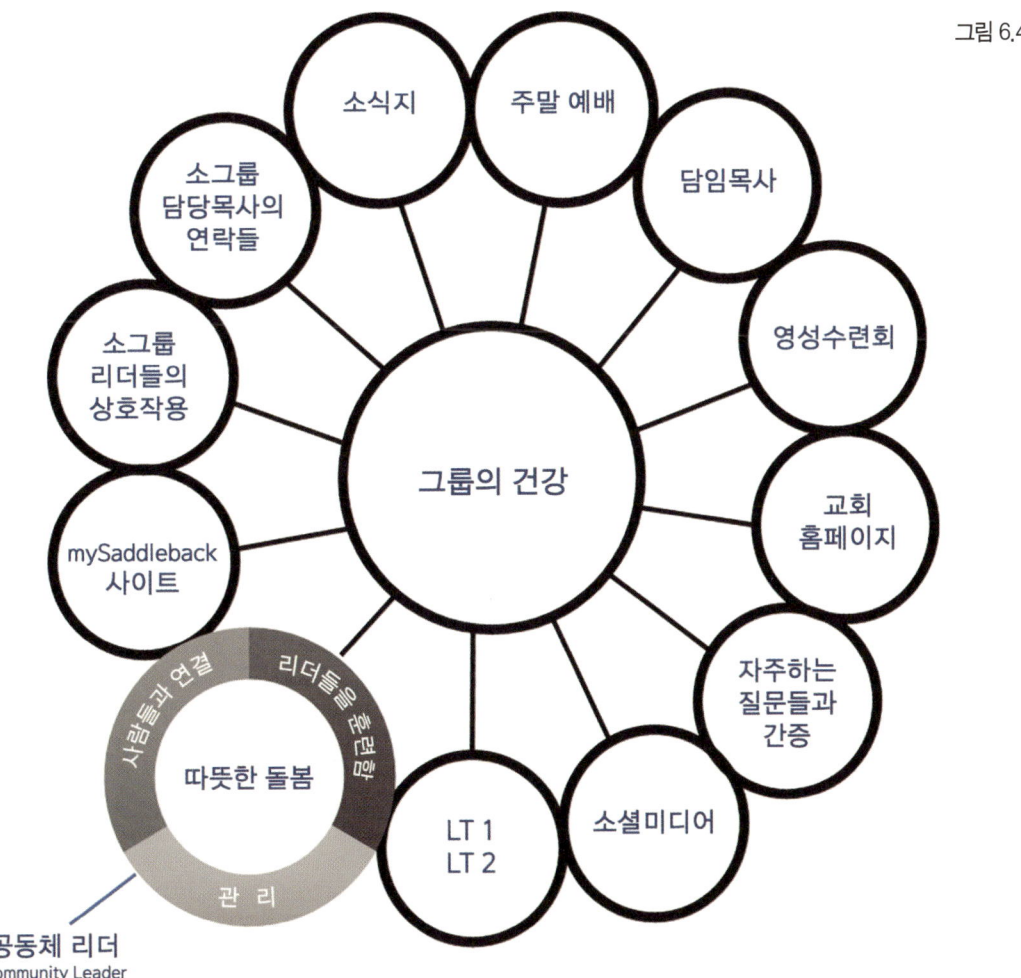

Planning Small Groups with purpoese

그룹 건강의 가장 중요한 요소는 특히 각 소그룹 리더와 코치 사이의 개인적인 접촉입니다. 새들백에서는 리더Leader – 공동체 리더Commununty Leader 관계가 친구에서 리더로, 리더에서 코치로 발전하는 패턴에 따라 발전하고 성장하기를 원합니다.

친구Friend의 단계에서 CL은 다음과 같이 해야 합니다.
- 공통점 찾기
- 리더의 영혼을 보충하기
- 리더의 관심사에 투자하기
- 리더의 소명을 격려하기
- 모임 사이에 전화, 문자, 메모를 통해 리더에게 연락하기
- 리더와의 진정한 관계 발전

리더Leader 단계에서 CL은 다음과 같이 해야 합니다.
- 리더의 말을 경청하고 리더의 경청 능력 향상을 돕는다
- 리더를 소그룹 리더십 개발 경로에 참여시킨다
- 리더의 개인 전도를 활성화한다
- 리더의 소그룹에서 소그룹을 개발한다
- 그룹 구성원들에게 그룹에서 책임 있는 역할을 맡긴다
- 승리를 축하하는 것을 잊지 않는다

코치Coach 단계에서는 CL이 다음과 같이 하기를 원합니다.
- 리더를 모든 과정에 참석하도록 인도하기
- 리더십 개발의 다음 단계를 열어주기
- 리더의 개인 및 그룹 계획 확인하기
- 커리큘럼-리더 그룹을 위한 전략 가이드
- 리더 커뮤니티 허들 개최

CL과의 관계를 통해 인도자는 자신이 보살핌과 지원을 받고 있으며 리더로서도 성장하

고 있다는 것을 알 수 있습니다. 이 과정을 통해 각 세대의 리더는 건강한 그룹을 이끌 수 있는 역량을 지속해서 갖추게 됩니다.

우리는 공동체 리더 포켓 가이드에 설명된 세 단계에 따라 CL을 교육합니다. 우리는 CL에게 '인도자를 리더로 양성하기 전에 인도자가 우리를 친구로 알고 있는지 확인해야 합니다. 인도자가 생각지도 못한 방식으로 도전을 주는 등 인도자를 지도하기 전에 먼저 인도자가 잘 이끌고 있는지 확인하세요.'라고 말합니다. CL과 인도자의 관계는 굳건한 신뢰의 토대 위에 구축해야 합니다.

공동체(그룹 건강에 기여하는 교회의 모든 것)를 살펴보면 일반적으로 담임목사, 소그룹 사역 담당자, 리더 코치 등이 주요 기여자입니다. 그러나 모든 기여자는 비전과 사명을 사람들 앞에 제시하고 소그룹을 교회의 최종 목적을 향한 전체 교회의 진전에 맞춰 조정하는 데 중요합니다. 잠시 시간을 내어 그림 6.4에 근거하여 기여자들을 파악해 보세요. 그들의 조율을 위해 최선을 다하기를 바랍니다.

소그룹 사역의 책임자로서 소그룹 인도자들과 연락이 끊어지지 않도록 하십시오. 커뮤니티 리더와 같은 중간급 리더가 당신과 참호 안의 사람들 사이에 장벽이 되지 않도록 하세요. 파파이스 치킨의 전 CEO였던 셰릴 바첼더는 나에게 '스킵 레벨링'을 통해 그룹을 관리하라고 권유했습니다. 그녀는 조직의 모든 구성원에게 비즈니스의 흐름을 파악하기 위해 주기적으로 자신보다 두 단계 아래 직급에 있는 사람들과 대화하라고 가르쳤습니다. 훌륭하죠! 직급 건너뛰기를 배워보세요.

Q7 계획 페이지

리더 개발

작성 방법은 86~89페이지의 '질문 계획 페이지 작성 지침'을 참조하세요.

	걸음마	**경청하기:** 리더를 일대일로 만나 그들의 이야기를 들어보세요. "리더의 영적 성장과 리더십 기술 개발을 어떻게 도와야 한다고 생각하시나요?"라고 물어보세요.
실행사항 들	걷기	**리더십 경로:** 스킬과 영적 성숙을 위한 일련의 명확한 단계로 구성된 나만의 리더 개발 경로를 개발하세요.
	달리기	**리더 코칭:** 일종의 코칭/지원 전략(예: 새들백의 커뮤니티 리더)을 통해 리더 케어 계획을 수립하거나 개선합니다.

당신의 꿈	장애물	행동목표	타이밍
장기계획 (1~5년)			
단기계획 (1~12개월)			
	다른 행동들		

이 페이지를 완료한 후 이 계획 질문에 대해 가장 우선순위가 높은 행동에 표시하세요. 그 행동을 10장 221-223페이지의 우선순위 목록에 복사합니다.

소그룹 인도자에게는 어떤 지원 자료가 필요한가?

Q8

인도자들의 장기적인 성공은 대부분 그들이 받는 지원과 자원에 의해 결정됩니다. 교회 예산은 당신이 생각하는 것보다 적은 것을 제공하는 것으로 악명이 높습니다. 그러나 자원은 돈 그 이상을 의미하며 하나님께서는 부족한 물질적 자원으로도 놀라운 사역을 성장시킬 수 있도록 지혜를 주실 것입니다.

한계는 창의성을 강요합니다. 나에게 가장 창의적이었던 순간 중 하나는 새들백교회에 전임 소그룹 목회자를 고용할 예산이 없었을 때였습니다. 사역은 도움이 필요할 정도로 성장했지만 예산은 아직 그 수준까지 확장되지 않았습니다. 그래서 10시간씩 일하는 커뮤니티 리더라는 유급 직책을 만들었고 이 직책은 여전히 중요한 역할을 하고 있습니다(현재는 모든 커뮤니티 리더가 자원봉사자로 활동하고 있습니다). 한정된 예산은 우리의 상황을 방해하는 것이 아니라 오히려 창의력을 발휘하게 했고 궁극적으로 우리가 꿈꿔왔던 것 이상으로 사역을 향상시키고 축복했습니다.

> 리더의 장기적인 성공은 그들이 받는 지원과 자원에 의해 상당 부분 결정됩니다

교회 전체의 지형 이해

사역 예산은 때때로 불편하게도 교회 전체 예산과 연계되어 있기 때문에 예산은 숫자를 계산하기 훨씬 전에 시작된다는 것을 깨달아야 합니다. 이는 교회의 다른 주요 리더들, 특히 담임목사, 영향력이 있는 사람들, 경쟁자로 인식될 수 있는 사역 리더들과 건강하고 신뢰하는 관계를 구축하는 것에서 시작됩니다. 그래서 1장과 4장 그리고 1분기에 다른 교회 리더 및 사역자들과의 관계에 대해 많은 이야기를 나눴습니다. 신뢰와 상호 지원의 환경에서는 리더를 지원할 수 있는 유형 및 무형의 자원을 받을 가능성이 더 큽니다.

앞서 말했듯이 당신의 사역이 교회의 비전을 성취하는 데 도움이 되는지 확인해야 합니다. 그러나 교회의 다른 구성원들, 특히 재정적으로 영향력이 있는 중직자와 다른 리더들에게 소그룹 사역의 비전을 상기시킬 수 있는 방법을 찾을 수도 있습니다. 이 책에서 개발하

는 소그룹 사역 계획은 다른 사람들과 소통할 때 유용할 것입니다. 사역의 비전(꿈), 사명(목적) 그리고 모든 중요한 지원 자료를 명확하게 정의하여 다른 교회 리더들과 효과적으로 공유할 수 있습니다.

소그룹에 관해 이야기할 때 당신의 사역의 비전이 소그룹의 비전을 어떻게 지원하고 성취하는지 강조하세요. 때로는 '엘리베이터 피치'라는 비즈니스 개념을 사용하여 비전을 간결하게 전달하는 것이 도움이 될 수 있습니다. 엘리베이터를 타는 동안 사역의 비전을 정확하고 간결하며 설득력 있게 제시할 수 있는 간단한 음성 설명을 디자인하세요.

당신의 교회는 노 젓는 배입니까, 아니면 유조선입니까?

우리는 변화를 위해 영향력을 행사하는 방법에 관해 이야기하고 있지만 교회마다 변화하는 속도는 다릅니다. 당신의 교회는 노 젓는 배인가요, 유조선인가요? 노 젓는 보트는 6~8피트 안에서 방향을 바꿀 수 있지만 유조선은 10~12마일을 돌아서야 방향을 바꿀 수 있습니다. 교회가 변화를 위해 필요한 시간을 준비하세요. 때로는 전성기를 떠올리게 하고 때로는 궤도 변경에 대한 두려움으로 인해 생겨난 도전받지 않는 사고의 틀에 박힌 제도적 패턴과도 만날 수 있습니다. 예산 책정의 다른 측면과 마찬가지로 기어가면서 실행하는 지혜를 기억하고 작은 것부터 시작하세요.

받기 위해서는 베풀어야 한다는 것을 기억하세요. 교회 전체를 계속 생각하세요. 당신의 사역은 더 큰 유기체의 일부일 때 가장 잘 기능하며 단독으로서는 제대로 기능하지 못한다는 것을 기억하세요. 나는 지구상에서 가장 큰 소그룹을 좋아하는 사람 중 한 명이고 가정에서 가정으로를 굳게 믿지만 주말 예배를 희생해서는 안 된다고 생각합니다. 교회 몸의 모든 부분은 건강한 전체 교회 몸의 맥락에서 가장 건강합니다.

비판적으로 생각하세요: 적은 자원으로 더 많은 것을 성취하기

사역 예산이 넉넉하더라도 하나님은 당신에게 그분의 재물을 낭비하지 말고 현명하게 관리하라고 위임하십니다. 예산이 부족하다면 더욱 그렇습니다. 예산을 어떻게 사용할지 결정하기 전에 지혜를 구하고 하나님의 인도를 구하여 경제적으로 사용하면서도 영원한 영향력을 발휘할 수 있도록 기도하세요. 이런 종류의 비판적 사고는 좋은 질문을 통해 가장 잘 유도될 수 있으므로 몇 가지 질문을 소개합니다.

1. 무엇을 종료해야 할까요?

과거에 효과가 없던 일을 검토하고 그 일을 중단하세요. 또한 전략적 포기도 고려해 보세요. 현재 효과적이지만 다음 단계로 사역을 발전시키기 위해 포기해야 하는 일을 하고 있을 수 있습니다.

2. 무엇을 결합할 수 있나요?

지금 하는 일 중에 새롭고 더 나은 것을 만들기 위해 함께 섞을 수 있는 것이 있습니까? 새들백에서 우리는 알코올 중독자 익명 모임의 가치를 알았지만 그리스도에 기반한 무언가를 원했기 때문에 '셀러브레이트 리커버리'라는 새로운 사역을 만들었습니다. 이 프로그램은 현재 미국 전역의 교도소뿐만 아니라 27,000개 이상의 교회에서 진행되고 있습니다.

3. 어떤 효율성 장벽을 제거할 수 있나요?

어느 시점에서 우리는 커뮤니티 리더와 소그룹 목회자 사이의 계층을 제거하여 사역 구조를 단순화했습니다. 또 한번은 사역의 접근성을 높이기 위해 어떤 장벽을 제거할 수 있을까 생각하다 '소그룹 리더'라는 직책이 잠재적인 리더들을 주눅 들게 하는 것 같아서 '인도자'라는 용어를 도입했습니다. 자격 요건은 변경하지 않았으며 용어만 바꾸고 각 단계에서 인도자의 다음 단계를 명확하게 설명했습니다. 또한 불필요한 단계를 제거하여 일을 더 쉽게 만들었습니다. 새들백에서 사람들을 그룹으로 연결하는 데 불필요한 에너지를 소비하는 것을 원치 않았기 때문에 유기적인 '친구 두 명' 방식(Q7 참조)을 채택하여 스스로 그룹을 만들도록 장려했습니다. 이 방식은 간단했고 성공적이었습니다.

4. 무엇을 되살릴 수 있나요?

과거에 우리가 새로운 형태로 되살릴 수 있는 것은 무엇인가요? 우리는 영적 건강 평가를 종이로 하곤 했지만 그 서류를 검색하는 것이 너무 번거로웠기 때문에 더 복잡한 상황이 되었습니다. 그래서 우리는 전자화하기로 결정했고 새로운 생명을 불어넣었습니다.

5. 더 빠르고, 더 크고, 더 저렴하게 일을 처리하기 위해 무엇을 조정할 수 있나요?

우리는 예배 설교에서 커리큘럼을 만들 수 있는 www.SmallGroup.com을 사용합니다. 이를 통해 적은 비용으로 여러 사역을 위한 훈련을 같은 경로를 통해 결합할 수 있습니다.

6. 우리는 무엇을 바꾸고, 용도를 바꾸고, 활력을 되찾을 수 있나요?

우리는 다니엘 계획을 통해 이 일을 해냈습니다. 사람들이 다니엘 계획의 건강 이론을 받아들일 것을 알았지만 다른 많은 다이어트처럼 사라질까 봐 걱정했습니다. 우리는 라이프 스타일을 만들고 싶었기 때문에 이를 하나님의 말씀과 연결했고 릭 워렌 목사님은 이에 대한 설교 시리즈를 제작했습니다. 이것은 우리가 이미 가지고 있던 것을 가져왔지만 하나님께 영광을 돌리는 데 유리하게 작용했습니다.

7. 새로운 시각으로 바라보는 데 문제가 있나요?

멀리 떨어져 사는 사람들을 연결하는 데 어려움을 겪고 있었기 때문에 온라인 커뮤니티를 활용하기로 했습니다. 사람들이 먼저 가상 환경에서 만나고 나중에 실제 환경으로 이동하는 가상 그룹이 있습니다.

8. 우리 사역을 더 매력적으로 보이게 하려면 어떻게 해야 하나요?

에드 캣멀 Ed Catmull, 픽사 애니메이션과 디즈니 애니메이션 대표과 에이미 월리스 Amy Wallace가 쓴 『크리에이티비티 주식회사 Creativity, Inc. 2014』를 읽어보시길 권합니다. 디즈니가 어떻게 과정을 개선하기 위해 다양한 방법을 어떻게 모색했는지에 대한 훌륭한 책입니다. 예를 들어

브레인스토밍과 협업에 관한 이 책의 논의를 바탕으로 '그룹 시작하기' 상자를 개발하여 캠퍼스에서 캠페인 외의 그룹을 시작할 수 있는 명확하고 통일된 과정을 제공했습니다.

예산 준비하기: 지출 방법

이제 드디어 지출 결정에 도달했습니다. 많은 사람이 예산 책정을 이 단계에서 시작하지만 위에서 설명한 기초를 다졌다면 많은 지출 결정을 스스로 내릴 수 있고 하나님께서 맡겨주신 자원으로 리더들을 더 잘 지원할 수 있을 것입니다. 다음은 몇 가지 요령입니다.

컨테이너가 아닌 통로가 되세요

1. 다른 교회 사역을 축복하기 위해 10%의 예산을 책정하세요. 그릇이 아니라 통로가 되세요.

2. 가장 큰 자산인 사역의 리더들 사이에 관계 자본을 구축하기 위해 재정적 자본을 할당하세요. 당신이 관심을 두고 있다는 것을 보여 주는 방식으로 그들을 부양하십시오.

3. 온라인 전략을 시작하거나 개선하기 위한 예산을 책정합니다. 이렇게 하면 도달 범위가 기하급수적으로 확장됩니다.

4. 리더십 교육, 리더 지원 인프라 그리고 모델에 맞는 경우 동영상 커리큘럼에 대한 예산을 확보하세요.

5. 불필요한 광고 비용을 중단하세요. 입소문은 가장 좋은 친구입니다!

6. 인쇄는 줄이고 이메일은 늘리세요. 친환경적일 뿐만 아니라 비용을 절감하고 효율성을 높이며 도달 범위를 넓힐 수 있습니다.

7. 자원봉사자를 활용하세요. 사람들이 자신의 시간, 에너지, 능력을 하나님

께 바침으로써 예배라는 값진 축복을 받을 수 있도록 하세요.

8. 예산을 항목별로 세분화하세요. 더 구체적인 예산은 재정 의사 결정권자의 마음에서 더 큰 지지와 정당성을 얻을 가능성이 큽니다.

9. 예산은 종종 삭감됩니다. 사역의 우선순위와 적은 예산으로 할 수 있는 일과 할 수 없는 일을 파악하여 준비하세요.

10. 올해의 예산 결정에 참고하기 위해 지난해의 실제 경험을 살펴보세요. 어떤 비용으로 무엇을 성취했나요? 이렇게 하면 일부 이론을 제거하고 확실한 사실로 대체할 수 있습니다.

다른 리더 및 사역자들과 건강한 관계를 유지하고 사역에 대한 그들의 열정을 유지하려면 주어진 예산으로 무엇을 하고 있는지 정기적으로 보고하는 것이 좋습니다. 당신의 사역이 사람들의 삶에 끼친 영향에 대한 축하 행사에 그들을 초대하세요. 이야기가 생명을 불어넣습니다.

요약하자면 전적으로 하나님 아버지의 소유인 우주에서 제한된 재정 자원 때문에 속도를 늦추거나 멈추지 마세요. 가장 효과적으로 사역하려면 긍정적인 관계적 영향력을 키우고 활용하며 교회 전체의 목적에 맞춰 일하고 하나님의 자원을 경제적으로 관리하는 것에 대해 비판적으로 생각한 다음 예산 결정을 내리세요.

당신을 위한 자료

오늘날에는 방대한 인터넷, 수백 개의 기성 교회와 사역 단체가 풍부한 경험을 공유하고 있기 때문에 사역에 도움이 되는 아이디어와 자료를 무궁무진하게 찾을 수 있습니다. 다음은 소그룹 담당자를 위한 무료 또는 저렴한 자료입니다.

SmallGroups.net

소그룹 사역을 인도자나 그룹 리더로 처음 시작하거나 자기 모델을 다듬을 새로운 자료를 찾고 있는 베테랑일 수도 있습니다. 어떤 경우든 이 웹사이트는 유급 또는 자원봉사, 풀타임 또는 파트타임 등 당신을 위한 것입니다. 300개 이상의 무료 다운로드가 제공되므로 시간을 낭비하지 않으셔도 됩니다. 이 자료들이 당신의 집중력을 높이고, 리더십 기술을 강화하며, 지상 명령과 지상 계명을 중심으로 건강하고 균형 잡힌 삶을 구축하는 데 도움이 되기를 기도합니다. 이 웹사이트는 주일학교, 셀그룹, 메타그룹, G12그룹, 훈련4트레이너, 교회개척운동, 가정교회에도 적용됩니다.

팟캐스트: 그룹 토크

진행자가 소그룹 사역을 이끄는 것과 관련된 주제에 대해 전 세계의 영향력 있는 리더들을 인터뷰합니다. 팟캐스트는 iTunes에서 호스팅되며 www.SmallGroupNetwork.com에 설명되어 있습니다.

뉴스레터

이 월간 뉴스레터에서는 팁, 추가 자료, 영감을 주는 이야기를 제공합니다. www.SmallGroupNetwork.com에서 등록하여 뉴스레터 구독 목록에 가입하세요.

소셜 미디어

모든 소셜 채널은 www.SmallGroupNetwork.com에서 확인하실 수 있습니다.

- 페이스북 그룹: 수천 명의 다른 소규모 그룹 포인트 사용자와 대화에 참여하세요. 이 활발한 그룹은 매일 중요한 질문을 게시합니다.
- Twitter: 팔로우하고 참여하세요!
- 인스타그램: 트위터를 팔로우하고 창의적이고 재미있는 방식으로 유익한 업데이트

를 받아보세요.
- 유튜브: 채널을 구독하고 소그룹 사역 포인트 담당자를 위한 팁, 훈련 및 개발, 동기 부여 메시지에 관한 수백 개의 동영상을 시청하세요. 소그룹 토크 쇼에서는 제 사역 경험을 바탕으로 이야기합니다.

이벤트

전 세계 곳곳에서 소그룹 사역 포인트 담당자를 준비시키고, 자원을 제공하고, 영감을 주는 이벤트를 제공합니다.

- 가속화하기: 당신과 당신의 팀은 종합적인 전략적 실행 계획을 개발하면서 소그룹 사역을 360도로 바라볼 수 있습니다. 이 워크숍을 통해 자극적인 아이디어를 얻고 즉시 실행할 수 있는 계획을 세우고 떠나게 될 것입니다. 다른 참가자들과 더 많이 교류할 수 있도록 참석 인원이 제한됩니다.
- 로비 모임: 소그룹 네트워크는 전 세계에서 가장 영리하고, 똑똑하고, 혁신적인 소그룹 실무자들로만 구성된 모임으로 동료 간 환경에서 사역 전략, 학습, 모범 사례를 교환합니다.
- 소그룹 컨퍼런스: 소그룹 사역을 위한 필수 요소를 배우고 싶으신가요? 이 컨퍼런스에서는 소그룹 사역의 필수 요소와 이를 실행하는 방법을 알려드립니다. www.SmallGroupNetwork.com/events에서 등록할 수 있습니다.

허들

소그룹 네트워크는 1년에 몇 번씩 소그룹 요원들이 모여 아이디어와 격려, 자원을 나누는 모임의 중요성을 굳게 믿습니다. 같은 도전, 성공, 발견을 경험하고 있는 같은 생각을 하는 사람들을 찾을 수 있습니다. 허들은 전 세계에 걸쳐 있습니다. 허들에 참여하거나 허들을 시작하려면 www.Small GroupNetwork.com/huddles를 방문하세요.

목적의 공동체

소그룹 사역 계획을 세울 때 매월 모여서 계획을 실행하는 데 서로 책임을 지는 목적 공동체(COP)가 있습니다. 이 모임은 COP 인도자에 따라 가상 또는 물리적으로 진행되는 또래 간 학습 그룹입니다. 자신에게 맞는 그룹을 찾으려면 www.SmallGroup Network.com/cop로 이동하세요.

지역 리더

전 세계 어디에서든 지역 리더들이 당신을 섬기며 소그룹 사역을 해당 문화권에 맞게 조정할 수 있도록 도와드립니다. www.SmallGroupNetwork.com/about에서 지역 리더를 만나보세요.

소그룹 사역 일정 준비하기

다음은 내가 소그룹 사역 캘린더에 항상 기록하는 몇 가지 항목입니다. 특히 사역이 성장함에 따라 작업 달력을 사용하는 것을 적극적으로 권장합니다. 건망증이 생길 정도로 바빠지는 것은 너무나 쉽고 흔한 일입니다. 소그룹 사역의 규모에 따라 매주, 매월, 분기별, 반기별, 연간 등으로 일정을 정할 수 있습니다.

- 소그룹 리더와 다른 레벨의 리더를 위한 리더십 훈련
- 캠페인 또는 이에 상응하는 행사 - 새들백교회 전체가 한 가지 주제에 집중하는 연례행사
- 전자 뉴스레터, 소셜 미디어, 그룹 문자 - 패러다임을 강화하는 방식으로 정보를 제공하고, 상기시키고, 동기를 부여하고, 축하하는 데 유용합니다. 축하하는 것은 복제됩니다.
- 싱글, 커플, 남성, 여성, 직장 이벤트 - 친밀감 공유를 통해 사람들을 교화시키는 모임으로 새로운 소그룹을 시작하거나 그룹에 배치할 사람들을 모집하는 방법이 됩니다.

- 팀 회의 - 유급 직원 또는 사역 감독 팀
- 리더 코치를 위한 모임 또는 수련회
- 새로운 그룹 시작 프로모션 - 설교 또는 문화 캘린더 이벤트 등
- 새로운 커리큘럼 출시 - 그룹 생활에 추진력을 불어넣는 좋은 방법
- 소그룹 감사 주간 - 소그룹 리더를 기리는 주간(그룹 구성원들에게 다양한 방법으로 리디를 격려하는 이메일을 보내도록 권장)
- 소그룹 리더 모임 - 모든 소그룹 리더에게 감사를 표하고, 비전을 제시하고 모집할 수 있는 기업 이벤트(일반적으로 1년에 두 번, 한 번은 장비와 격려를 위한 모임)
- 명단 업데이트 - 소그룹 리더들을 모아 데이터베이스를 최신 상태로 유지하는 봄맞이 대청소입니다.
- 영적 건강 평가 홍보 - 교회 전체가 영적 검진에 중점을 둡니다.

달력 케이크에 아이싱하기(꾸미기)

- 사역에 참여하는 모든 리더와 다른 종들의 생일(이메일, 문자, 소셜 미디어 사용, 전화, 카드 발송을 상기시키기 위해)
- 보너스 포인트: 배우자와 자녀의 생일
- 위의 모든 기념일
- 가능한 한 많은 소그룹 방문(간식 지참!)
- 소그룹 리더와 일대일 연락(또는 그룹이 많은 경우 코치와 일대일 연락)
- 소그룹 사역을 홍보하기 위한 주간 또는 절기(부스나 테이블, 안내문, 간증 등)의 주말 홍보
- 잠재적인 새 소그룹 리더와 회원에 대한 후속 조치
- 리더나 사역 감독자를 통해 만족한 고객들의 간증을 수집하기 위해 노력한다.

Q8 계획 페이지

후원하는 자료(자원)들

작성 방법은 86~89페이지의 '질문 계획 페이지 작성 지침'을 참조하세요.

제안된 사역들		
걸음마	예산: 위의 '비판적으로 생각하기' 목록에 있는 것과 같은 질문을 던지면서 적은 비용으로 더 많은 것을 성취할 수 있는 세 가지 방법을 전략화하세요.
걷기	보상: 리더에게 영적 성장에 도움이 되는 자료(예: 기사, 책, 수련회 등)를 제공하세요.
달리기	오른손: 리더의 오른팔이 되어줄 사람을 한 명 선정하세요. 그 사람에게 보수를 줄 수는 없지만, 영원한 영향력을 끼친다는 점에서 가장 큰 보상을 받을 수 있을 것입니다.

당신의 꿈	장애물	행동목표	타이밍
장기계획 (1~5년)			
단기계획 (1~12개월)			
	다른 행동들		

이 페이지를 완료한 후 이 계획 질문에 대해 가장 우선순위가 높은 행동에 표시하세요.
그 행동을 10장 221-223페이지의 우선순위 목록에 복사합니다.

7
서재 :
소그룹을 통해 하나님 나라에 투자하기

Q9 - 그룹 구성원들을 어떻게 리더로 개발할 것인가?

Q10 - 소그룹을 통해 사람들을 어떻게 개발할 것인가?

Q11 - 어떻게 사람들이 봉사하도록 격려할 것인가?

Q12 - 그룹이 봉사할 수 있는 기회를 어떻게 만들 것인가?

Q9 그룹 구성원을 어떻게 리더로 개발할 것인가?

소그룹 사역에 대해 발전적으로 생각하기를 권합니다. 사역을 시작하고 소수의 그룹이 운영되고 있다면 리더와 그룹원 모두에게 지속적으로 투자하는 것이 중요합니다. 이때부터 그룹 내 성숙이 시작됩니다. 리더를 육성하는 데 필요한 관계를 조성하기 위해서는 리더의 삶에 진심을 말할 수 있어야 합니다. 이러한 권한은 신뢰의 플랫폼 위에 구축되며 신뢰는 시간이 지남에 따라 구축됩니다. 이 과정은 서두를 수 없습니다.

소그룹이 천천히 가족 단위로 발전함에 따라 기존 리더는 그룹 내에서 다른 리더를 개발하기 위해 적극적으로 노력할 수 있습니다.

그림 7.1

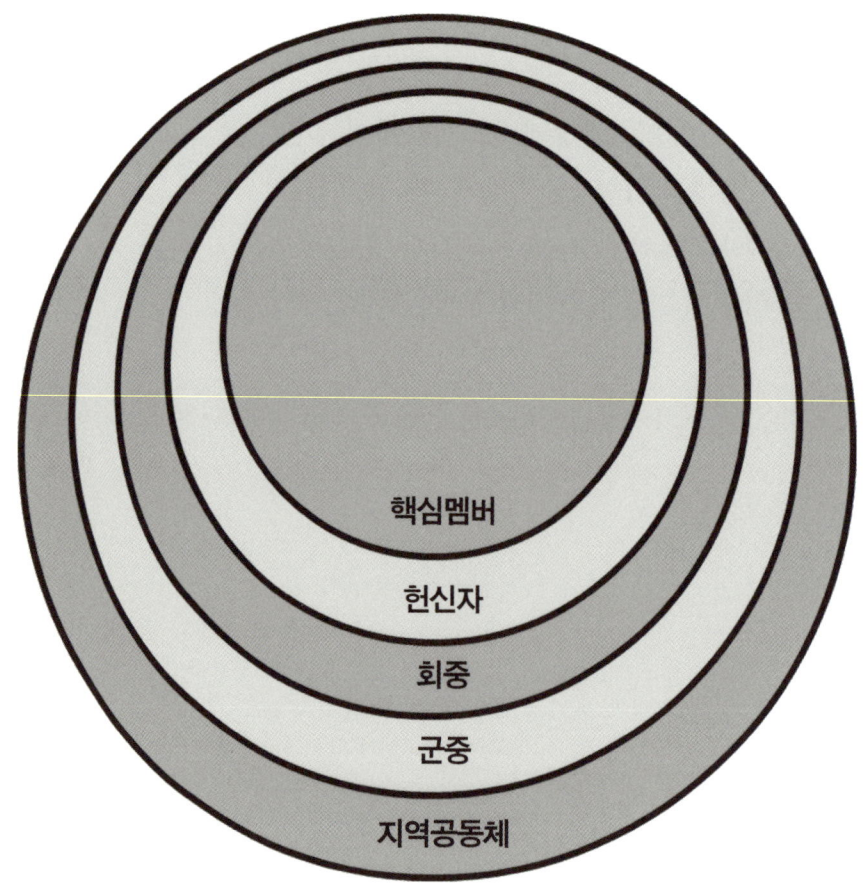

그림 7.1은 새들백이 구도자에서 리더로 성장하는 과정을 보여 줍니다. 성장에는 시간이 걸리기 때문에 리더를 개발하는 데는 시간이 걸립니다. 그러나 우리는 모두 모든 사람을 최고의 성숙과 사역 헌신으로 이끈다는 궁극적인 목표를 명심해야 합니다.

지역공동체
소그룹 사역: 교회 안팎의 연결되지 않은 지역 주민들
소그룹: 그룹에 속하지 않은 사람 중 참여하기 위해 기도하고 있는 사람들

군중
소그룹 사역: 교회 데이터베이스에서 소그룹에 참석하는 사람들
소그룹 : 소그룹에 참석하는 사람들

회중
소그룹 사역: 소그룹에서 책임 있는 임무를 수행하는 사람들
소그룹: 그룹에서 공식적 또는 비공식적 임무를 수행하는 멤버들

헌신자
소그룹 사역: 인도자 및 미래 인도자의 임무를 수행하는 사람들
소그룹: 그룹의 미래 인도자

핵심멤버
소그룹 사역: 모든 소그룹 사역 리더십 팀
소그룹: 소그룹의 인도자

새들백교회에서는 PEACE 플랜을 통해 아웃리치에 참여하는 그룹에 대해 여섯 번째 단계인 '위임'을 추가하지만 대부분 교회는 전체 소그룹을 대규모 아웃리치에 참여시키지 않습니다.

모든 구성원이 정체되지 않고 다음 단계의 성장과 헌신을 향해 지속적으로 나아갈 수 있는 사역을 설계해 보시기 바랍니다. 어떤 그룹원들은 타고난 리더십 잠재력을 발견하게 될 것이고, 어떤 그룹원들은 당신을 놀라게 할 것입니다. 새들백의 방법이 당신의 상황에 적용될 수도 있고, 적용되지 않을 수도 있으므로 당신은 각자의 고유한 환경에서 그룹 멤버들을 리더로 효과적으로 개발할 수 있는 계획을 부지런히 세워야 합니다.

다음은 몇 가지 팁입니다.

1. 기도: 당신과 당신의 리더십 팀은 더 많은 사람이 그룹 생활에 참여하여 변화될 수 있도록 하나님께 기도하는 의미 있는 시간을 보내고 있나요? 당신과 당신의 팀이 필요한 리더를 세워달라고 하나님께 간구하고 있나요?

2. 비전: 당신의 비전은 충분히 큰가? 사역에 참여하는 사람들이 당신과 다른 사람들이 소그룹에 대한 당신의 비전에 대해 지속적으로 이야기하는 것을 듣고 있습니까? 모든 사람이 그물을 넓고 멀리 던지도록 격려하고 있는가?

3. 목표: 당신의 목표가 비전과 일치하는가? 당신과 당신의 팀은 크고, 거창하고, 대담한 연간 목표를 설정하고 있나요? 팀이 열정적으로 리더를 모집하고 사람들을 그룹 생활에 초대하도록 동기를 부여하는 목표인가요? 이는 위험하지만 꿈보다 더 큰 목적지에 도착하려면 꼭 필요한 일입니다.

4. 전략: 리더를 찾고, 리더를 훈련시키고, 리더가 새로운 그룹을 시작할 수 있도록 돕는 새로운 방법을 전략에 포함하나요? 이상적으로는 훈련된 모든 리더가 다른 리더를 훈련시키고, 그 리더가 또 다른 그룹을 시작하는 것입니다. 이러한 파급 효과는 기하급수적인 성장을 만들어냅니다.

모든 그룹 구성원의 참여 기대

리더라는 직함을 한번도 쓰지 않는 사람이라 할지라도 모든 사람이 자신의 모범과 영향력을 통해 다른 사람을 이끄는 법을 배우게 될 것이라는 사역 전반의 기대를 유지할 수 있습니다. 많은 사람에게 이것은 그룹에서 간단한 책임을 맡는 것에서 시작됩니다.

새들백교회에서는 에베소서 4장 11~16절에 근거하여 모든 성도는 사역자라고 믿습니다. 모든 교인이 사역자라고 느끼는 것은 아니며 거부하는 교인도 있습니다. 그러나 하나님은 우리 각자에게 각자의 은사를 주셨고 각자는 어떤 형태의 봉사를 통해 그 은사를 행사함으로써 예수님의 지상 명령과 위대한 계명을 이행합니다. 리더는 모든 멤버가 최소한 아기 걸음마를 시작하여 다양한 봉사와 책임의 역할을 맡을 수 있도록 훈련하세요. 변화를 만드는 보람을 맛보면 자연스럽게 더 큰 책임으로 나아갈 것입니다.

_____
모든 멤버가 사역자입니다
_____

나는 모든 사람이 직책을 좋아하는 것은 아니라는 것을 배웠는데 그 이유는 직책이 탈출구가 없다고 느낄 수 있는 의무감을 조성하기 때문입니다. 하지만 사람들은 책임감이나 직함이 없는 역할도 기꺼이 맡습니다. 리더가 각 그룹 구성원에게 각자의 관심사와 능력에 맞게 명확하게 정의된 임무를 부여하도록 교육하고 격려하세요. 각 구성원에게 주어진 역할을 성공적으로 수행할 수 있도록 각 과제를 그 사람의 능력 범위 내에서 유지하는 것이 중요합니다. 소그룹에서 구성원이 맡을 수 있는 역할의 예는 그림 7.2를 참조하세요.

캐나다 온타리오주, 구엘프에 있는 레이크사이드교회의 자넷 콜린스의 다음 이야기는 이 아이디어가 실제로 어떻게 적용되는지 잘 보여 줍니다.

> 소그룹에 속한 모든 사람의 역할을 찾는 것은 매우 중요합니다. 나는 그룹의 역할 목록을 작성하고 마음속으로 사람들을 가장 적합하다고 생각되는 역할에 배치하기 시작했습니다. 몇몇은 이미 자연스럽게 역할을 맡아서 도움을 요청하고 있었습니다. 나는 이 사람들에게 지속적으로 업무를 수행하도록 요청하는 것부터 시작했습니다. 공식적인 직책이나 역할을 부여하지 않고 그들이 좋아하는 일이나 활동만 맡겼습니다. 그러다 보니 담당하지 않는 역할이 보이기 시작했고 그 분야에 재능이 있는 사람들을 찾는 데 집중했습니다. 한

분야에 열정을 가진 사람들은 창의력을 발휘하고 그들의 봉사는 모두를 위한 그룹 경험을 풍요롭게 합니다. 또한 어떤 사람들은 하나님 나라를 위해 하는 일이 좋아서 그룹을 넘어선 봉사에 동기를 부여받기도 합니다.

다음은 건강한 소그룹의 다섯 가지 영역을 사용하여 사람들이 참여하도록 독려한 몇 가지 예입니다.

예배: 한 남자가 음악을 좋아합니다. 그는 전문 가수는 아니지만 음악과 가사를 삶과 연관시킵니다. 나는 그에게 한 학기 동안 한번 공유할 노래를 가져와 달라고 부탁했습니다. 그는 바로 그다음 주에 시작해서 매주 계속했습니다. 이것이 그의 열정에 불을 지폈고 나는 다시는 부탁할 필요가 없었습니다. 그는 그룹이 따라 부를 수 있도록 인쇄된 가사를 가져오기 시작했고 그룹원이 깨닫고 반성할 수 있는 질문을 준비했습니다.

나는 사람들을 초대하여 기도나 친교를 조직하는 것도 생각해 보았습니다.
교제: 한 여성은 간식 일정과 공동체 식사 참가 신청서를 정리해 달라고 요청했습니다. 그녀는 차례로 다른 사람들에게 간식을 가져와서 봉사하도록 했습니다. 또 다른 신사분은 회의실을 정리하고 커피와 차를 만드는 일을 맡았습니다.

제자훈련: 나는 사람들을 인도하는 일에 참여시키는 것을 좋아합니다. 한 친구는 성경 구절과 그 문화적 맥락 그리고 오늘날 적용하기 위한 아이디어를 연구하는 것을 좋아합니다. 나는 그의 가르침에서 많은 것을 배우고 그룹은 성경을 더 풍부하고 깊이 있게 이해하게 됩니다.

사역: 어떤 어려움을 겪고 있는 회원을 지지하거나 격려하기 위해 그룹에 서명할 카드를 가져오는 여성들이 있습니다. 어느 해에는 두 명의 회원이 심각한 건강 문제로 어려움을 겪고 있었는데 이 여성들이 쿠키와 포인세티아, 카드를 준비하여 그들을 축복해 주었습니다. 또한 회원들에게 안부를 묻고 기

도하고 있다는 사실을 알리기 위해 사람들을 지정했습니다. 또 다른 회원은 식품 배급 센터에 땅콩버터가 필요하다는 소식을 들었습니다. 그녀는 가능한 한 많이 가져오도록 그룹에 알렸고, 매장 판매를 조사하고, 기부금을 모으고, 결과를 발표했습니다.

전도: 한 사람은 크리스마스 어린이 축제를 위해 모든 사람이 선물을 가져오도록 하고 사람들이 선물 신발 상자를 조립할 수 있도록 공동체 식사를 조직하고 선물을 배달할 사람들을 조율했습니다. 이웃이 팔꿈치가 부러져 일할 수 없게 되었을 때 한 여성은 식사를 요리해 주고 나는 배달을 해 주었습니다. 그리고 나는 그를 전도하기 위해 기도해 주었습니다. 이를 통해 나의 남편과 내가 그를 더 잘 알 수 있게 되었고 실제적이고 예상치 못한 방식으로 아무런 조건 없이 그를 돌볼 수 있는 문을 열었습니다.

사람들이 그룹에서 역할을 맡으면 가치 있고 인정받는다고 느끼며 모두에게 이익이 됩니다. 이러한 사람들은 그룹에 대한 주인의식을 갖게 됩니다.

릭 워렌은 "사람들은 당신이 기대하는 대로 행동하지 않고 당신이 점검하는 대로 행동한다."라고 가르쳤습니다. 당신이 제시한 비전에 따라 사람들이 행동하고 있는지 점검할 수 있는 방법을 전략에 포함시키세요. 하지만 보고로 인해 과정이 지체되지 않도록 하세요. 오히려 모든 그룹 구성원이 사랑으로 서로를 점검하고 더 큰 사랑과 선행을 향해 서로를 격려하도록 훈련하세요(히브리서 10:24~25 참조). 또한 새들백의 영적 건강 평가 및 영적 건강 플래너와 같은 도구를 제공하여 개인이 자기 점검자가 되도록 도울 수 있습니다.

> *사람들은 단순히 기대하는 대로 행동하는 것이 아니라 여러분이 점검하는 대로 행동합니다*

소그룹의 역할과 책임

그림 7.2

미래의 호스트
목적: 그룹을 섬기고 정기적으로 리더십을 순환한다.
"또 네가 많은 증인 앞에서 내게 들은 바를 충성된 사람들에게 부탁하라 그들이 또 다른 사람들을 가르칠 수 있으리라"(딤후 2:2)
주요역할: 호스트를 도우며 이후에 호스트가 되기 위해 의도적으로 사역 실습을 한다.
가능성:
- 호스트와 함께 매주마다 그룹에서 리더십을 나눈다. (질문선정하기, 오프닝토론, 마침기도인도 등)
- 그룹의 리더십을 정기적으로 순환한다.(한 달에 1~2회)
프로파일: 목자의 마음, 섬기는 지도력, 영적여정과 겸손한 마음

사역 역할
목적: 교회와 그룹 안에서 개인별 SHAPE 발견 과정을 갖는다.
(고린도전서 12:7, 에베소서 4:11~13, 베드로서 3:10)
주요역할: SHAPE을 통해 각자의 사역을 발견할 수 있도록 그룹 안에 모든 이들을 격려하고, 다른 이들을 섬길 수 있도록 그룹과 교회에서 정기적으로 봉사할 기회를 조정한다.
가능성:
- 걸음마 단계의 멤버가 누구인지 확인한다.
- 301과정에 참여하도록 격려하고 SHAPE 인터뷰 과정도 마치도록 돕는다.
- 발견, 개발, 다음단계로의 진보를 축하한다.
프로파일: 치어리더, 목적지향, 사람들의 개발과 성장을 보는 것을 기대하기

친교 역할
목적: 소그룹 안에서 공동체를 세우는 활동을 통해 교제를 이룬다.
(에베소서 2:19, 히브리서 10:24~25)
주요역할: 그룹원들이 공동체를 경험하도록 격려하고 새가족환영, 타인존중, 깊은 나눔을 통한 투명한 관계
가능성:
- 그룹원들 간의 친목을 위한 활동(생일축하, 저녁식사, 그룹활동 등)
- 새로운 이들과 결석자에게 전화 연락, 문자하기
- 소그룹약속과 가이드라인 등을 확인
프로파일: 관계, 즐거움, 격려와 환대, 작은 선물

전도 역할
목적: 당신 주변지역에 아직 연결되지 않은 사람들과 연결하여 전도하도록 한다.
(마태복음 28:18~20, 사도행전 20:24)
주요역할: PEACE플랜 활동을 통해 그리스도의 사랑을 나누도록 격려한다.
가능성:
- 가족과 친구 중의 불신자들을 위해 기도하도록 격려한다.
- 소그룹으로 불신자 친구들을 초대하도록 격려한다.
- 당신의 소그룹에 PEACE플랜 활동을 시작한다.
프로파일: 초대, 환영, 불신자들을 향한 특별한 관심과 사랑, 다문화 경험과 환경

제자훈련 역할
목적: 당신 그룹의 멤버들의 영적 성장과 다음 단계로의 진보를 경험한다.
(에베소서 4:15, 골로새서 1:28)
주요역할: 그 다양한 영적 경험과 활동, 실천 등을 통해 그룹원들의 영적성장을 경험할 수 있도록 격려한다.
가능성:
- 각 다음 단계의 과정에 참여하도록 추천한다(101~501)
- 영적건강점검표와 성장플랜을 작성하도록 한다.
- 영적습관을 갖을 수 있는 활동 등을 격려한다.
- 영적(기도, 말씀읽기) 파트너 관계를 맺도록 돕는다.
프로파일: 배움을 사모함, 하나님 말씀을 사모함, 하나님 안에서 성장하기를 열망함

예배 역할
목적: 소그룹 안에서 예배와 전인적인 삶을 경험하도록 한다. (요한복음 4:24, 로마서 12:1~2)
주요역할: 다양한 방법으로 예배가 단순히 음악 이상의 것임을 이해하도록 돕는다.
가능성:
- 매주 찬양과 기도 리스트를 작성한다.
- 유튜브/CD의 찬양곡들을 사용하여 개인적인 예배를 경험하도록 격려한다.(때로 하위그룹, 2~3명이 함께하도록 돕는다)
- 소그룹에서 유튜브/CD, 악기, 아카펠라 등으로 찬양하는 것을 진행한다.
프로파일: 개인예배와 함께하는 예배, 기도를 통한 하나님과의 깊은 만남, 음악과 노래로 찬양하는 기쁨

Q9 계획 페이지

회원을 지도자로 만들기

	시간대별 단계	
	걸음마	**리더를 완성한다**: 각 소그룹에서 미래의 리더(인도자, 견습생 또는 직함 없음) 한 명을 위해 기도하고 각 소그룹 인도자에게 그런 사람을 찾아내어 개발하도록 요청합니다.
	걷기	**모두의 역할**: 모든 그룹이 비공식적으로 다섯 가지 성경적 목적에 대한 소유권을 다른 구성원들에게 부여하는 목표를 설정합니다.
	달리기	**리더십의 순환**: 리더가 다른 멤버들에게 모임의 일부 또는 전체 모임을 인도할 수 있는 기회를 주도록 격려합니다.

작성 방법은 86~89페이지의 '질문 계획 페이지 작성 지침'을 참조하세요.

당신의 꿈	장애물	행동목표	타이밍
장기계획 (1~5년)			
단기계획 (1~12개월)			
	다른 행동들		

이 페이지를 완료한 후 이 계획 질문에 대해 가장 우선순위가 높은 행동에 표시하세요. 그 행동을 10장 221-223페이지의 우선순위 목록에 복사합니다.

Planning Small Groups with purpoese

Q10 하위 그룹을 통해 어떻게 사람들을 개발할 것인가?

우리는 부분적으로 하나님과의 관계를 발전시키고 하나님이 주신 은사를 개발함으로써 사람들에게 투자합니다. 이를 통해 사람들이 자신의 목적을 명확히 하고 다른 사람들을 도울 수 있도록 돕습니다. 이 중 일부는 개인과 그들의 은사를 발견할 때 가장 잘 이루어지며 이러한 발견은 소그룹을 사용할 때와 같이 소수의 사람 사이에서 일어날 가능성이 더 큽니다(그림 7.3 참조).

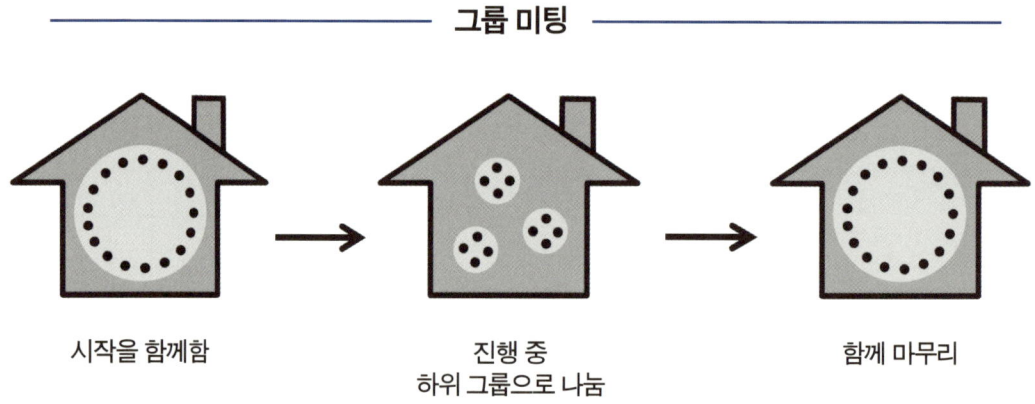

하위 그룹화는 회의 시간의 일부를 사용하여 목적에 따라 소규모의 별도 그룹으로 나누는 것입니다. 일반적으로 전체 그룹은 함께 시작하고 함께 끝나지만 중간에 소그룹으로 나뉩니다. 소그룹을 구성하는 목적은 소수의 인원으로 각 개인이 말할 기회를 얻고 조용한 사람들이 더 기꺼이 이야기할 수 있는 상황을 만들기 위해서입니다. 우리가 신규 인도자에게 제시하는 기본 규칙은 그룹 내 모든 사람이 말할 기회를 얻지 못하면 새로운 소그룹을 구성해야 한다는 것입니다. 일반적으로 그룹이 7명 이상으로 늘어날 때 이런 일이 발생합니다.

남성 및 여성 하위 그룹

소그룹은 원하는 방식으로 구성할 수 있습니다. 새들백교회에서는 일부 소그룹 모임에서 남성과 여성이 따로 모일 때 특별한 이점이 있다는 것을 발견했습니다. 소수의 인원이 갖는 장점 외에도 여성은 다른 여성들과 남성은 다른 남성들과 더 솔직하게 나누는 경향이 있습니다.

새들백교회는 예전에는 남성과 여성 사역을 구분하여 운영했지만 지금은 폐지했습니다. 우리는 여전히 남성과 여성의 영적 발전을 절대적으로 중요하게 생각하지만 무언가를 '사역'이라고 부르면 사람들이 제한된 시간 동안 참석해야 하는 또 하나의 이벤트가 된다는 것을 알게 되었습니다. 또한, 서로 다른 사역이 별도의 파벌이 될 수도 있습니다.

특히 소그룹을 통해 남성은 남성과 여성은 여성과 시간을 보낼 수 있도록 할 때 남녀 혼성 소그룹과 커플 및 싱글 그룹에서 가장 좋은 남녀 관계가 형성되는 것을 발견했습니다.

나의 친구 제이슨 윌리엄스가 이 이야기를 들려주었습니다.

> 세 번째 모임에서 우리는 서로를 위해 기도하는 것을 강조하고 싶었습니다. 하지만 다른 아내들은 조이(제 아내)에게 남편들이 그룹에서 큰 소리로 기도하거나 말조차 하지 않는다고 말했어요. 우리는 기도 시간을 위해 남자와 여자로 따로 모이는 소그룹을 만들기로 결정했습니다. 남자들은 종종 다른 남자들과 함께 있을 때 더 안전하다고 느끼기 때문에 우리는 그들이 시도해 볼 수 있는 공간을 만들 수 있기를 바랐습니다. 헤어진 후 남자들이 몇 가지 기도 제목을 나눈 후 나는 우리 남자들이 서로를 위해 기도하는 데 전념했으면 좋겠다고 말하며 지금 당장 그런 분위기를 조성하고 싶다고 말했습니다. 나는 기도에는 옳고 그른 방법이 없으며 기도는 우리와 함께 시간을 보내기를 좋아하시는 하나님 아버지와의 대화일 뿐이라고 설명했습니다. 한두 문장으로도 충분하다고요. 그런 다음 나는 숨을 죽이고 그들 중 한 명만이라도 얼음을 깨게 해달라고 기도했습니다. 한 시간처럼 느껴지는 1분 후, 한 남자가 "하나님, 제 친구 에릭을 위해 기도하고 싶어요."라고 말했습니다. 다듬어진

'올바른 방법'을 배우지 않은 사람의 솔직한 기도를 듣는다는 건 정말 멋진 일이 아닐 수 없죠? 너무 감사해서 바로 기도를 끝내려고 했습니다. 하지만 내가 기도하기 전에 다른 사람이 끼어들었습니다. 그리고 또 한 명. 그리고 또 한 명. 나는 깜짝 놀랐어요. 마칠 때쯤에는 모든 사람이 두려움을 극복하고 위험을 무릅쓰고 기도하고 있었습니다. 소그룹은 더 작고 안전한 장소를 만들었고 나는 그 모임을 결코 잊지 못할 것입니다. 내가 속한 소그룹에서는 어느 날 저녁 남자와 여자가 따로 모여 기도했습니다. 한 여성이 남편이 아닌 다른 사람에게 끌린다고 고백했습니다. 여성들은 그녀를 위해 기도하고 계속 기도하고 책임지기로 동의했습니다. 그날 밤 리사는 그 여성의 경험을 나와 개인적으로 나누었습니다. 결국 그룹은 그 부부를 둘러싸고 그들의 결혼 생활을 구하는 데 도움을 주었고 지금은 그 어느 때보다 더 강해졌습니다.

이런 일이 일어날 수 있었던 것은 우리 부부가 다른 여성 그룹에는 없는 친밀감을 쌓았기 때문이기도 하지만 여성들에게 혼자 있을 수 있는 기회를 주었기 때문이라고 생각합니다. 큰 그룹 내에서 하위 그룹을 구성하는 것이 이 사람들의 삶에 투자하는 열쇠였습니다.

하위 그룹을 위한 아이디어

모임마다 하위 그룹을 사용할 필요는 없으며 그룹에 도움이 될 때만 때로는 다양성을 더하고 정체를 피하기 위해 자주 사용할 수 있습니다. 그리고 시기와 목적도 다양할 수 있습니다. 무엇이든 가능하지만 나는 하위 그룹을 통해 그룹을 더 깊이 있게 만들 수 있는 세 가지 좋은 기회가 있다고 생각합니다.

1. **친목 도모**: 간식 및 수다 시간부터 여성 또는 남성만의 시간에 이르기까지 그룹이 관계를 구축하고 서로를 격려하기 위해 하는 모든 활동은 하위 그룹에서 할 수 있습니다.

2. 토론: 어떤 유형의 커리큘럼이나 학습 스타일을 사용하든 토론 시간의 일부 또는 전부를 소그룹에서 할 수 있습니다. 새들백 그룹은 저녁 비디오를 함께 시청한 후 함께 제공되는 질문을 주제로 토론하기 위해 흩어질 수 있습니다. 일부 주제는 같은 성별, 삶의 단계, 직업 또는 기타 특성을 가진 하위 그룹에서 토론하기에 적합합니다.

3. 기도: 앞서 살펴본 것처럼 나눔과 기도는 소수의 사람, 특히 신뢰하거나 어느 정도 친분이 있는 사람들 사이에서 더 안전하게 느껴지는 경우가 많습니다.

Q10 계획 페이지

사람들을 개발하기 위한 하위그룹

작성 방법은 86~89페이지의 '질문 계획 페이지 작성 지침'을 참조하세요.

체인지사이클		
걸음마	**그룹:** 4명 이상으로 구성된 모든 그룹이 기도 시간 중 일부를 소그룹으로 사용하도록 격려합니다.
걷기	**계획:** 소그룹 모임을 계획하여 성별에 따라 소그룹을 나눌 수 있는 기회를 정기적으로 갖도록 합니다.
달리기	**실행:** 교회 리더십의 협력을 전제로 남녀 사역을 성별에 따른 대그룹/소그룹 형식으로 전환합니다.

당신의 꿈	장애물	행동목표	타이밍
장기계획 (1~5년)			
단기계획 (1~12개월)			
	다른 행동들		

이 페이지를 완료한 후 이 계획 질문에 대해 가장 우선순위가 높은 행동에 표시하세요.
그 행동을 10장 221-223페이지의 우선순위 목록에 복사합니다.

어떻게 사람들이 봉사하도록 격려할 것인가?   Q11

사람들은 종종 봉사하고 싶지 않아서가 아니라 자신이 봉사할 것이 없다고 느끼거나 구체적인 기회를 받지 못했기 때문에 봉사에 참여하지 않는 경우가 많습니다. 교회는 과로한 목회자와 봉사하지 않는 교인으로 가득합니다. 이는 하나님의 계획이 아니며 이드로가 모세에게 위임을 가르쳤던 출애굽기 18장까지 거슬러 올라가는 문제였습니다. 예수님은 분명히 우리가 섬기기를 원하십니다. 그분은 우리에게 이웃을 내 몸과 같이 사랑하라고 명령하십니다(마 22:39 참조). 그리고 교회가 탄생했을 때 모든 신자는…모든 공통점을 가졌습니다. 그들은 재산과 소유물을 팔아 필요한 사람에게 나누어 주었습니다.(행 2:44~45 참조) 초대 교회에서 봉사는 규범적이었습니다.

나는 모든 성도는 봉사의 일을 위해 리더십에 의해 준비되어야 하며 그리스도의 몸은 온 몸이… 각 지체가 그 일을 분량대로 하여 사랑 안에서 자기를 자라게 하며(엡 4:12-13, 16, 참조) 그리스도의 장성한 분량이 충만한 데까지 이르러 일치와 성숙을 이룬다는 바울의 가르침이 마음에 듭니다. 그리고 베드로는 각자가 받은 은사를 사용하여 다양한 형태의 하나님의 은혜를 신실한 청지기로서 다른 사람들을 섬겨야 합니다.(벧전 4:10 참조)라고 가르쳤습니다.

인간의 보편적인 욕구 중 하나는 의미에 대한 욕구, 즉 목적을 가지고 변화를 만들고자 하는 것입니다. 따라서 봉사의 경우 받는 사람의 필요뿐만 아니라 주는 사람의 필요도 고려해야 합니다. 사람들은 자신의 재능을 발휘하여 변화를 만드는 데 의미를 부여하고자 하는 욕구가 있습니다. 그리고 물론 다른 사람의 필요를 충족시키기도 합니다.

모든 인간은 개성과 특별한 재능을 타고나며 삶을 통해, 경험을 통해 더욱 구체화합니다. 그리고 구원에 이르면 그리스도를 따르는 모든 사람은 영적인 은사도 받게 됩니다. 그러나 사람들은 자신의 독특한 디자인을 발견하고 그것을 하나님의 나라를 위해 가장 잘 사용하는 방법을 발견하는 길이 필요합니다. 소그룹에 속한 많은 사람은 아마도 하나님께서 봉사

모든 사람은 무언가에 '10'입니다

를 위해 준비하신 방법을 알지 못할 것입니다(엡 2:10 참조). 새들백에서는 사람들이 자신의 모양(영적 은사, 마음(열정), 능력, 성격, 경험)을 발견하고 교회 공동체 안에서 고유한 디자인과 기능을 발견하도록 돕기 위해 CLASS 301과정을 제공합니다.

교회의 성도들이 이를 발견하도록 돕는 방법이 없다면 방법을 개발하거나 방법을 찾아서 사용하시기 바랍니다. 사람들은 소그룹이나 외부, 수업 또는 기타 장소에서 이 발견 과정을 진행할 수 있습니다. 누구나 무언가에 '10'을 가지고 있으며 사람들은 자신에게 맞는 방식으로 봉사하기 시작할 때 새로운 성취감을 찾고 영원한 영향력을 발휘합니다.

새들백에서는 '사역 테스트 드라이브'도 도입했습니다. 우리는 봉사 기회를 게시하고 사람들이 6주 동안 한 가지 봉사를 시험해 보고 자신이 좋아하는 것을 발견하도록 장려합니다. 심각하게 마음에 들지 않는다면 6주 동안 계속 맡기지 않습니다.

소그룹에서 "섬김" 성장시키기

가장 건강하고 효과적인 소그룹은 일주일에 두 시간으로 정체성을 제한하지 않습니다. 그들은 24시간 내내 그룹 정체성을 실천합니다. 24시간 연중무휴로 활동하는 그룹은 단순히 만나서 공부하고 쿠키를 먹는 데 그치지 않고 모임 밖에서도 함께 삶을 살아가며 더 깊은 삶을 살아갑니다. 그들은 일주일 내내 예수님의 지상 명령과 위대한 계명을 성취하도록 서로를 돕습니다.

나는 바하마, 프리포트바이블교회의 글렌 텔루스마 목사님의 편지를 읽고 큰 감동을 받았습니다.

> 나는 사람들에게 빨래를 할 수 있는 토큰을 주고, 땅콩 봉지를 나눠주고, 노인들과 함께 일하는 등 지역 사회에서 친절한 행동을 많이 해온 세 개의 소그룹을 코칭하고 있습니다. 그 반응은 놀라웠습니다. 소그룹 사역에 참여하는 사람들뿐만 아니라 지역 사회도 돌볼 수 있었습니다. 나도 친절을 받은 적이

있습니다. 제가 큰 수술을 받았을 때 우리 그룹이 힘을 모아 도와주었습니다.
우리 교회는 정말 먼 길을 걸어왔습니다.

당신에게는 소그룹 사역에 숨겨진 수많은 재능이 있습니다. 이러한 재능을 발견하고 그룹 구성원들이 하나님을 영화롭게 하고 하나님 나라를 건설하는 방식으로 그 재능을 계발하도록 돕는 것이 당신의 일이자 리더의 일입니다.

때로는 놀라운 재능이 바로 코앞에 있을 수도 있습니다. 산 클레멘테에서 첫 지역 캠퍼스를 시작했을 때만 해도 다중 사이트 사역의 기술적 측면을 어떻게 다룰지 전혀 몰랐습니다. 하나님께서 정하신 기묘한 일련의 우연을 통해 우리는 우리에게 필요한 바로 그 사람, 즉 추천받은 기술 회사의 소유주가 우리 도시에 살고 있으며 실제로는 소그룹에 참여하여 봉사하는 새들백 교인이라는 사실을 발견했습니다! 그는 다중 지역 캠퍼스에 대한 방송에 대한 우리의 요구를 충족시키기 위해 자신의 재능을 가져왔습니다.

자료가 당신에게 올 때까지 기다리지 마세요. 모든 회원과 교회를 위해 우선순위를 정하여 자료를 잠금 해제하고 활용하세요. 하나님께서 교회에 이러한 자원을 주신 데는 이유가 있으며 우리는 하나님께 영광을 돌릴 수 있는 단 한번의 기회도 낭비하고 싶지 않습니다. 리더들이 교회와 사역 내에서 그룹과 봉사 기회에서 섬김의 자세를 키우도록 훈련하세요. 리더들과 함께 모든 기회를 활용하여 그룹 구성원들이 자신보다 더 희생하도록 도전하도록 격려하고 도와주세요.

캠페인은 고위 리더십의 협조를 얻을 수 있다면 교회가 자신을 넘어 다른 사람들을 돕는 데 집중할 수 있는 또 다른 방법입니다. 우리는 모든 캠페인의 소그룹 커리큘럼에 모든 그룹이 봉사할 수 있는 기회를 포함합니다. 소그룹이 함께 봉사할 때 소그룹이 함께 머무는 비율이 68%에서 83%까지 올라간다는 사실을 발견했습니다. 함께 봉사하는 것은 다른 사람에게도 도움이 되고 그룹에도 좋은 일입니다.

Q11 계획 페이지

사람들에게 사역을 장려함

작성 방법은 86~89페이지의 '질문 계획 페이지 작성 지침'을 참조하세요.

진전시키기		
걸음마	**개인:** 모든 소그룹에서 SHAPE와 같은 교재나 도구를 사용하여 모든 구성원이 하나님께서 어떻게 자신들을 섬기도록 독특하게 디자인하셨는지 발견하도록 돕습니다.
걷기	**그룹:** 각 그룹이 구성원들의 기본적인 필요를 채우도록 도전하세요(예: 도움이 필요한 엄마 돌보기, 노인을 약속 장소까지 모셔다 드리기).
달리기	**사역:** 사역 전반에 걸쳐 봉사를 기념하는 패턴을 개발하세요. 간단하지만 의미 있는 방법으로 봉사자들을 공개적으로 기리고(그리고 힘을 북돋아 주는) 봉사를 기념하세요.

당신의 꿈	장애물	행동목표	타이밍
장기계획 (1~5년)			
단기계획 (1~12개월)			
	다른 행동들		

이 페이지를 완료한 후 이 계획 질문에 대해 가장 우선순위가 높은 행동에 표시하세요.
그 행동을 10장 221-223페이지의 우선순위 목록에 복사합니다.

그룹이 봉사할 수 있는 기회를 어떻게 만들 것인가? Q12

함께 봉사하면 그룹 구성원 간의 동지애, 군인 정신, 유대감이 강화됩니다. 공동의 목표를 향해 함께 노력하는 것, 특히 안전지대를 벗어나는 모험은 관계가 깊어지는 추억을 만들고 그룹의 일체감과 정체성을 강화하며 봉사에 서로를 의지해야 할 때 신뢰를 키웁니다. 또한 함께 봉사하면 구성원들은 후속 조치에 대한 책임감을 느끼게 됩니다. 올바른 동기가 부여되면 누구도 소외되기를 원하지 않습니다.

자발적인 기회

소그룹 사역을 통해 섬기는 마음을 키우는 데 성공하면 회원들은 자발적으로 봉사 기회를 찾게 될 것입니다. 예를 들어 아내의 아버지가 뇌졸중으로 쓰러졌을 때 우리 그룹은 우리가 아버지를 간호하러 간 사이에 아들을 돌보는 일에 참여했습니다. 여러 사람이 에단에게 식사를 가져다주고 영화를 보러 데려갔죠. 정말 큰 축복이었어요!

일부 그룹원 중에는 자존심이 상하거나 부끄러워서 나누기 어려운 필요를 가진 사람이 있습니다. 당신과 리더는 사람들이 기꺼이 도움을 요청하도록 독려하여 다른 사람들에게 도움을 줄 수 있습니다.

하지만 그룹이 스스로 자발적인 기회를 찾을 것이라고 기대하지 마세요. 소그룹과 더 다양한 봉사 기회 사이에 추가적인 연결고리를 만들 수 있도록 의도적으로 노력하는 것이 좋습니다.

계절별 기회

계절별 기회는 그룹이 심리적으로 승리할 수 있도록 도와줍니다. 한시적인 약속이기 때문에 사람들은 처음부터 끝까지 열정을 유지할 수 있고 완료되면 빠르게 축하할 수 있습니다. 연중 반복되는 주요시기에 교회나 지역 사회에서 봉사할 수 있는 방법을 그룹에 알려주세요. 특정 행사를 선택하여 특별한 관심을 기울이고 도움의 손길을 집중하여 사랑스럽고 효과적인 방법으로 필요를 충족할 수 있는 충분한 인력을 확보할 수 있습니다.

예를 들어 소그룹이 한 달 동안 학교 교실을 빌려 중간고사 준비에 도움을 줄 수 있습니다. 학교나 노인 센터에 연락하여 봄맞이 청소 기회를 알아보세요. 가을에는 교회 내 불우한 학생들을 위해 생필품으로 가득 찬 배낭을 준비하세요. 추수감사절 저녁 식사에 가족이 없는 사람들을 초대하세요. 불우한 가정을 입양하여 트리, 장식, 크리스마스 저녁 식사를 제공하세요.

단기 기회

일부 그룹은 실행할 수 있는 수준의 봉사 활동을 할 준비가 된 시점에 도달합니다. 새들백에서는 PEACE 플랜을 통해 많은 그룹이 단체로 글로벌 및 지역 단기 봉사 활동을 하도록 유도합니다. 전체 그룹이 해외로 나갈 필요는 없습니다. 우리는 가능한 한 많은 사람이 '원정팀'에 합류하도록 권장합니다. 나머지 그룹은 '홈 팀'을 구성하여 여러 가지 중요한 방식으로 원정팀을 지원합니다. 이렇게 하면 모두가 상당한 기여를 하기 때문에 누구도 죄책감을 느끼거나 소외감을 느끼지 않게 됩니다(이에 대한 자세한 내용은 '홈 팀과 원정팀', 193~194페이지를 참조.)

좋은 투자 수익을 원한다면 소그룹에서 사람에 대한 투자를 시작해야 합니다. 일부 그룹(얼리어답터)은 약간의 자극만 주어도 즉시 따라잡을 수 있습니다. 중-후발 주자들이 참여할 수 있도록 소그룹 인도자와 리더 코치들은 이 그룹들이 사역의 강력한 연결고리가 될 수 있도록 계속 격려해 주세요.

Q12 계획 페이지

그룹이 봉사할 수 있는 기회

작성 방법은 86~89페이지의 '질문 계획 페이지 작성 지침'을 참조하세요.

제안된 시역들		
걸음마	**자발적인 기회**: 각 소그룹이 그룹 안팎에서 봉사 기회를 찾아서 실행하도록 도전하세요.
걷기	**계절에 따른 기회**: 부활절, 크리스마스 또는 교회 행사에서 봉사하도록 소그룹에 도전하세요.
달리기	**단기 기회**: 소그룹에게 단기 봉사 기회(교회에서 진행하는 프로젝트일 수도 있음)를 제공하여 집과 밖을 오가는 전략을 개발할 수 있도록 합니다.

당신의 꿈	장애물	행동목표	타이밍
장기계획 (1~5년)			
단기계획 (1~12개월)			
	다른 행동들		

이 페이지를 완료한 후 이 계획 질문에 대해 가장 우선순위가 높은 행동에 표시하세요.
그 행동을 10장 221-223페이지의 우선순위 목록에 복사합니다.

8

현관 :
소그룹을 통해 다른 사람에게 다가가기

Q13 - 어떻게 전도와 영적 인식을 증진할 것인가?

Q14 - 글로벌 봉사활동에 모든 그룹을 어떻게 참여시킬 것인가?

Q15 - 지역 봉사 활동에 모든 그룹을 어떻게 참여시킬 것인가요?

Q16 - 개인 전도에 모든 그룹을 어떻게 참여시킬 것인가?

Q13 어떻게 전도와 영적 인식을 증진할 것인가?

집의 현관이나 입구가 갖는 상징성은 강력합니다. 현관은 외부에서 사람들을 집으로 데려오는 통로입니다. 외부는 위험 요소에 노출되고 안전과 보안이 부족함을 나타냅니다. 교회의 전도는 집의 현관문과 같아서 외부 사람들이 주말예배와 각 가정 환경의 건강과 안전에 동참할 수 있는 입구입니다. 소그룹 사역 계획의 이 부분에서는 어떻게 외부에 있는 사람들을 만나고 그들이 교회 안으로 들어오는 여정을 시작하는지를 이야기합니다.

내 경험과 새들백의 영적 건강 평가를 통해 자신을 평가한 수만 명의 사람으로부터 배운 것 때문에 이것이 어려운 일이라는 것을 알고 있습니다. 나는 예수님의 지상 명령과 지상 계명(교제, 제자훈련, 예배, 사역, 전도)을 이행하는 과정에서 사람들이 자기 삶에서 가장 부족한 부분이 전도라고 스스로 보고한다는 사실을 발견했습니다.

> 전도에 있어서 우리의 역할과 하나님의 역할이 무엇인지 이해하는 것이 중요합니다

전도가 소그룹의 목적 중 하나라면 이 장(Q13~Q16)은 그 목적을 달성하기 위한 원칙과 아이디어를 제공합니다. 새들백교회는 모든 소그룹이 선교에 참여하여 교회 밖에 있는 사람들을 참여시키고 교회 내부를 엿볼 수 있게 하려고 노력합니다(그들은 우리와 같지 않을 수 있지만 빛은 그들을 끌어당깁니다). 그러나 많은 신자가 전도를 거부하는 이유는 전도가 무엇인지에 관해 교회가 놓쳤기 때문입니다. 전도에 있어서 우리의 역할과 하나님의 역할이 무엇인지 이해하는 것이 중요합니다. "나는 씨를 심고 아볼로는 물을 주었지만, 자라게 하시는 분은 하나님이십니다."라는 바울의 말을 잊어버린 것 같습니다. 그러므로 심는 사람도 물을 주는 사람도 아무것도 아니며 오직 자라게 하시는 분은 하나님뿐입니다(고전 3:6-7). 우리는 사람을 변화시킬 수 없고 오직 하나님만 변화시킬 수 있습니다. 그러나 그분은 씨앗을 심고 물을 주는 방식으로 그분의 메시지를 전하고 사람들을 사랑하여 더 많은 사람이 그분을 영접할 수 있는 기회를 주도록 우리를 부르셨습니다.

전도에 관한 대부분의 수업과 설교는 사람들이 예수님을 믿게 하는 거래 성사에 관한 것

입니다. 물론 이것이 목표이기는 하지만 인생의 중요한 결정을 내리기 위해서는 불신자를 준비시키기 위한 많은 사전 작업이 필요하다는 사실을 잊고 있습니다. 우리가 불신자들과 함께 씨를 심고 물을 주지 않는다면 어떻게 하나님의 수확을 기대할 수 있을까요? 씨를 뿌리는 사람이 수고의 결실을 보지 못할지라도 땅은 이미 준비되어 있습니다. 사람들을 설득하는 것은 성령의 일입니다.

따라서 소그룹이 전도 활동에 박차를 가할 때 우리는 주로 그룹을 동원하여 기독교에 대한 신뢰를 쌓고 오해를 극복하는 데 걸리는 몇 주와 몇 년 동안 불신자를 사랑하고 심고 물을 주는 방법에 초점을 맞출 것입니다. 개인이든, 지역 사회든, 심지어 국가든 우리가 그들의 친구라고 믿기 전까지는 그들을 그리스도께로 인도할 수 없습니다. 개인, 지역 및 글로벌 봉사활동의 성공은 하나님의 사랑과 진리가 흘러넘칠 수 있는 관계를 구축하는 데 달려 있습니다. 적을 그리스도께로 인도하는 것이 아니라 친구를 얻는 것입니다.

하나님의 백성을 교회로 인도하는 것도 중요하지만 교회가 너무 바빠서 교회가 교회의 사명을 다하지 않아서는 안 됩니다. 예수님은 지상 명령에서 우리에게 기대하는 바를 분명히 말씀 하셨습니다. 바로 '가라'입니다. 이 말씀에 소그룹이 전 세계로 나아가고, 지역으로 나아가고, 개인적으로 나아가는 방법을 살펴볼 것입니다. 그들이 어디로 가든지 박수를 보냅시다.

> *적을 그리스도께로 인도하는 것이 아니라 친구를 얻는 것입니다*

나는 풀러 신학교에서 신학자이자 선교사이며 선교학자이자 놀라운 하나님의 사람인 피터 와그너^{C. Peter Wagner}에게서 배울 수 있는 특권을 누렸습니다. 그의 가족은 농업에 종사했는데 그가 항상 가르친 것 중 하나는 '울타리 선까지 농사를 지으라.', 즉 우리에게 주어진 모든 사람, 자원, 기회를 최대로 활용하라는 것이었습니다.

교인들에게 만나는 모든 사람이 하나님이 주신 약속이라는 것을 깨닫도록 도와주세요. 주기적으로 만나는 사람(세탁소 직원, 매장 계산원, 매니큐어사)도 있고 자주 만나는 사람(이웃, 스포츠 애호가, 직장 동료)도 있습니다. 일부는 친구이자 가족이며 우리 구성원의 일부이기도 합니다. 이들은 영적 여정에서 서로 다른 위치에 있으며 각자의 영적 상태를 이해하는 것은 그들에게 다가가는 데 중요합니다. 사람들에게 하나님께서 그들의 삶에 주시는 모든 전도의 기회를 인식하도록 가르치세요. 때때로 우리는 아는 사람들과 함께 의도적으로 이러한 기회를 만들기도 합니다. 그리고 성령께서는 우리가 모르는 사람들에게도 자발적인 기회를 사용하십니다.

또한 '울타리 선까지 농사짓기'는 우리의 재능을 극대화하는 것을 의미합니다. 그룹 구성원들이 자신의 달란트를 나열하고 기도하는 마음으로 불신자에게 다가가는 데 사용할 방법을 찾도록 격려하세요. 그리스도를 필요로 하는 사람들은 우리가 그들에게 겸손하게 자신을 개방하면 우리에게 마음을 열 가능성이 더 큽니다. 하나님이 우리의 긍정적, 부정적 경험에서 중요하게 사용하셨던 방식 등 우리 자신을 적절하게 나누면 비슷한 경험을 가진 사람들로부터 신뢰를 얻을 수 있습니다.

모든 그리스도인은 일주일에 168시간이 주어지며 그중 일부는 교회 일을 하는 데 사용됩니다. 우리는 교회에서 다른 신자들과 함께 많은 프로그램과 기회를 제공합니다. 이는 멋진 일입니다. 하지만 이것은 '울타리 안에서 농사짓기'가 아닙니다. 우리가 전도해야 할 비신자들은 교회에서 시간을 보내지 않는데 크리스천들이 교회에서 모든 시간을 보낸다면 비신자들과 어떻게 관계를 맺을 수 있을까요? 가장 귀중한 자원인 사람들을 어디에 사용하고 있습니까?

교회 문 앞부터 가장 먼 곳까지 세상은 소그룹 사역을 위한 선교지가 될 수 있습니다. 교회가 전 세계, 지역, 개인적 전도 기회를 정의하고 그룹이 이러한 필요를 충족할 수 있도록 준비하도록 도울 수 있습니다.

소그룹 구성원들은 자신의 활동영역을 알아야 합니다

우리가 삶을 살아가면서 이동하는 영역은 그림 8.1에 나와 있습니다. 어떤 영역은 더 많은 시간이 있어야 하고, 어떤 영역은 더 적은 시간이 있어야 합니다. 어떤 영역은 자발적인 영역이고, 어떤 영역은 의무적인 영역입니다. 이것이 바로 우리가 불신자들에게 영향을 미치는 영역, 즉 전도 영역입니다. 리더들이 각 그룹에서 시간을 내어 각 영역에 속한 사람들을 생각하는 데 집중하도록 훈련하세요. 그들에게 기도하며 연락할 사람들을 적고 기도하도록 요청하세요.

- 가깝거나 먼 가족
- 친구
- 공장/회사-직장 동료
- 체육관, 취미, 스포츠 리그를 통해 만나는 사람들(우리 가족 또는 자녀들)
- 빈번하게 자주 만나는 - 지나다니면서 자주 만나는 사람
- 잘 모르는 사람-하나님이 우리의 길에 데려다주시는 사람

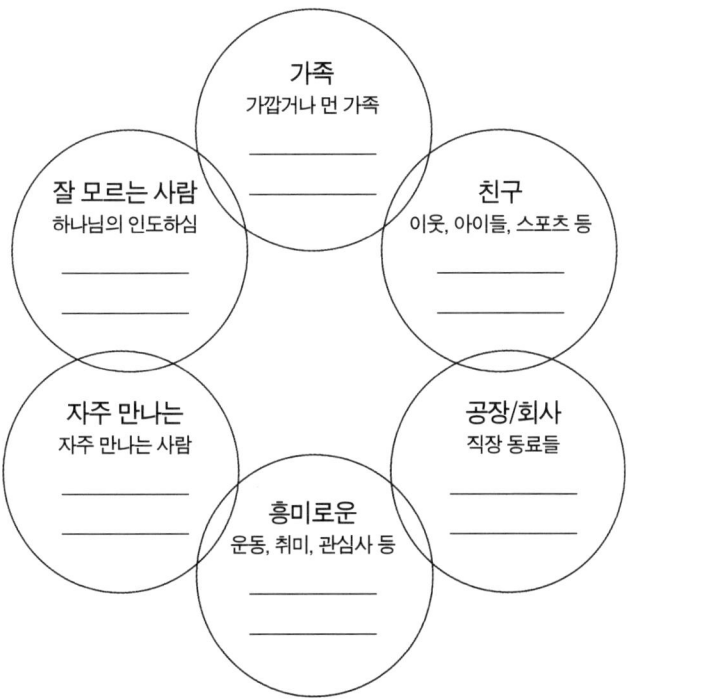

그림 8.1

캐나다 온타리오주 오웬사운드에 있는 사우스엔드 펠로우십 침례교회의 부목사인 팀 챔버스 목사의 이야기입니다. 그의 영역 중 하나인 '얼굴 없는 사람들'은 하나님께서 자신의 영역에 불러주신 한 이름을 무시하지 않았기 때문에 현실이 되었습니다.

2016년 가을, 나는 매주 그랬던 것처럼 지역팀 남자들과 함께 호튼스 커피숍에 앉아 사람들을 예수님께 인도할 수 있는 기회를 달라고 기도했습니다. 성령께서 복음의 기회에 민감하게 반응하게 해달라고 기도했습니다. 2017년 1월 10일, 몹시 추운 아침 출근길에 차를 몰고 가던 중 한 남자가 큰 가방을 품에 안고 길을 걷는 것을 발견했습니다. 나는 계속 운전했습니다. 길을 조금 더 내려가자 성령께서 차를 돌리라고 촉구하시는 것을 느꼈습니다. 차를 세우고 기도했습니다. 낯선 사람에게 다시 차를 몰고 가서 나를 소개하고 그(세스)에게 같이 타자고 권유했습니다. 그는 수락했고 우리는 그의 집까지 5분 동안 멋진 대화를 나눴습니다. 그 과정에서 다음 주에 교회에서 남성 조찬 모임이 있다고 언급했습니다. 놀랍게도 세스가 조찬에 나타났습니다! 아침이 끝날 무렵 나는 원하는 사람에게 새 성경을 하나씩 주겠다고 했습니다. 세스는 성경을 가져도 되냐고 물었으며 그날부터 성경을 읽겠다고 약속했습니다. 2주 후, 세스와 나는 커피를 마시며 그가 읽은 내용에 관해 이야기를 나누었습니다. 그는 창세기와 출애굽기를 다 읽었다며 자신이 무엇을 읽었는지 전혀 모른다고 말했습니다. 나는 세스가 원한다면 이해를 돕는 데 시간을 할애하겠다고 말했습니다. 다음 월요일에 우리는 같은 커피숍에서 만나 창조부터 십자가까지 성경의 큰 이야기를 설명하는 데 도움이 되는 '엠마오 가는 길의 나그네'라는 책의 첫 장을 읽었습니다.

세스는 책을 집으로 가져가 커피 테이블에 내려놓았고 그의 어머니는 책을 발견하고 첫 장을 직접 읽었습니다. 다 읽은 후 그녀는 세스에게 다음 성경공부모임에 함께 가도 되냐고 물었습니다. 이틀 후 나는 세스와 그의 어머이 산드라를 모두 만났고 우리는 성경공부를 계속했습니다. 그 후 두 달 동안 우리는 매주 월요일, 수요일, 금요일 오전 10시에 만났습니다. 성령께서 그들의 마음속에 역사하시면서 두 사람 모두에게 이해의 전구가 켜지는 것을 보는 것은 정말 놀라운 일이었습니다. 책을 다 읽은 날 두 사람 모두 예수 그리스도를 구주로 믿었습니다. 우리의 성경공부는 거기서 멈추지 않았습니다. 우리는 일주일에 세 번씩 계속 만나 예수님의 제자가 된다는 것이 어떤 것인지에 대해 이야기를 나누었습니다.

하지만 그 과정에는 여전히 장애물이 있었습니다. 세스와 산드라는 극심한 대인기피증으로 어려움을 겪었습니다. 교회에 초대해도 그들은 오지 않았습니다. 그들은 교회 주차장에 도착해 주차장이 꽉 찬 것을 보고는 집으로 돌아갔습니다. 두 번째 주에도 불참, 세 번째 불참 후, 나는 걸음마 단계가 최선일지도 모른다고 결정했습니다. 그들을 교회로 초대해 비공개 투어를 진행했습니다. 그들은 모든 방, 모든 사무실, 모든 옷장을 살펴보았습니다. 다음 주일 아침에 그들이 앉을 수 있는 뒷좌석을 골라 지정석 표지판을 만들었습니다. 그리고 그들을 위해 특별히 주차 공간을 확보했습니다. 사람들이 많이 모이는 것을 피하고자 예배에 늦게 와서 폐회 기도 시간에 자리를 뜨도록 계획했습니다. 그들이 처음 참석한 예배는 부활절 주일이었습니다. 몇 주에 걸쳐 우리는 모든 특별 조치를 해제할 수 있었고 세스와 산드라는 아무런 망설임 없이 교회에 성실히 출석하고 있습니다. 현재 우리는 놀랄만큼 성장하는 그들의 모습을 지켜보며 세례를 준비하고 있습니다. 하지만 이야기는 여기서 끝나지 않습니다. 세스와 산드라가 교회에 출석하기 시작한 지 얼마 지나지 않아 가족 친구를 함께 초대했습니다. 그들은 그녀와 함께 엠마오로 가는 길의 이방인과 같은 과정을 겪기 시작했습니다. 바로 지난주, 우리 네 사람이 식탁에 둘러앉았을 때 친구는 예수님을 구세주로 믿기로 결심했습니다. 그동안 내가 기도한 것 이상입니다. 6개월 전만 해도 나는 이 친구들을 전혀 몰랐습니다. 이제 그들은 이 땅에서 영원히 가족이 되었습니다! 우리 삶에서 얼굴 없는 사람들을 돌보시는 주님을 찬양합니다!

어떤 기회는 다른 기회보다 쉬울 것이고 어떤 영역은 사람에 따라 더 쉬울 수도 있고 더 어려울 수도 있기 때문에 우리의 걸음마~걷기~뛰기의 철학을 명심하세요.

Q13 계획 페이지

전도와 영적 인식 증진하기

작성 방법은 86~89페이지의 '질문 계획 페이지 작성 지침'을 참조하세요.

제안된 사역들	**걸음마**	**파악하기**: 인도자에게 그룹원들이 자신의 영향력 서클을 작성하고 기도할 사람 한 명을 선정하도록 도전합니다.
	걷기	**접촉하기**: 인도자는 그룹원들에게 불신자가 그리스도를 더 가까이 보고 알도록 하기 위한 다음 단계를 한 가지씩 선택하도록 도전합니다.
	달리기	**나누기**: 소그룹 구성원들이 전도 활동에 관한 이야기를 다른 사람들과 나누도록 격려합니다. (사역 전반에 걸쳐 사용할 수 있도록 리더들에게서 이런 이야기를 수집합니다.)

당신의 꿈	장애물	행동목표	타이밍
장기계획 (1~5년)			
단기계획 (1~12개월)			
	다른 행동들		

이 페이지를 완료한 후 이 계획 질문에 대해 가장 우선순위가 높은 행동에 표시하세요. 그 행동을 10장 221-223페이지의 우선순위 목록에 복사합니다.

글로벌 봉사활동에 모든 그룹을 어떻게 참여시킬 것인가? Q14

새들백에서는 글로벌 봉사활동을 위해 PEACH 계획을 사용합니다.

글로발 거인과 그들의 해결방안

그림 8.2

지역교회의 시도	**P**lant 화해를 촉진하는 교회를 세움	**E**quip 섬기는 지도자들을 무장함	**A**ssist 가난한 이들을 도움	**C**are 아픈 이들을 돌봄	**E**ducate 다음세대를 교육함
	영적 공허함의 거인을 다루기 위해	**이기적인 리더십**의 거인을 다루기 위해	**가난**의 거인을 다루기 위해	**질병**의 거인을 다루기 위해	**문맹**의 거인을 다루기 위해

P.E.A.C.E. - 예수님이 하신 모든 일을 행함

주님의 영이 나[예수]에게 임하셨으니 이는 가난한 자에게 기쁜 소식을 전하라고 내게 기름을 부으셨기 때문입니다. 그분께서 나를 보내셔서 포로된 자에게 자유를, 눈먼 자에게 시력을 되찾게 하고, 눌린 자를 자유케 하며, 주님의 은혜의 해를 선포하게 하셨습니다. (누가복음 4:18~19) (NIV)

그림 8.2는 새들백이 영적 공허, 이기적인 지도자, 빈곤, 질병, 문맹이라는 다섯 가지 글로벌 거인을 어떻게 공격하고 있는지를 보여 줍니다. 우리는 다른 나라에 선교팀을 파송하고 현지 교회와 협력하여 우리가 아닌 현지 교회가 영웅이 되도록 합니다. 모든 사람이 해외 선교지로 떠날 준비가 되어 있는 것은 아니지만 누구나 선교지를 떠나는 사람들을 도울 수 있다는 것을 잘 알고 있습니다.

홈 및 원정팀

글로벌 또는 지역 그룹 봉사활동 프로젝트는 상당한 노력이 필요합니다. 나는 두 팀으로 구성된 전략을 추천하는데 이는 그룹이 더 쉽게 참여할 수 있도록 도와줍니다. 이렇게 하면 모두가 미션의 일부라고 느끼기 때문에 전체 그룹의 참여를 높이는 데 도움이 됩니다.

자녀, 업무 일정 또는 기타 생활상의 이유로 그룹원 모두가 여행을 떠날 수 있는 것은 아닙니다. 하지만 사람들은 참여하고 변화를 만들고 싶어 합니다. 따라서 그룹의 원정팀이 선교를 준비하고 떠나는 동안 홈 팀은 다음과 같은 활동을 할 수 있습니다.

- 원정팀을 위해 기도하기
- 원정팀을 위해 한 끼 금식하기
- 원정팀의 준비 돕기
- 원정팀의 반려동물에게 먹이를 주고, 아이들을 심부름시키고, 우편물을 받는 등의 일을 합니다.
- 필요한 경우 원정팀의 집을 확인합니다.

이 전략은 모든 사람을 선교의 진정한 일부로 만듭니다. 소수의 팀원만 선교를 떠나더라도 팀원 전체의 지원을 받을 수 있습니다.

글로벌 평화 계획을 통해 우리는 한 국가를 입양하고 그 국민과 친구가 되어 글로벌 거인들을 공격하기 위한 노력을 집중합니다. 이것은 한번의 방문으로 끝나는 것이 아니라 현지 교회와의 지속적인 관계를 통해 달성되는 전략입니다. 교회 개척, 화해 촉진, 봉사자 리더 양성(부패 척결), 작은 기업을 통한 빈곤층 지원, 병자 돌보기, 다음 세대 전인적 교육 등을 통해 거인들을 공격합니다. 평화 계획에 대한 자세한 내용은 www.ThePeacePlan.com에서 확인하세요.

교회에서 이미 다른 접근법을 사용하고 있을 수도 있습니다. 제가 여기서 강조하고 싶은 것은 소그룹이 글로벌 봉사활동을 위해 힘을 모으는 것, 즉 모두에게 이로운 일을 하도록 도전하는 것입니다.

다른 글로벌 기회

팀을 해외로 파송하는 것 외에도 소그룹이 할 수 있는 일이 많습니다.

- 기도할 선교사, 국가, 미전도 종족 또는 미전도 종족 그룹을 선택합니다.
- 팀원들에게 대상 국가, 사람 그룹 또는 기타 글로벌 대의에 대해 조사하고 보고하게 합니다.
- 대상 국가의 식사나 문화를 맛볼 수 있는 음식을 준비합니다.
- 대상 민족을 대표하는 식당 방문하기
- 대상 국가의 불우한 사람, 학교 또는 기타 기관을 후원합니다.
- 우편, 이메일, 소셜 미디어, 화상 통화 등을 통해 현지 선교사와 소통하기
- 대상 민족을 위한 성경 번역 지원
- 대상 그룹이나 국가의 언어를 재미있게 배우세요. 그룹원들은 짧은 문구를 배우거나, 대상 그룹이나 국가에 대한 흥미로운 사실을 공유하거나, 이름 철자를 외우는 외국어를 배우면 됩니다.

이러한 활동을 통해 그룹은 비행기에 탑승하지 않고도 글로벌한 사고를 할 수 있습니다.

Q14 계획 페이지

글로벌 아웃리치에 그룹 참여하기

작성 방법은 86~89페이지의 '질문 계획 페이지 작성 지침'을 참조하세요.

제자훈련 사다리		
걸음마	**학습**: 모든 그룹에게 한 국가 또는 미전도 종족을 조사하고 배우도록 도전합니다.
걷기	**기도하기**: 모든 그룹이 한 국가 또는 미전도 종족 그룹을 위해 정기적으로 기도하도록 도전합니다.
달리기	**이동**: 모든 그룹이 세계 선교 여행을 위해 '홈 팀과 원정팀' 전략을 실행하는 것을 기도하는 마음으로 고려하도록 도전합니다.

당신의 꿈	장애물	행동목표	타이밍
장기계획 (1~5년)			
단기계획 (1~12개월)			
	다른 행동들		

이 페이지를 완료한 후 이 계획 질문에 대해 가장 우선순위가 높은 행동에 표시하세요.
그 행동을 10장 221-223페이지의 우선순위 목록에 복사합니다.

지역 봉사활동에 모든 그룹을 어떻게 참여시킬 것인가? Q15

현지 봉사활동은 일반적으로 시간이 적게 걸리고 비행기가 아닌 자동차를 타고 이동하기 때문에 조금 더 쉽습니다. 우리는 모두 지역 사회, 마을, 도시, 지역의 필요를 잘 알고 있으므로 소규모 그룹이 큰 영향력을 발휘하려면 약간의 조사와 약간의 조정만 있으면 됩니다.

지역 봉사 활동 기회

이러한 봉사 기회는 커뮤니티와 지역 전체에서 이용할 수 있으며 소그룹 구성원들의 열정에 호소할 수 있는 기회도 있습니다.

지역 사회의 필요

지역 사회가 교회를 친구로 여기도록 도와주세요. 시 공무원과 친해지고 소그룹이 해결할 수 있는 필요에 관해 물어본 다음 사람들을 동원하세요.

학교의 필요

이 지구상에 도움이 필요하지 않은 학교는 없습니다. 각 소그룹이 작은 방법(물품 제공)으로든 큰 방법(과외, 코칭)으로든 한 교실을 입양한다고 상상해 보세요. 그룹 멤버의 자녀나 손자가 다니는 학교부터 시작하는 것을 고려해 보세요.

이벤트

모든 마을, 도시 또는 커뮤니티는 소그룹이 도움을 줄 수 있는 다양한 이벤트를 주최합니다. 레이크 포레스트 시에서 '아이 러브 레이크 포레스트'를 개최하자 레이크 포레스트 캠퍼스는 주차장 사용부터 홍보 지원까지 여러 방면으로 도움을 주었습니다.

휴일

연말연시에는 어두운 세상의 빛이 될 수 있으며 다른 종교를 가진 사람들과 우정을 쌓아 예수님이 걸으실 수 있는 다리를 놓을 수도 있습니다. 크리스마스에 가족을 입양하고 추수감사절에 도움이 필요한 사람들을 돌보고 기타 특별한 시기에 가족과 단체에 실질적인 도움을 제공할 수 있습니다.

열정 분야

제 친구 케빈은 농구를 좋아합니다. 그는 불우한 아이들에게 농구의 기본 기술을 가르치는 무료 클리닉을 제공합니다. 그는 자신의 클리닉을 아메리카 원주민 보호구역으로 가져가서 수년간 이 관계를 발전시켰고 보호구역에서 12단계 사역인 '회복을 축하합니다.'를 시작하게 되었습니다. 그는 자신의 열정을 평화를 가져올 수 있는 지역적 기회로 전환했습니다. 당신도 할 수 있습니다!

위기

오늘날의 많은 위기는 환경적 위기와 사회학적 위기의 두 가지 범주로 나뉩니다. 소규모 그룹은 물품 수집 및 사람 수송과 같은 활동을 통해 두 가지 유형 모두에 도움을 줄 수 있습니다. '홈 앤드 어웨이' 팀 전략이 도움이 될 때도 있습니다. 안타깝게도 위기는 다가올 것이라고 미리 알려주지 않으므로 항상 대비해야 합니다. 남부 캘리포니아의 지진이나 화재와 같이 지역마다 자연재해가 발생하기 때문에 우리 교회는 이러한 재난에 대비하여 소그룹을 부를 준비가 되어 있습니다. 일부 지역에서는 인종 갈등이 발생하기 쉬우므로 지역 교회의 기도와 도움이 필요할 때도 있습니다. 소그룹은 평화를 제공하는 교회의 손과 발이 될 수 있습니다. 천국은 모든 인종으로 채워질 것이니 이 땅에서 실천합시다.

> 소그룹은 평화를 전하는 교회의 손과 발이 될 수 있습니다

당일 여행

내 친구 커트 존슨이 단기 여행의 힘에 관해 설명합니다.

하나님께서는 몇 년 전부터 불우한 이웃을 섬기는 단기 선교 여행에 대해 내 마음을 잡아끌고 계셨습니다. 나는 우리 교회 담임목사인 릭 워렌 목사가 우리는 축복받는 존재이며 그 대가로 항상 더 많은 축복을 받는다고 설교하는 것을 들었습니다. 함께 봉사하면 가족과 동료 간의 관계가 더욱 돈독해지리라는 것을 알았습니다. 회사에서 지역 사회 봉사 프로그램을 시작했고 새들백 푸드 팬트리와 같은 지역 봉사 프로젝트에 자원했습니다.

하지만 단기 선교 여행에 헌신하라는 하나님의 음성이 점점 더 커지고 있었습니다. 그러던 중 멕시코로 떠나는 일일 선교 여행에 대해 들었습니다. 나는 이 아이디어를 주간 직장 성경 공부에 소개했고 다른 직원들에게도 소개했습니다. 10세부터 54세까지 다양한 연령대의 13명으로 구성된 팀이 모였습니다. 토요일 새벽 4시 45분에 모여 밴을 타고 두 시간 반을 달려 멕시코, 바하 캘리포니아의 라미션으로 향했습니다. 오전에는 새 의료 센터에서 가벼운 건축 작업을 했습니다. 점심에는 길을 따라 내려가 백 명이 넘는 아이들에게 미국식 햄버거 음식을 제공했습니다. 코스트코 햄버거를 그렇게 좋아하는 아이들을 본 적이 없었습니다. 그런 다음 우리는 아이들과 함께 어울려 놀았습니다. 많은 포옹과 진심 어린 작별 인사를 나눈 후 우리는 다시 일상 생활로 돌아갔습니다. 가장 기억에 남는 것은 아이들에게 사랑을 쏟아 부으며 봉사했던 사람들이었습니다. 그리고 그네를 밀어줄 때마다 "더요!"라고 외치던 헥터라는 세 살짜리 아이도 기억에 남습니다. 이 아이들은 아무리 딱딱한 마음도 부드럽게 만들 수 있습니다.

우리는 새로운 관점과 하나님의 일상적인 축복에 대한 새로운 감사를 가지고 돌아왔습니다. 나는 불우한 이웃을 돕고 싶었지만 내 가족과 동료들도 봉사의 기쁨을 경험하고 혜택을 받을 수 있기를 바랐습니다. 그리고 솔직히 말해서 십 대 자녀들이 이 화려한 나라에서 얼마나 좋은 삶을 살고 있는지 알기를 바랐습니다. 모든 면에서 성공적이었습니다.

세상이 필요해서가 아니라 우리가 필요하기 때문에 하나님이 우리를 섬기도록 만드셨다는 것을 배웠습니다. 설계한 대로 살아갈 때마다 하나님과 사람들이 깊은 차원에서 연결됩니다. 그리고 다른 사람을 섬기는 것은 치유를 가져다줍니다. 우리는 모두 삶의 지위와 상관없이 다른 사람을 위해 봉사할 수 있습니다. 이는 다른 사람에게 봉사하는 것이 부분적으로 자기 자신을 위한 것이라는 나의 이해와 잘 맞아떨어집니다. 예수님의 달란트 비유(마 25:14-30 ESV)는 하나님의 왕국에 대한 투자가 몇 배의 보상을 받을 것이라고 가르칩니다. 이는 매우 이기적인 생각입니다. 하지만 하나님은 우리를 그렇게 만드셨고 실수하지 않으십니다.

Q15 계획 페이지

지역 봉사활동에 그룹 참여하기

	걸음마	**학교:** 각 그룹에게 한 학기 동안 소규모로 도움을 줄 수 있는 학교를 찾아 보게 합니다(교실 한 개를 입양할 수도 있음).
계획 사역들	**걷기**	**커뮤니티:** 각 그룹이 지역 사회 관계자에게 연락하여 봉사하고 관계를 구축하기 위한 일회성 프로젝트를 진행하도록 합니다.
	달리기	**여행:** 모든 그룹원이 참여할 수 있도록 '홈 앤드 어웨이' 전략을 사용하여 반나절 또는 하루 동안 현지 선교 여행을 하도록 그룹에 도전하세요.

작성 방법은 86~89페이지의 '질문 계획 페이지 작성 지침'을 참조하세요.

당신의 꿈	장애물	행동목표	타이밍
장기계획 (1~5년)			
단기계획 (1~12개월)			
	다른 행동들		

이 페이지를 완료한 후 이 계획 질문에 대해 가장 우선순위가 높은 행동에 표시하세요.
그 행동을 10장 221-223페이지의 우선순위 목록에 복사합니다.

Planning Small Groups with purpoese

Q16 개인 전도에 모든 그룹을 어떻게 참여시킬 것인가?

우리는 모두 신앙을 나누어야 하며 이러한 개인 전도는 더 큰 전도 활동을 위한 중요한 전제 조건입니다. 나는 '사람들은 바다를 건너기 전에 길을 건너는 법을 배워야 한다.'라는 말을 좋아합니다. 하나님은 그의 백성 한 사람 한 사람을 부르셔서 클럽, 직장 등 우리가 사람들과 시간을 보내는 모든 곳에서 자신의 공동체 및 영향력 있는 그룹과 사랑스러운 관계를 맺도록 하십니다.

다음은 소그룹이 개인 전도를 통해 성장할 수 있는 몇 가지 방법입니다.

> 사람들은 바다를 건너기 전에 길을 건너는 법을 배워야 합니다

- 각 구성원에게 그리스도를 모르는 지인을 찾아보라고 한 다음 주님의 궁극적인 수확을 위해 진리의 씨앗을 심고 물을 주면서 그 관계를 더 깊게 만들도록 도전하세요.
- 그룹 구성원들에게 각 가정의 이름과 그들의 영적 상태를 나열하여 이웃 지도를 만들게 합니다. 웹사이트 www.Pray4EveryHome.com에서 해당 지역에 누가 살고 있는지 확인할 수 있습니다.
- 각 회원의 업무 환경이나 일주일에 주로 접촉하는 사람들을 지도에 표시합니다.
- 소그룹 파티를 계획하고 그리스도를 모르는 사람들을 몇 명 초대하여 종교적이 아니어도 크리스천들이 즐겁게 지내는 모습을 보여 주세요.
- 그룹을 스포츠 이벤트에 데려가거나 TV를 통해 스포츠 경기를 시청하고 불신자를 초대하세요.
- 같은 지역에 살지 않더라도 소그룹 멤버들을 초대하여 커뮤니티 지역 파티를 열 수 있습니다.
- 마가복음 2장 15~17절을 공부하여 전도 이벤트에 대한 아이디어를 얻으세요.

모든 소그룹 멤버는 그리스도를 필요로 하는 사람들과 시간을 보내고 친구가 되기 위한 전략을 세워야 합니다. 성경은 모두 우리에게 이웃을 사랑하라고 말합니다.

말하다

전도라고 할 때 집 앞에 요한복음 3장 16절 표지판을 들고 서 있는 모습을 상상하지 마세요. 방법을 지나치게 복잡하게 설명하지 말고 누구를 전도할 것인지에 집중하세요. 그룹원들이 릭 워렌 목사가 가르치는 '말하기' 패턴을 사용하여 이름을 나열하고 그들과 일상적인 대화를 나눌 수 있는 기회를 얻도록 기도하도록 격려하세요.

이야기: 우리는 모두 자기 이야기 하기를 좋아하기 때문에 사람들에게 자신의 이야기를 들려 달라고 요청합니다. 그래야 상대방이 더 편안하게 이야기를 시작할 수 있기 때문입니다.

열정: 사람들의 이야기를 경청하고 그들의 열정과 그들이 시간을 할애하여 무엇을 하고 싶은지 알아보세요. 인생에서 무엇이 그들을 흥분시키나요?

격려: 자녀의 이야기를 듣고 자녀의 열정을 발견하면서 자녀에게 격려가 필요한 부분이 있는지 눈을 마주치며 경청하세요.

능력: 직장, 취미, 스포츠 및 기타 관심사와 관련하여 어떤 재능을 가지고 있나요?

지식: 모든 사람은 당신이 모르는 것을 알고 있습니다. 올바른 질문을 하기만 하면 됩니다. 무엇을 보거나 읽는지, 학력, 사용하는 앱 등에 관해 물어보세요.

대화를 나눌 때 이 다섯 가지를 염두에 두세요. 이 단계는 당신이 관심을 두고 있다는 것을 보여 주고 당신의 이야기, 하나님의 이야기 그리고 당신의 삶에서 예수님의 능력을 나눌 수 있는 문을 열어줄 것입니다.

이야기의 힘

이 책 전체에서 이야기 활용에 대해 많이 이야기했는데 그럴 만한 이유가 있습니다! 이야기는 요점을 전달하는 데 도움이 되는 강력한 매체입니다. 예수님도 이야기를 사용하여 요점을 전달하셨다는 것을 기억하세요. 소그룹 구성원들이 자신의 개인적인 이야기를 전도에 사용하도록 훈련하세요. 불신자들에게 자신의 이야기를 들려줄 때 그들은 스스로 복음을 믿는다는 것을 보여 주고 예수님이 그들의 삶을 어떻게 변화시켰는지 보여 줄 수 있습니다.

당신의 이야기는 바로 우리의 이야기입니다. 당신이 경험한 모든 것, 특히 하나님의 사랑이 바로 우리의 이야기입니다. 예수님이 우물가의 여인을 만나신 후(요한복음 4장), 소경을 고치신 후(요한복음 9장) 사람들은 자신이 경험한 것, 즉 예수님과의 만남에 대해 간단히 이야기했습니다.

당신의 이야기를 불신자에게 처음 전하기 가장 좋은 시기는 바로 지금입니다! 소그룹이 서로 미리 연습하게 하세요(구성원들은 서로에 대해 더 많이 알게 될 것입니다). 각 구성원은 자신의 이야기를 글로 쓰거나 어떤 식으로든 기록해 두어야 합니다. 좋은 개요는 다음과 같습니다.

1. 내가 그리스도를 알기 전
2. 내가 그리스도를 만난 방법
3. 그리스도가 지금 나를 어떻게 도우시는지

누구나 5분 또는 10분 정도의 짧은 버전과 자세한 버전을 개발해야 합니다. 주님께서 어떤 시간을 주실지 알 수 없기 때문입니다.

Q16 계획 페이지

다른 지도자 및 사역과 연결하기

작성 방법은 86~89페이지의 '질문 계획 페이지 작성 지침'을 참조하세요.

제안사항들		
걸음마	**이야기 개발하기:** 모든 그룹원에게 위의 세 부분으로 구성된 개요를 바탕으로 5분 분량의 이야기를 개발하도록 도전합니다. 모든 그룹원이 그룹에게 이야기를 전하는 연습을 한 다음 불신자들과 이야기를 나눌 수 있는 기회를 위해 기도합니다.	
걷기	**지역 사회 지도 만들기:** 각 그룹에게 위에 설명한 대로 지역 사회 지도를 만든 다음 우리가 가족을 위해 기도하듯이 각 가정을 위해 기도하도록 도전합니다.	
달리기	**전도 이벤트:** 그룹에 아이디어 목록을 제공하고, 각 그룹이 신자들과 함께 즐겁게 지낼 수 있도록 비신자를 초대하여 간단한 전도 이벤트를 진행하도록 도전하세요.	

당신의 꿈	장애물	행동목표	타이밍
장기계획 (1~5년)			
단기계획 (1~12개월)			
	다른 행동들		

이 페이지를 완료한 후 이 계획 질문에 대해 가장 우선순위가 높은 행동에 표시하세요. 그 행동을 10장 221-223페이지의 우선순위 목록에 복사합니다.

9

식탁 :
소그룹에서 장기적인 성공을 유지하기

Q17 - 당신은 어떻게 사역의 장기적인 성공을 보장할 것인가?
Q18 - 비전에 도달하기 위해 삶의 변화 이야기를 어떻게 축하할 것인가?
Q19 - 당신은 어떻게 당신의 소명에 충실할 것인가?
Q20 - 그룹이 경건하게 복종하는 태도를 기르도록 어떻게 도울 것인가?

이제 무엇을 할 것인가? 소그룹 사역이 시작되고 나면 무엇을 하나요? 당신과 회원들에게 지속적으로 도전하는 방식으로 어떻게 사역을 유지하나요? 교회 생활의 성장과 유지 주기에서 어떻게 비전과 사명을 중심에 두나요? 어떻게 나침반을 설정하고 폭풍우 속에서도 방향을 잃지 않고 나아갈 수 있을까요?

소그룹을 시작하는 것이 하나의 과제입니다. 소그룹을 건강하게 유지하고 발전시키는 것은 또 다른 과제이며 어떤 면에서는 더 까다롭습니다. 소그룹 사역은 전자레인지에 돌릴 수 없습니다. 하나님께서 버섯을 키우고 싶으시면 6시간 만에 버섯을 키우십니다. 하나님께서 떡갈나무를 키우고 싶으시면 60년이 걸립니다. 연약하고 쉽게 파괴되는 버섯 같은 소그룹 사역을 원한다면 빨리 키우세요. 뿌리가 깊고 강하며 오래가는 떡갈나무와 같은 사역을 원한다면 시간이 더 길릴 것입니다. 우리는 20년 동안 소그룹 사역을 다듬어 왔습니다.

때로는 120년처럼 느껴지기도 하고, 때로는 20분처럼 느껴지기도 합니다. 제대로 하려면 시간이 걸립니다! 함께 일하는 사람들을 위해 기도하세요. 지혜로운 의도를 가지고 목표를 계획할 수 있도록 기도하세요. 목표가 두렵지 않다면 충분히 크지 않다는 뜻입니다. 그 무서운 목표를 달성하기 위해 수고할 때 인내할 수 있도록 기도하세요. 그런 다음 하나님께서 당신을 움직이도록 하세요!

> 목표가 두렵지 않다면 충분히 크지 않은 것입니다

예를 들어 앨라배마주 애쉬포드에 있는 워터마크 교회의 소그룹 및 돌봄 담당 목사인 크리스 맥콜은 최근 메모에서 자신의 교회가 장기적인 성공을 지속하기 위한 방법으로 리더 코칭과 지원을 추가한 방법을 설명합니다.

소그룹 사역은 괜찮은 것 같았지만 뭔가 부족한 점이 있었습니다. 소그룹이 정체되어 있었고 처음 시작할 때와 거의 같은 수의 소그룹이 사라지고 있었습니다. 리더들이 절실히 필요로 하는 돌봄을 충분히 받지 못하고 있었습니다. 우리는 여러 차례 코칭 구조를 시도했지만 사람이 아닌 구조에 초점을 맞춰 만들었기 때문에 대개 빠르고 고통스럽게 죽어갔습니다. 많은 논의 끝에 나는 다른 전략으로 코칭을 다시 시도해야 한다는 것을 알았습니다.

나는 관계성이 뛰어나고 소그룹과 함께할 수 있는 훌륭한 그룹 리더들을 모집했습니다. 이들이 소그룹 리더십 팀과 커뮤니티 리더 1세대가 되었습니다. 걸음마 단계에서는 비전을 세우고, 훈련하고, 관계를 구축하는 데 시간을 보냈습니다. 걷기 단계에서는 커뮤니티 리더들을 이미 관계를 맺고 있는 그룹 리더들 위에 배치했습니다. 마지막으로 뛰기 단계에서는 낯선 그룹 리더를 맡기는 방식으로 진행했습니다. 이것은 이미 우리 사역에 큰 추진력을 불어넣었습니다. 이제 우리는 잃는 그룹보다 더 많은 그룹을 추가하고 있으며 다음 학기에는 2세대 커뮤니티 리더를 추가할 예정입니다.

이것이 목표입니다. 변화하는 삶의 경험을 통해 지속되는 건강하고 강하며 성장하는 소그룹 사역입니다.

당신은 어떻게 사역의 장기적인 성공을 보장할 것인가? Q17

NASA가 로켓이 비행하는 동안 여러 차례에 걸쳐 궤도 수정 일정을 잡는다는 사실을 알고 계셨나요? 현대의 우주여행은 주기적으로 궤도를 점검하고 목적지에 성공적으로 도달하기 위해 필요한 조정을 수행함으로써 성공합니다. NASA와 마찬가지로 우리도 여정 중에 작은 수정이 필요합니다. 일부 수정은 사역이 표류한 후 계획대로 돌아가는 데 도움이 됩니다. 이렇게 하면 계획한 코스를 계속 따라갈 수 있습니다.

그러나 때로는 원래의 계획이 부적절했거나 계획보다 더 많이 성장했음을 경험으로 알게 되어 계획 자체를 수정해야 한다는 것을 깨닫게 될 수도 있습니다. 처음 사역을 시작할 때 모든 것을 알 수 없기 때문에 이것은 사역의 자연스러운 부분입니다. 변경이 필요한 계획은 실패가 아니며 효과가 없는 계획을 업데이트하지 않는다고 해서 죄책감을 느낄 필요는 없습니다. 교회마다 상황이 다르기 때문에 소그룹 사역을 개발하는 것은 미지의 바다를 탐험하는 것과 같습니다. 계획에 차질이 생기는 것을 경험하는 것은 흔한 일입니다. 좌절은 실제로는 하나님의 계획이 드러나고 우리가 전혀 몰랐던 문이 열리는 것일 때가 많습니다. 이럴 때 새로운 통찰력을 하나님이 주신 선물로 받아들이고 그분의 계획에 더 가까이 다가가세요.

소그룹 사역이 저절로 수정되지 않습니다. 사역은 항상 수정이 필요합니다. 불완전한 사람들을 모아 완벽한 소그룹 사역이나 교회를 만들 수는 없습니다. 때때로 요구되는 조정은 불가능해 보이고 종종 좌절감을 주기도 합니다. 계속 진행하기가 어렵습니다. 무엇이 동기를 부여할까요? 당신의 비전과 사명! 당신의 꿈과 목적! 계획을 지속해서 수정하고 궁극적으로 하나님의 뜻대로 사역을 성장시키려면 기꺼이 계획을 수정해야 합니다.

> 소그룹 사역이 저절로 올바르게 진행되지 않습니다

성공의 정의, 정렬 유지

교회의 비전과 사명은 교회의 성공을 정의합니다. 그래서 소그룹 사역을 교회, 주말예배 및 기타 모든 사역과 연계시켜야 합니다. 각 파트가 다른 파트의 역할을 이해하지 못하거나 어느 한 파트가 동조하지 못하면 모두가 동조하지 못합니다. 교회의 나머지 리더십 및 다른 사역자들과 관계 자본을 계속 구축하세요. 교회의 하나님 나라 성취를 극대화하기 위해 각 부분이 다른 부분을 돕는 상호 연결된 협력을 촉진하기 위해 할 수 있는 일을 하세요.

소그룹 사역의 비전과 사명은 교회의 성공에 대한 소그룹 사역의 기여도를 정의할 것입니다. 이것이 당신이 세워나갈 강력한 토대입니다. 청사진을 던져버리고 자유자재로 움직이면 결국 엉망진창이 될 것입니다. 당신과 하나님의 계획에 따라 조정할 수 있는 여지를 남겨두면서 계획대로 진행하는 것이 중요합니다. 사역이 성장함에 따라 때로는 청사진이 거실을 더 넓히거나 부엌을 더 크게 만드는 것과 같은 사역을 허용하는지 평가해야 할 때가 있습니다. 하지만 전반적으로 원래의 비전과 사명에 부합하는 상태를 유지해야 합니다.

다음은 필요한 조정을 감지하거나 올바른 방향으로 나아가고 있는지 확인하는 몇 가지 방법입니다.

- 특히 C팀과 함께 정기적인 평가 일정을 잡으세요. "계획대로 가고 있는가, 아니면 계획대로 돌아가기 위해서 코스를 조정해야 하는가?"라고 질문하세요. 그리고 "계획을 수정해야 할까요?"라는 더 어려운 질문도 해보세요. 현재 위치와 가고자 하는 방향 모두에 비판적인 시각을 계속 적용하세요.
- 설문조사, 설문지 및 기타 데이터 소스를 사용하여 의도한 결과를 측정하세요. 너무 많은 설문조사는 리더를 지치게 할 수 있으므로 1년에 서너 번만 실시하여 제공하는 도구의 효과, 그룹 건강 및 전반적인 만족도를 모니터링합니다.
- 무작위로 선정된 소그룹 멤버와 리더를 인터뷰하여 그룹 생활의 상태를 엿볼 수 있습니다. 목자(목사)가 양들과 어울리는 것이 적절하므로 목자가 직접 이 작업을 수행

해야 합니다.

- 그룹을 떠난 멤버나 리더십에서 물러난 리더를 대상으로 퇴장 인터뷰나 설문조사를 실시하는 것도 고려해 보세요. 그들이 떠난 이유가 사역의 효과와 무관한 경우도 있지만 때로는 조정에 도움이 되는 피드백을 받을 수 있습니다.
- 교회 내 다른 사역팀과 협력하여 사람들이 그리스도를 더욱 닮아가도록 함께 돕는 일을 어떻게 하고 있는지 물어보세요.

드러나는 문제를 어떻게 해결해야 할지 항상 알지 못할 수도 있습니다. 리더십 팀이 신뢰하는 친구, 다른 교회의 지도자, 교회의 다른 지도자, 물론 담임목사 등 새로운 출처를 통해 외부의 새로운 관점을 얻는 것을 고려하세요.

변화를 실행할 때는 항상 관계를 염두에 두고 실행하세요. 변화로 인해 영향을 받는 사람들과 관계를 구축해야 합니다. 당신은 단순히 임무를 완수하는 것이 아니라 주님과 사람들을 섬기는 것입니다. 그리고 항상 과도하게 소통하세요. 사람들은 자신이 알지 못하는 것에 대해 실망할 것입니다.

떠내려감에 대한 경계

그림 9.1

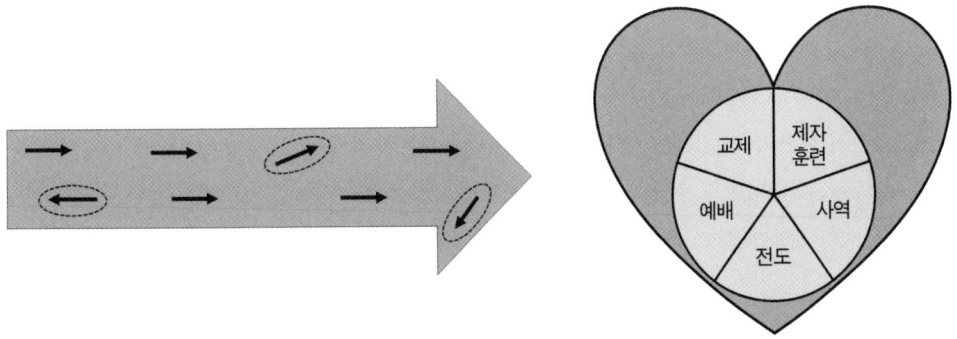

어떤 사역에서든 오랜 시간이 지나면 안주하는 경우가 있습니다. 그림 9.1에 나타난 마

음은 새들백의 성숙한 제자에 대한 정의를 나타내며 우리가 관점을 잃을 때 우리의 목표를 상기시켜 줍니다. 교회는 어떤 사람을 배출하고자 하는지를 염두에 두어야 합니다(Q5 참조). 큰 화살표는 교회의 전반적인 비전과 사명입니다. 큰 화살표 안의 작은 화살표는 교회의 사역이 나아가고 있는 방향입니다. 따라서 교회 내 각 사역은 이 목표를 향해 사람들을 양육해야 합니다. 안타깝게도 일부 사역은 조금 어긋나고 다른 사역은 교회의 온전한 제자 양육이라는 의도된 목적에 반하는 일을 하는 갈등의 상황에 처할 수도 있습니다. 단합과 새로운 목적의 명확성을 위해 함께 일할 수 있도록 최선을 다하세요.

어떤 목표를 향해 다른 사람들을 이끌고 있을 때 후속 조치가 중요합니다. 지시가 이행되었는지 다시 확인하지 않고 지시를 내리는 것은 실수입니다.

갱신 수준 이해하기

소그룹 사역의 갱신은 당신으로부터 시작됩니다! 하나님께서는 사도행전에 언급된 집집마다의 구성 요소를 구축하기 위해 당신을 교회에 보내셨습니다. 사역을 계속 진행하기 위해 필요한 빈번한 업그레이드를 실행하려면 다섯 가지 수준의 갱신을 이해하고 실행해야 합니다.

1. 개인적인 갱신

소그룹 사역의 핵심인 당신에게 이것은 고백으로부터 시작됩니다. 이것은 하나님과의 수직적 관계를 새롭게 하는 것이며 다른 무엇보다 먼저 일어나야 합니다. 당신의 영혼은 깨끗해지고, 재충전되며, 하나님의 행진 명령을 위해 열려 있습니다. 하나님께서 당신의 사역의 불을 지필 수 있는 열정과 확신을 심어 주실 수 있는 곳입니다. 당신은 소그룹 사역의 양심입니다. 당신은 사역의 방향과 추진력을 제공합니다. 당신이 사역에서 손을 떼면 원수가 이긴 것입니다. 또한 사역 리더십 전반에 걸쳐 개인적인 갱신이 반복되도록 해야 합니다.

2. 관계 갱신

교회 경제는 관계의 화폐로 거래되며 사람들이 함께 시간을 보내고 서로를 더 잘 알게 될수록 관계는 깊어집니다. 사역의 요점 담당자로서 당신은 모든 리더십을 통해 관계 화폐를 구축해야 합니다. 교회 리더십의 일원으로서 다른 지도자 및 사역자들과 관계 화폐를 구축해야 합니다. 사역의 모든 부분, 모든 방향, 모든 참여자 사이에서 관계의 깊이를 키우기 위해 최선을 다하세요.

3. 선교적 갱신

이 단계에서는 모든 사람이 소그룹 사역의 목적과 존재 이유를 이해하도록 돕습니다. 베테랑과 사역의 챔피언(얼리 어답터)을 격려하고, 울타리를 지키는 사람(미드 어답터)에게는 이해할 수 있는 공간을 제공하며, 저항하는 사람(레이트 어답터)에게는 사역의 목적의 가치를 볼 수 있는 유리한 지점을 제공해야 합니다. 선교적 갱신은 절대 끝나지 않으며 강도에 따라 달라지는 지속적인 과정입니다.

4. 구조적 갱신

사역이 성장함에 따라 사역의 원래 구조가 유지될 수 없습니다. 50개의 소그룹으로 구성된 사역이 5개의 그룹을 잘 섬기던 구조로는 번창할 수 없습니다. 행정, 커뮤니케이션, 훈련, 예산 책정 및 기타 프로그램 운영 방식을 바꿀 준비를 하세요.

5. 문화적 쇄신

표류는 항상 일어나며 한번 정렬된 사역이 잘못 정렬될 수 있음을 이해합니다. 열역학 제2 법칙에 따르면 우주의 총 엔트로피는 무질서를 향해 끊임없이 증가하지만 질서를 향해서는 절대 감소하지 않는다는 것과 영적인 유사점이 있습니다. 사람은 사람이고

사역을 지속하는 것은 장기적인 관점으로 접근해야 합니다

우리의 타락한 본성이 그 자리를 대신합니다. 문화 혁신에서는 사명과 비전이 불을 지피고 모든 팀과 부서가 다시 제자리를 찾게 합니다. 모든 파트가 사도행전 5장 42절의 성전과 집집마다의 전략에 어떻게 부합하는지 이해하게 되고 서로를 옹호하기 위해 각자의 역할을 다하게 됩니다.

많은 목회자와 사역 리더들이 흔히 저지르는 실수가 있습니다. 그들은 개인적 쇄신 차원에서 열심히 일하고 있을 수 있으며 아마도 그들의 지도력 아래 있는 모든 사람이 똑같이 하고 있을 것입니다. 좋은 일이죠. 그런 다음 컨퍼런스에 참석하거나 교회 또는 소그룹 사역 방법에 관한 책을 읽은 후 모든 것을 바꾸려고 구조적 갱신으로 곧장 나아갑니다. 그들은 중간 단계의 갱신은 건너뜁니다. 그들은 멋진 구조를 구상할 수 있지만 관계, 선교, 문화의 갱신을 건너뛰었기 때문에 아무도 새로운 구조를 채택해야 할 이유를 보지 못하거나 동기를 느끼지 못합니다. 전체 구성원이 다섯 단계를 모두 함께 진행해야 하며 구조가 이끄는 것이 아니라 나머지 부분에서 흘러나오는 것입니다. 사역을 지속하려면 장기적인 안목으로 사람들을 끌어들이는 것이 중요합니다!

Q17 계획 페이지

장기적인 성공 보장하기

	걸음마	**담임목사와의 협력:** 담임목사와 분기별 미팅을 예약하고 통계와 이야기를 공유하여 서로가 같은 생각하고 있는지 확인하세요.
	걷기	**사역 조정:** 다양한 소그룹 활동과 프로그램을 나열하고, 그룹을 통해 건강하고 균형 잡힌 사역이 이루어지고 있는지, 그렇지 않은지 C팀과 함께 평가하세요. 어떤 코스 수정이 필요한가요? 건강을 위한 시스템을 교인들에게 더 잘 전달할 필요가 있나요?
	달리기	**갱신:** 여러분과 소그룹 사역, 교회의 현재 갱신 수준을 파악하고 다음 단계를 시작하기 위한 목표를 세웁니다.

작성 방법은 86~89페이지의 '질문 계획 페이지 작성 지침'을 참조하세요.

당신의 꿈	장애물	행동목표	타이밍
장기계획 (1~5년)			
단기계획 (1~12개월)			
	다른 행동들		

이 페이지를 완료한 후 이 계획 질문에 대해 가장 우선순위가 높은 행동에 표시하세요.
그 행동을 10장 221-223페이지의 우선순위 목록에 복사합니다.

Q18 비전에 도달하기 위해 삶의 변화 이야기를 어떻게 축하할 것인가?

지속 단계의 또 다른 중요한 부분은 소그룹에 속한 사람들의 삶의 여정을 축하하고 배우는 것입니다. 성경은 "우리는 흔들리지 않는 하나님 나라를 받고 있으므로 거룩한 두려움과 경외심으로 하나님을 경배함으로써 감사하고 하나님을 기쁘시게 해드리자"(히 12:28 NLT)고 말씀합니다. 잠시 집중해 보세요. 흔들리지 않는 하나님 나라. 우리에게 축하할 이유가 있다면 바로 그것입니다. 소그룹 전체에서 하나님이 하시는 일을 축하하며 하나님을 경배하는 시간을 가져보세요. 당신과 다른 사람들은 글과 말을 통해 이야기와 삶의 교훈을 강력하게 나눌 수 있습니다.

이야기는 강력한 동기부여입니다. 예수님은 이야기 사용의 대가였습니다. 소그룹 리더와 회원들이 비전을 행동으로 옮길 수 있도록 창의적으로 이야기를 활용하세요.

그룹에서

하나님께서 하시는 일을 정기적으로 축하하는 것은 그룹 리더와 멤버들이 사역과 그 안에서 자신의 역할에 대해 흥미를 갖도록 하는 데 도움이 됩니다. 우리는 모두 이 우주의 초자연적인 하나님이 우리 삶과 교차하는 실화를 통해 동기를 부여받습니다. 그분이 무한한 능력과 사랑을 보여 주실 때 우리는 그저 "와우! 와우, 하나님!"이라고 외칩니다.

먼저 지도자와 회원들에게 하나님이 주변에서 하시는 일을 알아차리고 깨어 있으라고 상기시킵니다. 하나님께서 아무 일도 하지 않으시더라도 우리를 놀라게 하실 것이라는 확신을 갖고 기도해야 합니다. 그룹별로 그들의 요청과 하나님의 응답을 적도록 격려합니다.

그런 다음 하나님의 응답이 있으면 그룹에서 그리고 리더를 통해 당신이나 당신의 팀과 그 이야기를 나누도록 요청하세요. 이를 위한 좋은 방법의 하나는 누군가의 휴대폰을 사용하여 그룹 동영상을 만들어 이야기를 나누는 것입니다. 가장 관련성이 높은 멤버를 주인공으로 내세우되 나머지 그룹 멤버와 그들의 생각도 끌어들일 수 있습니다. 리더에게 이러한 동영상을 평가하고 품질을 편집할 수 있는 본인 또는 지정된 조력자에게 보내 달라고 요청하세요. 그런 다음 소셜 미디어와 웹사이트에 동영상을 게시하거나 분류하여 목회자가 가르치거나 예배에서 간증으로 사용할 수 있도록 합니다.

그룹과 개인의 삶에 개입하신 하나님의 이야기는 당신의 사역을 새로운 차원으로 끌어올릴 것입니다. 보장됩니다.

특정 그룹 멤버와 리더에게 이야기를 요청할 수도 있습니다. 소그룹 참여가 그들의 삶에 어떤 영향을 미쳤는지에 대한 그들의 정신적 처리를 안내하세요. 그들이 새로운 방식으로 그리스도를 따르게 된 이유는 무엇인가요? 무엇이 태도와 행동에 변화를 가져왔나요?

이야기를 수집하고 보관하는 시스템을 구축하는 것이 좋습니다. 지금은 필요하지 않지만 한 달 또는 1년 후에 필요한 강력한 간증을 들을 수도 있습니다.

지속적인 학습

나는 '지속적인 배움의 네 가지 P'를 그룹 나눔의 지침으로 성공적으로 사용해 왔는데 이 시를 통해 우리 삶에서 흔들리지 않는 하나님의 나라에 관한 이야기를 끌어내는 경우가 많습니다. 이전 책에서 네 가지 'P'를 보신 적이 있을 텐데요, 최근에 다섯 번째 'P'를 추가했습니다. 이것은 소그룹 리더와 회원들이 서로의 이야기를 나눌 수 있도록 도와줄 수 있는 도구입니다.

Praise: 칭찬이란 무엇인가요?

좋은 일은 항상 일어나고 있습니다. 우리는 잘못된 일에 대해 불평하는 것이 쉽고 자연스럽지만 하나님은 우리의 부족한 모습이라도 괜찮다고 하십니다. 소그룹에서 잘되고 있는 일이나 우리의 상황, 심지어 어려움 속에서도 어떤 좋은 일이 일어나고 있는지 서로 나누세요.

Problem: 무엇이 문제인가요?

그룹 리더와 구성원들이 문제를 배움의 기회로 보고 공유하도록 격려하세요. 모든 문제는 다른 누군가가 겪은 문제일 수도 있고, 같은 그룹에 속한 누군가가 겪은 문제일 수도 있으며 성경에서 배울 수 있는 문제일 수도 있습니다. 사람들이 주위를 둘러보도록 격려하세요. 문제에서 해결책이나 삶의 교훈을 얻을 수 있는 사람을 만날 수도 있습니다.

Plan: 계획은 무엇인가요?

리더와 회원들이 서로의 소망에 대해 나눌 때 그들은 함께 더 큰 경험과 지혜를 모아 그 소망을 이루기 위한 계획을 세울 수 있습니다. 새들백에서는 소그룹이 서로의 삶에서 예수님의 지상 명령과 지상 계명을 균형 있게 성취할 수 있도록 안내합니다. 어떤 사람들의 이야기는 과거에 어떻게 이런 일이 일어났는지 설명해 줍니다. 이를 통해 다른 사람들이 자신의 미래를 위해 하나님의 이야기를 쓰고 살아가도록 격려합니다.

Personal Prayer: 개인기도 제목이란 무엇인가요?

그룹원들은 서로의 기도를 요청하여 하나님 아버지께 우리 삶의 다음 단계를 잘 살 수 있도록 도와달라고 간구할 수 있습니다. 또한 서로의 친구와 가족은 물론 영적 지도자, 정부 관리 등을 위해 기도할 수도 있습니다.

Perspective: 건강한 관점이란 무엇인가요?

당신의 삶과 그룹 경험에 대한 하나님의 관점을 위해 기도하고 찾아보세요. 그분은 성경을 통해 그분의 관점에 대해 많은 것을 계시하셨습니다. 우리가 평소의 제한된 시야를 넘어 그분의 관점을 얻을 때 우리는 그분이 하시는 일과 우리의 삶과 그룹 상황이 그분의 위대한 계획을 어떻게 성취하고 있는지 축하할 새로운 이유를 발견하게 됩니다. 우리의 이야기는 모두 하나님의 더 큰 이야기의 일부이며 우리의 삶은 그분의 이야기를 전 세계에 걸쳐 역사적으로 전하는 것입니다.

Q18 계획 페이지

삶의 변화 이야기를 축하하기

	제자양성단계	
	걸음마	**기도하기**: 모집한 기도팀에게 가서 교회의 소그룹에서 삶의 변화가 일어나도록 정기적으로 기도해 달라고 요청하여 이야기할 수 있는 이야기가 생기도록 합니다.
	걷기	**나누기**: 소그룹에서 정기적으로 찬양을 나누며 하나님께서 성도들의 삶에서 행하신 일을 기리도록 격려하세요.
	달리기	**선포**: 예배 시간에 소그룹 구성원들의 삶에서 '하나님의 순간'에 대한 삶의 변화를 경험한 간증을 정기적으로 나누도록 계획하세요.

작성 방법은 86~89페이지의 '질문 계획 페이지 작성 지침'을 참조하세요.

당신의 꿈	장애물	행동목표	타이밍
장기계획 (1~5년)			
단기계획 (1~12개월)			
	다른 행동들		

이 페이지를 완료한 후 이 계획 질문에 대해 가장 우선순위가 높은 행동에 표시하세요.
그 행동을 10장 221-223페이지의 우선순위 목록에 복사합니다.

Planning Small Groups with purpoese

Q19 당신은 어떻게 당신의 소명에 충실할 것인가?

소그룹 사역을 유지하고 성장시키는 데 필요한 모든 일을 할 때 소명을 잊어버릴 정도로 일에 몰두하지 마세요.

> 업무에 너무 얽매여 소명을 잊어버리지 마세요

예수님은 부활하신 후 베드로에게 "요한의 아들 시몬아, 네가 이(사람, 것)들보다 나를 더 사랑하느냐?"(요 21:15)라고 물으셨습니다. 예수님은 세 번이나 물으셨고 베드로는 세 번이나 "예"라고 대답했습니다. 예수님이 말씀하신 '이것들'은 무엇을 의미할까요? 제자들이 방금 잡은 물고기 153마리에 대해 말씀하신 것 같습니다. 대수롭지 않게 보일 수 있지만 성경의 모든 세부 사항은 의미가 있습니다. 1세기 어부에게 153마리의 물고기는 엄청난 어획량이었을 것입니다. 베드로와 그의 가족의 생계에 큰 도움이 되었습니다. 예수님은 베드로가 처음에 '이것들'을 버리고 예수님을 따를 만큼 예수님을 신뢰했던 자신의 소명을 기억하기를 원하셨습니다.

우리 중 누구라도 사역에 임하기 전에 예수님의 질문에 답할 수 있어야 합니다. "네가 이것들보다 나를 더 사랑하느냐?" 당신에게 '이것들은' 무엇을 의미하나요? 제게는 안전입니다. 불안감 때문에 사역을 시작하지 못 할 뻔했습니다. 불안은 믿음을 죽입니다! 베드로에게 그것은 생계였습니다. 베드로는 결국 이 유혹을 물리치고 기꺼이 예수님을 삶의 최우선 순위로 삼아 계속 따랐습니다. 베드로의 설교를 통해 3천 명이 구원받았으니까요!

교회와 소그룹 사역에서 당신을 향한 하나님의 목적을 이루려면 당신의 소명을 잊어서는 안 됩니다. 당신의 사역이 장기적으로 성공할 가능성은 그 사역을 감독하는 당신이 교회에서 오래 사역할 때 더 높아집니다. 비전을 공유하고 실행할 수 있는 기간이 길수록 교회 문화를 영구적으로 변화시킬 가능성이 커집니다.

그러나 당신이 지치거나 과중한 부담을 느끼거나 약간이라도 불안해한다면 예수님의 양을 먹이는 것이 어려워질 수 있습니다(요한복음 21:15~17 참조). 마귀는 교활한 방법으로 일합니다. 마귀는 당신이 죄를 짓게 할 수만 있다면 최선을 다해 당신을 바쁘고 산만하게 만들 것입니다. 체크리스트에 너무 매몰되어 교회와 사역의 실제인 사람을 잊어버리지 마세요! 과정과 사람 사이의 균형을 유지하면서 가드레일을 제자리에 두세요. 기도 동역자와 멘토를 활용하세요. 사역 이외의 우선순위, 예를 들어 가족을 포함하여 우선순위에서 벗어나지 마세요. 하나님께서 당신에게 사명을 주셨고 그 사명을 완수하도록 도와주실 것입니다!

당신 자신의 영혼을 돌보는 것은 필수적입니다. 성경적 안식과 회복을 추구하는 것을 정당화하는 데 어려움이 있다면 하나님 나라 임무가 그것에 달려 있다는 사실 외에 더 이상의 변명은 필요하지 않습니다. 당신이 소진되면 사역도 소진될 수 있습니다. 자신의 영혼을 돌보지 않으면 사역에서 멀어지기 쉽습니다.

버지니아주, 애빙던에 있는 하이랜드펠로우십교회의 다니엘 토마스 목사님이 바로 이 문제에 대해 나에게 편지를 보내주셨습니다.

> 내 성격은 단순히 업무 모드를 끌 수 있는 성격이 아닙니다. 나는 사역에 좌절하고 심지어 지쳐가는 자신을 발견했습니다. 당신의 컨퍼런스에 참석했을 때 영혼을 돌보고 지역 교회를 섬기라는 부르심에 충실하도록 도전하셨습니다. 소명에 충실하지 않으면 다른 사람들을 효과적으로 섬길 수 없습니다. 나뿐만 아니라 하나님께서 내게 돌보라고 맡기신 사람들도 고통받을 것입니다. 나의 소그룹이 하는 전도도 마찬가지입니다. 그래서 간단한 계획을 세웠습니다.
>
> 1. 달력에 '하나님과의 시간'을 매일 계획하기: 내가 하는 모든 일은 하나님과의 개인적인 관계에서 비롯되기 때문에 이것은 내 영혼에 영양을 공급하고 사역의 성공을 가져다줍니다.
>
> 2. 멘토와 정기적으로 연락하기: 멘토가 내 계획을 알고 있으면 내가 계획을

목자가 가면 양들도 따라갑니다

잘 수행할 수 있도록 도와줄 수 있습니다.

3. 소그룹 네트워크를 통해 분기별로 한번씩 온라인 또는 직접 만나서 다른 소그룹 리더나 목회자들과 교류하기: 나는 사역 경험이 있는 다른 사람들로부터 배우는 것을 좋아하고 새로운 사람들에게서 새로운 통찰력을 얻는 것을 좋아합니다. 이것은 또한 제 열정을 새롭게 하는 데 도움이 됩니다.

4. 다른 사람에게 투자하고 하나님께서 나에게 주신 것을 다른 사람과 나누기: 하나님은 우리가 다른 사람에게 자신을 쏟아부을 때만 우리에게 주신다고 믿습니다.

하나님과의 시간, 헌금, 다른 그리스도인들과의 교제 등 당신이 사역에서 가르치는 모든 성장과 신실함의 영역에서 당신 자기 삶에서 이러한 것들을 보아야 합니다. 그렇지 않으면 사역의 효율성이 떨어질 것입니다. 캐스팅 크라운즈의 노래 '슬로우 페이드 Slow Fade, 점점 사라져가는'는 우리가 어떻게 조금씩 뒤로 물러날 수 있는지에 대해 이야기합니다. 굴착기로 영적 구멍을 파는 사람은 아무도 없지만 보통 한번에 한 티스푼씩 파는 것이 일반적입니다.

물론 사역의 모든 리더는 자신의 역할을 효과적으로 수행하기 위해 똑같이 노력해야 합니다. 하지만 그들은 당신의 리드를 따르고 있기 때문에 이 질문은 의도적으로 당신 개인을 향한 것입니다. 사역이 고된 일이나 부담이 되지 않도록 매일 열정을 새롭게 하세요. 하나님께서는 당신의 봉사를 통해 그분이 주신 은사가 나타나고 사람들이 승리하여 그분의 아들 예수님께 가까이 가기를 원하십니다. 무엇이 당신의 영혼을 새롭게 하나요? 목자가 가는 대로 양들도 가야 합니다.

Q19 계획 페이지

소명에 충실하기

작성 방법은 86~89페이지의 '질문 계획 페이지 작성 지침'을 참조하세요.

제안된 사역들		
걸음마	**절대적인 항복:** 하나님께서 여러분이 항복하기를 원하시는 것을 나열하세요. 우리 모두에게는 아킬레스건이 있습니다. 소그룹의 핵심인 여러분이 하나님과 더 가까워지고 그분의 목적을 이루는 데 도움이 되는 것은 무엇일까요?	
걷기	**먼저 그분을 지키세요:** 여러분이 예수님보다 더 사랑할 수 있는 '이것들'은 무엇인가요? 여러분을 위해 기도해 줄 친구와 함께 나눠보세요.	
달리기	**집중하세요:** 소그룹 포인트 담당자로서 몇 시간을 헌신했는지 적어보세요. 얼마나 수동적으로 반응하고 있는지 얼마나 능동적으로 우선순위를 추구하고 있는지 확인하기 위해 시간을 기록해 보세요.	

당신의 꿈	장애물	행동목표	타이밍
장기계획 (1~5년)			
단기계획 (1~12개월)			
	다른 행동들		

이 페이지를 완료한 후 이 계획 질문에 대해 가장 우선순위가 높은 행동에 표시하세요.
그 행동을 10장 221-223페이지의 우선순위 목록에 복사합니다.

Q20 그룹이 경건하게 순종하는 태도를 기르도록 어떻게 도울 것인가?

이 질문에서는 예배에 대한 전통적인 정의를 확장하고 싶습니다. 여기서 예배란 성령께 온전히 복종하는 것과 우리의 완전한 항복을 의미합니다. 소그룹 인도자는 사역 전반에 걸쳐 경건하게 복종하는 출발점입니다. 우리의 모범은 우리의 리더십을 통해 흘러내리므로 우리가 개인적으로 주님께 복종하고 항복하는 것은 우리가 인도하는 모든 사람에게 매우 중요한 요소입니다. 우리는 하나님께서 암살자가 아니라 외과 의사로서 칼을 휘두르신다는 사실을 알고 우리 자신을 산 제물(롬 12:1 참조)로 끊임없이 제단 위에 올려야 합니다. 다음과 같은 습관이 내가 35년 동안 사역을 계속할 수 있게 해 주었습니다.

- 조용한 시간: 무슨 일이 있어도 나는 그것을 해냅니다. 나는 책을 잘 읽지 못하기 때문에 드라이브 타임 묵상 앱을 통해 오디오 말씀의 시간을 갖습니다. 10분의 성경 말씀은 주님과 함께 묵상할 수 있는 시간을 마련해 줍니다. 하나님께 쓰임 받기 위해 하나님과 시간을 보내세요.
- 십일조와 시간: 하나님이 당신의 재정을 소유하시면 그분도 당신을 소유하십니다. 하나님이 당신의 달력을 소유하시면 그분도 당신의 소유가 됩니다. 헌금은 예배입니다.
- 공동체: 진정한 인간관계, 특히 나를 발전시키는 방식으로 나를 사랑하는 사람들과의 관계는 나를 더욱 그리스도를 닮게 만듭니다.

예배는 당신과 당신의 리더들이 사역의 점들을 연결하여 모두가 이해할 수 있도록 도와줍니다. 모든 리더십이 하나님과 연결되도록 돕는 것은 훈련보다 백 배 이상의 효과를 발휘합니다. 따라서 사역을 지속할 때 당신 자신과 리더들이 최고의 조력자인 성령과 긴밀하게 연결되도록 하세요. 성령은 모든 혼란과 혼란 속에서 1세기 교회를 하나로 묶어 주셨고 당신의 사역을 위해서도 그렇게 하실 것입니다. 당신은 당신의 사역을 통제한다고 생각할 수 있지만 사역은 그분의 사역이며 그분이 통제하십니다. 하나님만이 하실 수 있는 일을 할 수 있도록 의미 있는 경험을 계획하고 기대하면 당신의 일이 훨씬 쉬워질 것입니다!

새들백교회에서는 소그룹 사역에서 크게 세 가지 맥락에서 예배를 강조합니다.

소그룹에서

소그룹 예배가 시간 낭비가 아니라 그룹원들의 영적 건강에 필수적인 부분으로 느껴지도록 리더들이 신중하게 소그룹 예배를 계획하도록 훈련하세요. 하나님께서 우리에게 복종하는 예배의 일부로 안식일을 지키라고 명령하셨을 때 그분은 분명히 그것을 시간 낭비라고 생각하지 않으셨을 것입니다. 우리는 일을 하루 쉬면 뒤처질까 봐 두려워합니다. 하지만 하나님은 우리가 7일 동안 할 수 있는 것보다 6일 동안 더 많은 일을 하실 수 있습니다. 순수하게 하나님께 바쳐진 다른 모든 시간도 똑같이 의미 있으며 우리가 생각하지 못했던 방식으로 우리를 새롭게 해줄 것입니다. 만약 하나님의 방식이 아닌 내 방식대로 일하고 쉰다면 결혼 생활, 자녀, 심지어 사역까지 망가뜨릴 수 있습니다.

우리는 소그룹이 그룹 모임과 멤버들의 삶에서 일주일 내내 다양한 방식으로 예배를 즐기도록 권장합니다. 일부 그룹은 성만찬을 기념하며 관련 성경 구절과 기도를 깊이 파고들어 회원들이 주말 예배의 짧은 경험에 국한되지 않도록 할 수 있습니다.

- 성경 묵상: 한 사람이 성경 구절을 읽은 다음 회원들이 그 가르침의 의미와 적용에 대해 조용히 묵상한 후 그 가르침이 자신에게 어떻게 다가왔는지 나누는 방식입니다.
- 영상(비디오): 영상 예배의 다양한 선택은 성경 공부 전이나 후에 재생할 수 있는 다양한 옵션을 제공합니다.
- 찬양(노래): 그룹에 재능이 있다면 도전해 보세요.
- 성찬식: 교단이나 각 교회의 정관이 허용한다면 이 방법은 강력합니다.

아이디어는 무궁무진합니다. 이것은 단지 시작을 위한 제안일 뿐입니다.

커뮤니티 허들에서

일부 커뮤니티 허들에서는 소그룹 리더들이 모여(누구나 환영하지만 때로는 전체 그룹이 참석하기도 합니다) 서로를 만나는 것뿐만 아니라 하나님을 만나기 위해 모입니다. 때때로 하나님은 멋지고 다양한 방식으로 나타나십니다. 이런 식으로 커뮤니티 허들을 구성할 수 있습니다.

- 하나님의 말씀에 대한 훈련과 소그룹 인도 30%
- 40%는 훈련과 관련된 역할극으로 사람들에게 실제 또는 시뮬레이션 된 경험을 만들어줍니다.
- 30%는 리더들이 의미 있는 기업 예배를 드릴 수 있도록 인도하는 개인과 마음의 시간입니다.

리더 모임에서

앞서 설명했듯이 새들백교회는 1년에 두 번 리더 모임을 개최하는데 한 번은 감사를 표하고 비전을 제시하며 인재를 모집하고, 다른 한 번은 예배의 밤으로 진행합니다. 간단하지만 효과적으로 진행합니다. 리더들은 의미 있는 예배의 시간을 가질 뿐만 아니라 예배에서 소그룹을 인도하는 방법도 배웁니다.

Q20 계획 페이지

경건하게 순종하는 태도 기르기

작성 방법은 86~89페이지의 '질문 계획 페이지 작성 지침'을 참조하세요.

실천단계들		
걸음마	매주: 소그룹 구성원들이 돌아가면서 자신이 좋아하는 예배 동영상을 가져와서 그룹 예배를 드리고 묵상하고 나누도록 초대합니다.
걷기	분기별: 성찬식, 세족식, 십자가에 죄 못 박기, 연장된 기도 시간, 기타 창의적인 아이디어 등 특별한 예배 이벤트를 계획하도록 그룹을 격려하세요.
달리기	모임: 예배의 밤을 계획하여 설교 유무에 관계없이 그룹이 함께 모여 주로 하나님을 묵상하는 시간을 갖도록 합니다.

당신의 꿈	장애물	행동목표	타이밍
장기계획 (1~5년)			
단기계획 (1~12개월)			
	다른 행동들		

이 페이지를 완료한 후 이 계획 질문에 대해 가장 우선순위가 높은 행동에 표시하세요.
그 행동을 10장 221-223페이지의 우선순위 목록에 복사합니다.

Planning Small Groups with purpoese

part 3

결 론

10
모든 것을 종합하기

축하합니다! 이제 거의 끝이 가까워졌습니다. 이제 20개의 질문을 살펴보고 큰 꿈을 꾸고 소그룹 사역을 위한 현명한 목표를 브레인스토밍했으니 사역자 중 3%도 채 되지 않는 사람들이 해내지 못한 일을 당신은 해낸 것입니다. 당신의 끈기와 노력이 자랑스럽습니다. 이제 다음은 무엇일까요?

우선순위 지정 목록

	ABC	123
Q1 당신의 사역을 교회 리더십 및 사역과 어떻게 연계시킬 것인가?		
Q1의 우선순위 목표:		
Q2 소그룹의 가치를 교회에 어떻게 전달할 것인가?		
Q2의 우선순위 목표:		
Q3 사람들을 그룹으로 연결하기 위한 당신의 계획은 무엇인가?		
Q3의 우선순위 목표:		

ABC   123

| Q4 진행 상황을 어떻게 측정할 것인가? | | |

Q4의 우선순위 목표:

| Q5 성숙한 제자를 어떻게 정의하고 개발할 것인가? | | |

Q5의 우선순위 목표:

| Q6 소그룹 생활에서 어떤 결과를 원하는가? | | |

Q6의 우선순위 목표:

| Q7 사역을 위한 지도자를 어떻게 개발할 것인가? | | |

Q7의 우선순위 목표:

| Q8 소그룹 인도자들에게 어떤 지원 자료가 필요한가? | | |

Q8의 우선순위 목표:

| Q9 그룹 구성원들을 어떻게 리더로 개발할 것인가? | | |

Q9의 우선순위 목표:

| Q10 소그룹을 통해 사람들을 어떻게 개발할 것인가? | | |

Q10의 우선순위 목표:

| Q11 어떻게 사람들이 봉사하도록 격려할 것인가? | | |

Q11의 우선순위 목표:

| Q12 그룹이 봉사할 수 있는 기회를 어떻게 만들 것인가? | | |

Q12의 우선순위 목표:

	ABC	123

Q13 어떻게 전도와 영적 인식을 증진할 것인가?		

Q13 의 우선순위 목표:

Q14 글로벌 봉사활동에 모든 그룹을 어떻게 참여시킬 것인가?		

Q14의 우선순위 목표:

Q15 지역 봉사활동에 모든 그룹을 어떻게 참여시킬 것인가?		

Q15의 우선순위 목표:

Q16 개인 전도에 모든 그룹을 어떻게 참여시킬 것인가?		

Q16 의 우선순위 목표:

Q17 당신은 어떻게 사역의 장기적인 성공을 보장할 것인가?		

Q17의 우선순위 목표:

Q18 비전에 도달하기 위해 삶의 변화 이야기를 어떻게 축하할 것인가?		

Q18의 우선순위 목표:

Q19 당신은 어떻게 당신의 소명에 충실할 것인가?		

Q19의 우선순위 목표:

Q20 그룹이 경건하게 복종하는 태도를 기르도록 어떻게 도울 것인가?		

Q20의 우선순위 목표:

Planning Small Groups with purpoese

우선순위 정하기

20개의 모든 계획 질문의 우선순위 목록과 책을 읽으면서 선택한 20개의 우선순위가 높은 목표(231-233쪽)를 살펴본다. 이제 당신이 선택한 20개의 목표에 순위를 매길 차례입니다. 이 작업은 세 단계로 진행합니다.

먼저, 작성한 20개의 우선순위가 높은 목표를 읽어봅니다. 각 목표 옆에 빈 상자 두 열이 표시됩니다. 첫 번째 열에는 해당 목표의 중요도 또는 사역에 미치는 영향력을 표시하기 위해 A, B 또는 C를 적습니다.

A = 소그룹 사역에 매우 중요하거나 영향력이 큼
B = 소그룹 사역에 보통 정도의 중요성 또는 영향력
C = 소그룹 사역에 미치는 중요도 또는 영향이 낮음

지금 기도하세요. 그런 다음에 아래의 지침을 읽으세요.

돌아온 것을 환영합니다. 둘째, 두 번째 열에는 각 A, B, C 그룹 내에 숫자 값을 추가하여 첫 번째, 두 번째, 세 번째 등을 수행해야 하는지 식별합니다. 즉, A로 표시한 목표를 고려하고 완료해야 하는 순서에 따라 번호를 할당하십시오. 따라서 A1의 목표는 가장 먼저 수행할 목표입니다. 두 번째로 A2의 목표를 달성하게 됩니다.

그런 다음 B레벨 목표에 대해서도 동일한 작업을 수행하여 B1, B2 등으로 표시합니다. 마지막으로 C레벨 목표를 달성하려는 순서대로 지정합니다.

지금 그렇게 하고 다음 지침을 읽어 보십시오.

셋째, 20개의 목표를 모두 문자와 숫자로 표시한 후 향후 12~18개월 동안 달성하고 싶은 5~7개의 목표를 선택하세요. 어떤 목표는 어려울 수도 있고 어떤 목표는 더 쉬울 수도 있습니다. 여기서는 담대한 믿음을 행사할 수 있는 기회가 있습니다. 그러므로 당신이 확실히 어떤 이유를 행사해야 하는 동안 당신의 기대를 확장하는 데 있어서 하나님의 지혜를 요청하십시오.

모든 A레벨 목표를 먼저 수행하고 C레벨 목표를 마지막에 수행해야 한다고 가정하지 마십시오. 다른 작업을 시작하기 전에 일부 "덜 중요한" 작업을 완료해야 한다는 것을 알 수 있습니다. 귀하의 교회 달력에 따라 다음 달 또는 1년 동안 일어날 수 있는 일과 일어날 수 없는 일이 결정될 수 있습니다. 그리고 어떤 변화는 당신의 교회나 사역 문화에 너무 이르게 느껴질 수도 있습니다. 사실, 몇 가지 더 쉬운 목표를 달성하면 당신과 당신의 사역을 축하할 이유가 빨리 생깁니다. 그리고 일부 작은 단계는 결국 시간이 지남에 따라 큰 성과를 거두게 됩니다.

설명하자면 나는 싱글 그룹에 관해 덜 중요하다고 생각하는 몇 가지 B 수준 목표를 갖고 있었던 적이 있습니다. 나는 좀 더 긴급한 계획을 세우느라 바빴지만 릭 워렌 목사님은 논리적으로 새로운 싱글 그룹을 출범시키는 일련의 설교를 했습니다. 당시에는 그런 목표를 시도할 수 없을 거라고 생각했는데 하나님께서 문을 열어주셨습니다. 당시 교회 문화는 이러한 목표를 쉽게 달성하는 데 기여했습니다.

향후 12~18개월 동안 추구하고 싶은 상위 5~7가지 목표를 아래에 적어보세요.

_____
_____
_____
_____
_____

달력에 올려두세요

이제 상위 5~7개 목표를 달력에 단계별로 입력하세요. 이 중 일부 또는 전부는 전체 과정에서 아직 조정하지 않은 경우 최고 사역 지도자 및 기타 교회 지도자와의 조정이 필요할 수 있습니다. 달력에 무언가를 적으면 그 일이 갑자기 더 현실적이고 긴급해집니다. 이는 믿음을 키우고 집중력을 유지하고 우선 순위를 고수하는 데 도움이 됩니다.

달력은 살아있는 문서이며 지우개와 삭제 키가 존재하는 데에는 이유가 있습니다. 일부 날짜는 귀하의 교회와 사역에 무슨 일이 일어나고 있는지에 따라 '변동'될 수 있습니다. 피할 수 없는 지연을 겪게 된다면 하나님의 지연은 하나님의 거부가 아니라는 점을 기억하십시오.

달력에 목표를 적고 나면 이제 그 목표를 실현하는 작업이 시작됩니다. 쉬웠다면 누구나 그렇게 했을 것입니다. 타이밍은 단순한 개념처럼 보일 수 있지만 "시간"에 대한 신약성서의 두 단어는 우리 생각에 균형이 필요하다는 것을 알도록 도와줍니다. 헬라어 크로노스 χρόνος '연대기' 및 '시대착오'에서 파생된는 측정 가능한 시계 시간(초, 분, 시간, 연도)을 나타냅니다. 대조적으로, 헬라어 카이로스 καιρός는 "기회", "계절" 또는 "적절한 시간"을 의미합니다. 순간의 연속은 시간의 지속을 강조하는 크로노스입니다. 정해진 때는 카이로스이며 기간은 관계가 없습니다. 크로노스는 선형적이고 양적인 반면, 카이로스는 비선형적이고 질적입니다.

시간 관련 계획을 세우려면 두 가지 종류의 균형 잡힌 사고가 필요합니다. 그러나 각 개인과 교회 문화는 둘 중 하나에 치우치는 경향이 있기 때문에 우리는 둘 다 힘을 유지하도록 노력해야 합니다. 크로노스를 좋아하는 사람들은 일정을 지키고, 계획을 엄격히 준수하고, 일을 올바르게 수행하기를 원합니다. 좋은 계획에서 벗어나지 않으려면 이러한 생각이 필요합니다. 카이로스에 끌리는 사람들은 좀 더 유연하며 불편할 수도 있지만 정말 중요한 일을 성취하는 것을 의미한다면 "완벽한" 일정을 기꺼이 희생합니다. 원래 계획을 평가하고 이에 대한 중요한 변경 사항을 고려하려면 이러한 사고가 필요합니다.

시간의 이러한 측면은 삶과 사역의 다른 측면과 관련이 있습니다. 당신과 당신의 교회는

> 하나님이 지체하시는 것은 하나님이 거부하시는 것이 아닙니다

일을 올바르게 하는 데 집중하는 경향이 있습니까, 아니면 옳은 일을 하는 데 중점을 두는 경향이 있습니까? 둘 다 중요하며 둘 사이의 불균형은 사역의 건강을 나쁘게 한다는 것을 기억하십시오. 가장 큰 영원한 영향을 미치려면 당신과 당신의 사역, 교회 문화의 경향을 평가하십시오. 그런 다음 필요에 따라 함께 작업하여 다른 방향으로 다시 누르십시오. 이것이 바로 사역이 과학이라기보다 예술에 더 가까운 이유입니다.

약한 자를 위한 힘, 어리석은 자를 위한 지혜

당신 앞에 놓인 과제가 벅차게 느껴지거나 자신이 부족하다고 느껴진다면 하나님께서 내 안에서 그리고 나를 통해 행하신 일을 조금 말씀드리겠습니다. 내가 할 수 있다면 당신도 할 수 있습니다!

나는 가벼운 형태의 난독증이 있어서 책을 읽을 때 가끔 단어나 문자를 바꿔가며 읽은 다음 이해하려고 노력합니다. 수학에서는 열심히 공부해서 문제를 제대로 풀었지만 숫자 몇 개를 뒤집어서 오답을 적곤 했습니다. 6학년 때 담임선생님은 내가 내 이름 철자를 'Steve' 대신 'Stev'로, 'Gladen' 대신 'Glade'로 제대로 쓰지 않아서 실망하셨던 기억을 잊을 수 없습니다. 선생님은 종종 "이름 철자도 못 쓰는데 어떻게 하려고?"라고 물으셨죠.

하나님께서 나를 사역자로 부르셨는데 나는 하나님이 사람을 잘못 골랐다고 확신했습니다. (나중에 청소년 목사로 사역할 때 아이들은 내가 성경을 엉망으로 읽는다며 놀려댔습니다). 나는 7년 간의 사역을 그만두었습니다. 하지만 요나처럼 나도 하나님을 이길 수는 없었습니다.

풀러 신학교에서 석사 과정을 밟는 동안 지도 카운슬러가 교회에서 실제로 일해야 학위를 받을 수 있다고 말했어요. 참신한 개념이죠? 나는 세속적인 직장에서 완전히 행복했지만 하나님은 다른 계획을 가지고 계셨습니다. 너무 무서웠지만 하나님께서는 고린도전서 2장 4~5절에서 바울이 지혜롭고 설득력 있는 말이 아니라 하나님의 능력의 영을 가지고 왔다고 말씀하셨습니다.

우리는 모두 함께합니다

하나님께서는 당신 주변에 당신을 돕고 지원할 많은 사람과 단체를 두셨습니다. 당신의 지역 사회와 교회를 둘러보세요. 당신을 위해 그곳에 있는 사람들과 연결될 수 있도록 기도하고 관심을 기울이세요. 지역을 넘어 소그룹 네트워크에서 당신 곁에 있는 소그룹의 힘에 의지할 수 있습니다.

플로리다주 웨스트팜비치에 있는 그리스도 펠로우십의 실라 가렛은 다음과 같이 메모를 남겼습니다.

> 소그룹 네트워크는 성경적 공동체를 디자인하는 사람들이 협력할 수 있는 환경을 제공합니다. 각자의 고유한 청사진을 함께 수고하는 사람들과 공유하면서 우리는 그들의 다년간의 지식과 경험으로부터 유익을 얻습니다. 이러한 환경은 나를 새롭게 하고 사역에 대한 창의성, 관점, 인내심을 유지시켜 줍니다.

주변 사람들의 지식과 지원을 활용하세요. 이 일은 긴 게임이므로 계속 밀고 나가면 성공할 수 있습니다. 나는 작가이자 연사인 존 맥스웰의 말을 좋아합니다.

> 하나님께서 제 인생에 세워주신 리더들이 아니었다면 나는 지금처럼 전 세계 리더들의 삶에 투자할 수 없었을 것입니다. 당신의 삶과 사역을 위해 다른 리더들로부터 배우는 것이 얼마나 중요한지는 아무리 강조해도 지나치지 않습니다. 새들백의 소그룹 네트워크는 소그룹 사역의 리더로서 당신이 혼자서 사역할 때보다 더 성장하고 더 큰 영향력을 끼칠 수 있는 이상적인 기회를 만들어 줍니다.

이제 변화를 만들어 보세요. 도움이 필요하면 언제든지 steve@stevegladen.com으로 연락해 주세요.

하나님의 축복이 있기를!

부록

새들백교회 커리큘럼 과정

매주일 설교 토론가이드를 원하는 분은 다음의 링크에서 다운로드 받을 수 있습니다.
www.sadlleback.com/talkitover

1년 차	기간	종류	목적
당신의 삶을 위한 하나님의 디자인	6주간	그룹 성장	전체
위대한 관계를 위한 하나님의 디자인	4주간	그룹 성장	교제
영적 성장을 위한 하나님의 디자인	4주간	그룹 성장	제자훈련
위대함을 위한 하나님의 디자인	4주간	그룹 성장	사역
세상의 변화를 위한 하나님의 디자인	4주간	그룹 성장	전도
예배를 위한 하나님의 디자인	4주간	그룹 성장	예배
나는 이 땅에서 무엇을 위해 존재하는가?	6주간	생활 기술	전체
성경개론	4주간	교리	제자훈련
연간 캠패인	6주간	다양한	다양한
	42주간		

Planning Small Groups with purpoese

2년 차	기간	종류	목적
말씀 안에서 40일	6주간	영적 성장	제자훈련
에베소서 1장	4주간	성경	제자훈련
개론: 하나님	4주간	교리	제자훈련
예배자의 길	4주간	영적 성장	예배
방을 가로지르는 발걸음	4주간	영적 성장	전도
직장에서의 그리스도인	6주간	생활 기술	전체
다니엘플랜	6주간	생활 기술	전체
연간 캠페인	6주간	다양한	다양한
	44주간		

3년 차	기간	종류	목적
산상수훈 파트1	6주간	영적 성장	교제
로마서 8장	4주간	성경	제자훈련
개론: 예수	4주간	교리	제자훈련
영혼의 사막에서 하나님을 찾기	4주간	영적 성장	예배
개론: 성령	4주간	교리	제자훈련
SHAPE	6주간	영적 성장	사역
공동체의 40일	6주간	생활 기술	교제
연간 캠페인	6주간	다양한	다양한
	44주간		

4년 차	기간	종류	목적
산상수훈 파트2	6주간	영적 성장	제자훈련
데살로니가전서 파트1	4주간	성경	제자훈련
개론: 창조	4주간	교리	제자훈련
기쁨을 선택하라	4주간	영적 성장	예배
열정	3주간	영적 성장	전도
봉사를 위해 당신의 SHAPE을 개발하라	6주간	생활 기술	사역
사랑의 40일	6주간	생활 기술	교제
연간 캠페인	6주간	다양한	다양한
	44주간		

5년 차	기간	종류	목적
산상수훈 파트3	6주간	영적 성장	사역
데살로니가전서 파트2	4주간	성경	제자훈련
개론: 구원	4주간	교리	제자훈련
재정훈련	4주간	영적 성장	예배
넓은 시야	4주간	교리	제자훈련
생활 기술 (아래 3가지 중 택 1)			
인생의 어려운 질문 가운데 있는 하나님의 응답	6주간	생활 기술	제자훈련
사랑이 가득한 부모되기	6주간	생활 기술	교제
성스러운 결혼	6주간	생활 기술	교제
연간 캠페인	6주간	다양한	다양한
	39주간		

Planning Small Groups with purpoese